国家自然科学基金：合同能源管理模式下高耗能制造企业节能改造决策机制研究（72263003）

广西民族大学引进人才科研启动基金：EPC项目合作问题研究（2020SKQD13）

广西民族大学学科建设资金

合同能源管理项目合作问题研究

张文杰｜著

九州出版社
JIUZHOUPRESS

图书在版编目（CIP）数据

合同能源管理项目合作问题研究／张文杰著．
北京：九州出版社，2025.3. -- ISBN 978-7-5225
-3820-4

Ⅰ. F426. 2

中国国家版本馆 CIP 数据核字第 2025H07T68 号

合同能源管理项目合作问题研究

作　　者	张文杰　著
责任编辑	曹　环
出版发行	九州出版社
地　　址	北京市西城区阜外大街甲 35 号（100037）
发行电话	（010）68992190/3/5/6
网　　址	www. jiuzhoupress. com
印　　刷	三河市华东印刷有限公司
开　　本	710 毫米×1000 毫米　16 开
印　　张	16
字　　数	221 千字
版　　次	2025 年 3 月第 1 版
印　　次	2025 年 3 月第 1 次印刷
书　　号	ISBN 978-7-5225-3820-4
定　　价	95.00 元

目 录
'SCONTENT

第一章

合同能源管理的内涵与理论

随着全球低碳、绿色、环保、可持续发展等理念的持续推进，世界节能环保市场也呈现迅速发展的势头。国家能源局统计数据显示全球节能环保产业的市场规模已从 2011 年的 6000 亿美元增长到 2023 年的 13658 亿美元①，节能产业已成为全球各个国家经济增长和经济发展过程中的一个重要"朝阳产业"。随着我国经济的持续发展和各项事业的全面推进，以及人们对环境保护和可持续发展观念的深入理解，节能减排已经逐渐成为我国必须关注的另一个目标。习近平总书记更是多次在全国会议上倡导绿色发展理念。例如，在 2015 年 10 月 26 日至 29 日的中国共产党第十八届五次会议上，习近平总书记提出绿色经济发展理念、绿色环境发展理念，在绿色经济发展理念中强调两点：一、经济要环保，二、环保要经济。这两点实质上也为我国的节能环保产业指明了发展方向。而从全球范围来看，作为实现"节能环保""低碳""可持续发展"等理念的一个重要手段和方式，合同能源管理（Energy Performance Contracting，简称 EPC）模式正在世界各国节能减排领域发展壮大。

---

① 数据来源：国家能源局 2024 年能源数据（http://www.nea.gov.cn/）。

第一节 合同能源管理的概念、内涵

合同能源管理曾被称为 Energy Management Contracting，简称 EMC，现已在国内标准中更新为 EPC。EPC 涉及一种协议，其中节能服务公司（Energy Service Company，简称 ESCO）与客户（Energy User，简称 EU）签订合同，在不增加能源用户的资金投入的基础上，通过采用技术和管理措施提升能源使用效率，以达到节能、减排和降低能源成本的目标。有学者在对低碳经济驱动的既有建筑节能改造融资策略的研究中提出合同能源管理，是对既有建筑节能改造融资方式的重要创新之一，是一种零投入、零风险、持久收益的新型建筑节能管理模式，合同能源管理模式的运作机理如图 1-1 所示。在此模式下，节能服务公司承担项目的资金投入和运营风险，而客户仅需支付基于节能模式获得成效的服务费。节能服务公司保证项目实施将达到预设的能源节约目标，该目标通常以能源效率或消耗量为衡量标准。此种管理方式本质上是利用节省下来的能源费用来全额支付节能项目的一种投资策略，该策略允许客户利用节约下来的能源费用进行设施升级，从而减少运营成本并提高能源效率。合同期通常较长，多为几年，以确保能源管理措施能持续有效并实现预期效益。专门从事合同能源管理并以盈利为目的节能服务公司与愿意进行节能改造的客户签订协议，提供一系列服务，包括能效评估、可行性研究、项目设计、资金筹集、设备和材料采购、工程建设、人员培训、节能监控以及系统的运行、维护和管理。此外，节能服务公司通过与客户分享节能改造带来的经济利益，保证节能效果或接手整个能源费用管理，以此方式向客户提供节能服务并实现盈利。

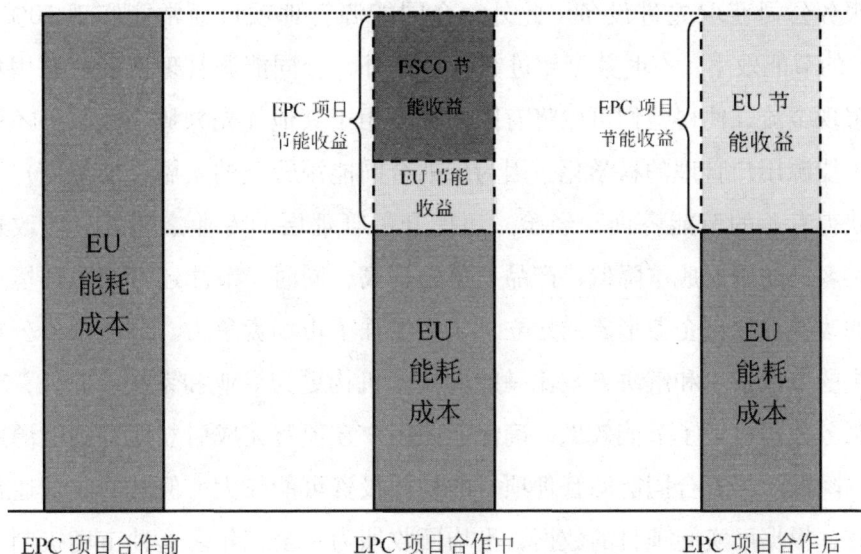

图 1-1 合同能源管理模式的运作机理

合同能源管理机制的主要特征包括其服务的专业性和节能成果的保障性。作为一种以盈利为目的的模式，节能服务公司为客户提供专业的节能服务，确保节能项目的效果显著。节能服务公司倾向于挑选节能效率高的项目，效率通常在 10%~40% 之间，有时甚至可达到 50%。节能服务公司会选择并采购最适合的技术，以帮助企业提升产品质量和市场竞争力。此外，节能服务公司提供的专业能效评估、项目设计、设备采购和运维服务都是确保节能成效的重要技术支撑。对使用能源的单位来说，风险较低。节能服务公司提供一系列全套专业服务，有效减轻或消除了融资、设备和技术采购、运维过程中的风险。同时，通过实施合同能源管理，企业在不需额外投资的情况下，能通过分享节能成果来改善现金流，将有限的资金用于其他投资领域。这种方式不仅降低了企业的经济压力，还促进了企业的可持续发展。合同能源管理机制凭借其独特的商业模式，在多个方面展现了无可比拟的优势。在此模式下，使用能源的单位无需承担节能项目的财务或技术风险，同时还能在降低能耗成本的同时获得额外收益，并从节能服务公司获取先进设备。此外，合同能源管理项目通常能实现 10% ~ 40%的节能效率，有时甚至超过 50%。此外，合同能源管理帮助能源用户改善现金流，使得他们可以将有限的资金用于其他优先领域。此服务还促进了能源用户管理的科学化，因为借助合同能源管理的实施，能源用户不仅获得专业的节能咨询和经验，还提升了管理层的专业素质。节能改进后，客户的用能成本降低，产品竞争力提高，同时，节能还带来了环境质量的改善和绿色企业形象的建立，从而增强了市场竞争力。节能服务公司提供的节能技术和解决方案比一般的技术机构更为专业和系统。此外，节能服务公司保证了节能效果，确保能源用户在项目完成后立即看到能源成本的降低。尽管合同能源管理项目的初始投资可能较大，但其回收期通常较短，根据已实施项目的数据，平均回收期为一至三年。这种市场机制和双赢的结果保证了节能服务公司在能源用户获得节能效益后，才与其共享成果，实现共赢。

实质上，合同能源管理的概念起源于 20 世纪 70 年代末和 20 世纪 80 年代初，其背景是在 20 世纪 70 年代初全球能源危机期间，石油价格的急剧上涨和能源供应的紧张这一危机促使各国政府和企业开始注重能源的有效管理和节约，探索更高效的能源利用方式。在这种情况下，能源管理的理念开始形成，并逐渐得到企业的认可，企业认识到通过科学的管理和技术改进，能显著降低能源成本并提升能源效率。在美国，对能源管理的需求日益增长催生了多家专业的节能服务公司。这些公司提供全面的能源管理服务，包括能源审计、节能改造、设备运营和维护，并根据节能成果与客户签订合同，按效果获得报酬。节能服务公司的兴起和发展正是在这样的历史背景下形成的。最初，美国和加拿大成为节能服务公司的发源地，随后此模式在其他发达国家也逐渐流行。到了 20 世纪 90 年代，节能服务公司开始在发展中国家出现，并逐步成长。经过 30 多年的发展，特别是在全球气候变化应对措施加强的今天，基于能源管理机制的节能服务市场已经在全球范围内发展成为一个规模庞大的新兴产业。

　　合同能源管理在美国起源并发展成熟，成为全球节能市场中最完善的机制之一。美国的节能服务产业已经表现出显著增长。根据美国国家节能服务公司协会的统计，产业产值从 2000 年的 20 亿美元增长至 2008 年的 41 亿美元，并在近年来继续迅猛增长。美国的相关法规和财政支持政策是推动节能服务公司产业快速发展的关键因素。自 1985 年以来，美国政府投入了 25 亿美元的预算支持政府机构的节能项目，以示范节能和环保的重要性。1992 年，美国通过了能源政策法案（Energy Policy Act，简称 EPA），该法案要求政府机构必须与节能服务公司合作实施合同能源管理项目，目的是在不增加政府预算的情况下实现节能。该法案还规定，到 2005 年，所有联邦政府建筑必须实现 30% 的节能目标。1995 年，美国启动了"联邦政府能源管理计划（Federal Energy Management Plan，简称 FEMP）"，这个计划不仅支持节能服务公司在联邦政府办公建筑中实施合同能源管理，还包括了一系列帮助措施，如公布了经过美国能源部资格审查的 88 家节能服务公司名单，并制定了标准合同模板和"联邦政府能源项目的方法和验证指南"。在美国，节能服务公司主要可分为三种类型：（1）独立的节能服务公司。这是美国最早的形式，它们通常具有独特的专业优势，服务范围广泛，涵盖学校、医院、商业建筑、公共服务、政府机构及居民和工厂企业等。（2）附属于节能设备制造商的节能服务公司。一些制造商创立自己的节能服务公司以推广他们生产的设备，利用自产设备的优势结合成熟技术，快速开拓节能服务市场。（3）附属于公用事业公司的节能服务公司，特别是电力公司。这些公司意识到通过节能服务公司提供节能服务，虽然减少了电力销售，但可以通过节能服务减少客户的用电成本，从而弥补收入损失，提升电力供应质量和市场竞争力。这种多元化发展模式使美国的合同能源管理机制成为全球节能市场的领导者。

　　加拿大是全球最早开展合同能源管理的国家之一。在 20 世纪 70 年代，魁北克省政府联合电力公司，在联邦政府的支持下，成功成立了首家商业性的节能服务公司。这家公司在初期运营中便展示了其盈利潜力和持久生命力。为了进一步推动合同能源管理的发展，加拿大政府采取了诸多措施，如要求政府机构优先采用节能服务公司服务。同时，加拿大的主要银行也支持合同能源管理的发展，通常会基于对客户项目的评估，优先提供资金支持。1992 年，加拿大政府启动了"联邦政府建筑物节能促进计划"，旨在鼓励联邦政府机构与节能服务公司合作，以提高办公建筑的能效。计划设定了在 2000 年前实现联邦机构节能 30% 的目标。该计划不仅提供了合同能源管理项目的实施指南和程序，还强调了政府在节能领域的示范作用，预计能节省财政开支 20%～30%，同时解决了节能投资的资金来源问题，无需增加政府财政预算。此外，该计划还有助于提高政府机构的工作效率，增加就业机会，并推动社会整体节能和环境保护，减少温室气体排放。加拿大合同能源管理的业务范围广泛，涵盖政府大楼、商业建筑、学校、医院的节能改造，以及工业企业的技术改造和居民用能设备的升级。这种综合性的服务体系表明了加拿大在合同能源管理领域的领先地位和创新力度。

在 20 世纪 80 年代末，欧洲的合同能源管理开始得到发展，其主要业务模式是与客户共享节能成果。与美国和加拿大的合同能源管理业务不同，欧洲的节能服务公司更专注于协助客户进行技术升级和热电联产项目，这些项目通常涉及较大的投资规模和更长期的节能效益共享，同时融资和合同执行过程也更加复杂。相较于北美，欧洲合同能源管理产业的发展更多依赖于政府在能源开发和环境保护方面的政策支持。考虑到国外在合同能源管理领域的成熟经验和成功实践，中国的节能服务产业可以从多方面进行借鉴和学习，如积极进行节能知识的普及和节能培训，以提升全民的节能意识；通过制定支持性的政策、法律、法规和标准规范，来促进节能服务公司的发展；对合同能源管理及相关行业实施规范管理；优先发展政府建筑和公共设施的节能市场；确保金融机构优先提供资金支持给节能服务公司；鼓励节能服务公司在投资和融资方法上进行创新；实施税收减免和提供贷款补贴或直接补贴给 ESCO 执行的节能项目；并由政府加强能效考核，包括设定明确的节能目标和要求建立完善的能源管理体系，以推动能效技术改进。这些措施共同为节能服务产业的发展提供了一个坚实的基础。

第二节 我国合同能源管理发展历程

我国政府历来注重节能减排，特别是在计划经济时期，通过一个集中的行政体系来推进节能工作，该体系由政府的节能主管部门、地方节能服务机构和企业的节能管理部门组成。这一模式在当时的经济体制下有效地实现了节能目标。然而，随着中国经济体制向市场经济的过渡，企业的自主性增强，政府的行政管理职能也发生了相应变化，并且政府提供的节能专项资金有限，原有的节能推动模式逐渐显示出局限性。同时，许多节能项目在企业运营中的经济效益较小，并且风险大多由投资方承担，这导致许多用能单位将焦点放在扩大生产和市场份额上，忽视了节能的重要性，使得很多节能项目难以启动和执行。

我国合同能源管理的早期雏形是大连造船厂在 20 世纪 80 年代初推行的能源承包责任制。根据 1984 年 11 月 30 日，中国船舶总公司副总经理胡传治在全国第六次节能月电话会议上关于《取消"大锅饭"，实行能源定量包干责任制》的发言，大连造船厂在 1983 年通过与中国船舶总公司签订能源承包合同，并结合"三定"（定生产总值、定能耗总量、定奖罚比例）"三包"（包生产任务完成、包能耗量下降、包奖罚责任到人）的方法，实现了企业"增产不增耗"，实现了对能源的目标管理①。核工业八二一厂和八一四厂在 1985 年的能源承包指标执行结果，也切实证明了签

---

① 胡传治. 取消"大锅饭"，实行能源定量包干责任制：中国船舶总公司副总经理胡传治在全国第六次节能月电话会议上的发言 [J]. 北京节能，1984（4）：11-12；胡传治. 取消"大锅饭"实行能源定量包干责任制 [J]. 节能，1985（1）：10-11.

订能源承包合同在综合能耗指标降低方面的有效性。这两个能耗工厂的能源承包合同在落实时的主要做法为：（1）采取三级承包，实现"工厂—核工业部"，"工厂—分厂（车间）"，"分厂（车间）—工段（班组、个人）"的能源承包责任制；（2）做好原始记录、统计和检查工作，及时发现问题，提出改进措施并加以实施；（3）年终总结、评比，根据各级能源承包合同以及实际统计数据进行总结、评比。通过该做法实现了能源承包合同责任到人，并使"权、责、利"融为一体，切实、有效推动企业节能降耗。① 到了 20 世纪 90 年代中期，为了更进一步推动节能工作，中国政府认识到需要引入市场化机制以促进节能。自 1994 年起，中国政府与世界银行及全球环境基金（Global Environment Facility，简称 GEF）进行了一系列讨论，最终在 1996 年启动"世界银行/GEF 中国节能促进项目"②。该项目在北京、辽宁和山东成立了示范性能源管理公司，旨在推广合同能源管理机制，促进节能的广泛实施。到 1997 年，合同能源管理模式正式引入中国，并在运行几年后证明了其效率，示范项目的内部收益率均超过 30%。经过 15 年的努力，该项目成功地将合同能源管理机制本地化并促进了其快速发展，开启了中国节能服务产业的新时代，并为国家的节能目标做出了重大贡献。

我国合同能源管理的发展大体可分为四个阶段：引入阶段、试点推广阶段、全面推广阶段和快速发展阶段。

一、引入阶段（20 世纪 80 年代）

在 20 世纪 80 年代初，面对能源短缺和低效利用的挑战，中国政府与大型企业签订了首批能源管理合同。这些早期措施主要旨在提升能源利用效率和减少浪费。1992 年至 1994 年间，中国与世界银行及全球环境基金

---

① 罗廷贤. 实行能源承包，推进科学管理，提高节能效果［J］. 节能技术，1986（5）：2-4.

② "世行/GEF 中国节能促进项目"简介［J］. 能源研究与利用，1997（5）：46-47.

（GEF）合作，完成了一项关于中国温室气体排放控制的战略研究，揭示了国内存在大量未被开发的节能潜力。面对市场障碍阻碍节能项目普及的现状，中国政府决定引进一种结合节能投资和服务的市场化新机制（合同能源管理），并开始研究国外如美国的先进做法，以便在国内推广。①

二、试点推广阶段（20 世纪 90 年代）

到了 20 世纪 90 年代，合同能源管理进入试点阶段，各地区政府开始在更广范围内推动这一模式。政府制定了一系列政策和法规，激励企业参与合同能源管理，以促进能源节约和环保。1996 年，中国成立了三家基于合同能源管理机制的示范节能服务公司：北京源深节能技术有限责任公司、辽宁省节能技术发展有限责任公司和山东省节能工程有限公司。② 这些公司在成立和发展初期得到了中国政府和多个国际组织的支持。通过"世行/GEF 中国节能促进项目"，这些公司的员工接受了技术和商务培训，并获得了资金支持。从 1997 年至 2006 年，这些公司为 405 家客户实施了475 个节能项目，投资总额达到 13.31 亿元人民币，实现了显著的节能效果和环境益处，节能总量达到 151 万吨标准煤，二氧化碳减排量为 145 万吨，成功达到了与世界银行协议中的目标。③

三、全面推广阶段（21 世纪初）

在 21 世纪初，中国政府加强了对合同能源管理的支持和规范化，陆续推出相关政策和标准。2000 年 6 月，基于早期示范合同能源管理项目的成功，国家经贸委发布《关于进一步推广"合同能源管理"机制的通

---

① 国外节能服务公司发展概况 [J]. 中国能源，1997（10）：45-48.
② 扶承发. 合同能源管理需要更有力的推动：坚持探索合同能源管理机制的成功之路 [J]. 中国节能，1999（8）：31-32；国家经贸委技能信息传播中心发布：案例研究 71：EMC 按合同能源管理机制实施节能项目 [J]. 中国能源，2003（2）：46-47.
③ 沈龙海. 合同能源管理：节能新机制 [J]. 中国科技投资，2007（7）：41-42；沈龙海. 合同能源管理与中国节能服务产业发展 [J]. 电力需求侧管理，2007（5）：17-18.

告》，激励更多创业者创建新的合同能源管理项目以及节能服务公司。2003 年 11 月，随着"世行/GEF 中国节能促进项目"第二阶段的启动，主要聚焦于为节能服务公司提供贷款担保，并促进该机制的产业化。① 同年 12 月，中国节能协会节能服务产业委员会成立，标志着合同能源管理在国内的全面推广。这一阶段，中国节能服务产业迅速发展，公司数量从 76 家增至 782 家，员工数量从 1.6 万增至 17.5 万，行业规模从 47.3 亿元增长至 836.29 亿元，节能项目投资从 13.1 亿元激增至 287.51 亿元。节约的标准煤从 86.18 万吨增至 1064.85 万吨，二氧化碳减排量也从 215.45 万吨增至 2662.13 万吨。②

四、快速发展阶段（2010 年以后）

在过去的十年中，中国高度重视环境保护和可持续发展，从而使合同能源管理进入了一个快速发展的阶段。政府不断强化对该领域的政策支持，激励企业参与到节能减排的活动中，推动合同能源管理向更广泛的领域和更深层次发展。2010 年 4 月，国家发展和改革委员会、财政部、人民银行以及税务总局联合发布了《关于加快推行合同能源管理促进节能服务产业发展意见的通知》，这一政策文件明确了合同能源管理在中国发展的方向。③ 得益于政府政策的支持，合同能源管理行业得到了快速扩展，吸引了更多资本和企业的加入，并促进了相关法规的完善。展望未来，我国将进一步加强技术创新与智能化管理，在提升能源利用效率及实现碳达峰碳中和目标方面，合同能源管理将扮演更加重要的角色。此外，合同能源管理预计将与新能源、智能制造和数字化技术等领域进行深度整合，为国

---

① 王滕宁. 在我国推行合同能源管理机制要注意的几个问题 [J]. 经济师，2003 (2)：259.

② 沈龙海. 合同能源管理：节能新机制 [J]. 中国科技投资，2007 (7)：41-42；沈龙海. 合同能源管理与中国节能服务产业发展 [J]. 电力需求侧管理，2007 (5)：17-18.

③ 文尚胜，桂宇畅，王保争，等. LED 路灯"合同能源管理"模式的困惑与出路 [J]. 照明工程学报，2010，21 (4)：88-91.

家的能源变革与经济的高质量发展提供坚实的支持。

在我国，节能服务公司主要采用节能收益分享模式来执行合同能源管理项目，根据依赖的关键资源，将节能服务公司分为三种主要类型：（1）资金依托型节能服务公司。这类公司以市场需求为导向，利用其资金优势来整合所需的节能技术和产品。它们不局限于单一的技术或产品，因此具有高度的灵活性和广阔的市场覆盖能力。资金依托型节能服务公司能够在多个行业中部署各种技术的节能项目，具备强大的市场适应能力和广泛的业务辐射范围。（2）技术依托型节能服务公司。这类公司以特定的节能技术或产品为基础，将其作为公司的核心竞争力。技术依托型节能服务公司利用其在技术和产品领域的优势来开拓市场，实现资本的初步积累，并持续寻找新的融资渠道以扩大市场份额。这类公司通常拥有自主知识产权，能够控制技术风险，享有较高的项目收益。它们在特定行业中定位明确，容易形成竞争优势，代表企业如北京神雾环境能源科技集团股份有限公司和北京利德华福电气技术有限公司，它们通过持续技术创新和有效融资解决方案，实现了快速发展。（3）市场依托型节能服务公司。这类公司拥有特定行业的客户资源优势，通过整合相关的节能技术和产品来实施节能项目。市场依托型节能服务公司的市场开发成本较低，由于与客户有深入的了解和联系，面临的客户风险较小，这有助于与客户建立稳固的长期合作关系，并可能直接从客户那里获得项目融资。这类公司需要精心挑选技术合作伙伴并有效管理技术风险，如辽宁省节能技术发展有限责任公司等，通过与行业客户的深度合作推进节能项目的实施。这三种节能服务公司模式各有其特点和优势，共同推动了中国节能服务行业的发展，帮助各行各业实现能效提升和环境保护目标。

第三节　合同能源管理的主要模式

基于前期学者们的相关研究，根据能源用户和节能服务公司之间融资方式、收益分配方式等方面的差异，合同能源管理可以分为以下四种主要模式：节能效益分享型、节能量保证型、能源费用托管型和混合型①，这四种主要模式及其主要特点如表1-1所示。

表1-1 合同能源管理主要模式及特点

合同能源管理模式	主要特点
节能效益分享型	在合作之前，能源用户和节能服务公司协商一个项目基准节能量或节能水平。在合同能源管理项目合作期间，项目双方按照约定的收益分享比率来共享项目节能收益。在合同能源管理项目合作结束后，能源用户将独自拥有全部节能设备和设施，并独自享有节能收益
节能量保证型	能源用户提供项目资金，节能服务公司向能源用户提供一个保证的合同能源管理项目节能量，在合同能源管理项目合作期间，无论项目实际产生的节能量如何，用户都将获得节能服务公司提供的保证的合同能源管理项目节能量，且当合同能源管理项目达不到节能服务公司向能源用户保证的节能量标准时，节能服务公司将向能源用户支付差额部分节能收益
能源费用托管型	在合同能源管理项目合作之前，节能服务公司和能源用户会事先对节能服务公司的节能改造项目总投资进行评估和谈判，确定一个合同能源管理项目总投资数额。之后由用户按照合同能源管理合同约定数额提供这笔资金给节能服务公司，由节能服务公司来使用这笔资金对用户的能耗系统进行节能改造。合同能源管理项目合作结束后，当实际的合同能源管理项目节能改造费用低于合同能源管理合同约定费用时，这部分剩余资金将归节能服务公司所有；当合同能源管理项目实际投资费用超过预算标准时，超出部分将由节能服务公司负担

① GOLDMAN C A, HOPPER N C, OSBORN J G. Review of US ESCO industry market trends: an empirical analysis of project data ［J］. Energy Policy, 2005, 33（3）: 387 - 405; BERTOLDI P, REZESSY S, VINE E. Energy service companies in European countries: Current status and a strategy to foster their development ［J］. Energy Policy, 2006, 34（14）: 1818 - 1832; LI Y, QIU Y, WANG Y D. Explaining the contract terms of energy performance contracting in China: the importance of effective financing ［J］. Energy Economic, 2014, 45: 401-411; QIN Q D, LIANG F D, LI L, et al. Selection of energy performance contracting business models: A behavioral decision - making approach ［J］. Renewable and Sustainable Energy Reviews, 2017, 72: 422-433; SHANG T C, ZHANG K, LIU P H, et al. What to allocate and how to allocate? ——Benefit allocation in Shared Savings Energy Performance Contracting Projects ［J］. Energy, 2015, 91: 60-71.

合同能源管理模式	主要特点
混合型	通过将不同类型的合同策略组合使用，混合型合同为节能服务公司和用能单位之间的合作关系带来了更大的可能性，使得双方可以根据项目的特点选择最合适的方式

一、节能效益分享型模式

节能效益分享型模式是一种在节能项目实施期间，节能服务公司与能源用户共享节能效益的合约形式。在此模式下，节能服务公司和能源用户根据预先设定的比例分配节能所产生的经济利益。投资成本，无论是资金还是技术，通常按照双方协议由节能服务公司承担大部分（通常在70%以上），而客户承担较小部分（通常在30%以下），这样可以显著减轻能源用户的财务压力，同时为节能服务公司创造潜在的收益空间。项目完成后，双方依据合同约定的比例共享节能带来的收益。一旦合同期满，节能设备的所有权将转移给能源用户，届时能源用户将独享所有节能收益。这种合同模式得到了中国政府的大力支持，并适用于拥有技术优势的节能服务公司及那些节能效益容易验证的项目。对能源用户而言，这种模式的投资压力小，甚至可以实现零初投资，使得企业在合同期内与节能服务公司共享节能利益，合同结束后则完全拥有设施及其产生的节能效益，优化了现金流。为了降低支付风险，节能服务公司可能要求能源用户提供多重保证以确保节能效益的支付。此外，根据《合同能源管理技术通则》，节能效益分享型模式还可能符合申请国家的合同能源管理财政奖励和税收优惠条件，进一步提升项目的吸引力。

二、节能量保证型模式

节能量保证型合同是一种允许双方或任一方出资实施的节能项目合作模式。在此模式下，节能服务公司承诺实现特定的节能量。项目完成后，如果实际节能效果达到双方确认的目标，用能单位便支付给节能服务公司约定的费用，这通常包括服务费、投资回报、合理利润和税费等；如果实际节能效果未达预期，节能服务公司则需要按照合同给予用能单位适当的补偿或赔偿，确保用能单位的利益不受损失，从而增强服务的可靠性和信任度。这种模式起源于北美，早期多采用节能效益分享型模式，其中项目融资主要由节能服务公司负责。然而，随着时间的推移，人们发现由客户自行负责项目融资在某些情况下更为高效，因为相比中小型的节能服务公司，金融机构更倾向于信赖大客户的资金还款能力。因此，节能量保证型模式应运而生，主要特征是客户通过金融机构获得所需资金，根据节能项目带来的收益分期还款，而节能服务公司提供节能保证，确保客户能够用节能收益来偿还贷款。在我国，节能量保证型模式的实践尚不规范，有些项目甚至退化为仅由节能服务公司保证设备的正常运行，并未充分发挥金融担保的角色，使得这类合同与设备供应商的品质保证和售后服务无异。此外，也存在误解，认为节能量保证型模式仅是客户投资而节能服务公司提供节能服务，这与严格意义上的节能量保证型模式存在较大差异。由于这种不规范的实践，这类合同通常不符合《合同能源管理技术通则》的标准，也因此被排除在国家的合同能源管理财政奖励范围之外。中国政府已经注意到这个问题，并在考虑如何规范和改进这一模式，以更好地推动节能服务行业的健康发展。

三、能源费用托管型模式

在能源费用托管型模式中，用能单位将指定的能源费用、设备或系统交由节能服务公司来管理。此模式下，节能服务公司负责对设备或系统进行改造和日常管理，而客户则负责支付技术改造和管理的相关费用。通过这种模式，节能服务公司提供专业的能源管理服务，协助用能单位优化能源使用和降低能源成本。此类模式特别适用于那些管理能力较为出色的节能服务公司，并且特别适用于需要长期和专业能源管理服务的公共机构项目。能源托管型模式使得用能单位可以享受到持续的能效改进和成本控制，而无需自行承担技术改造和维护的复杂性和风险。这种合作模式有效地将能源管理的专业操作外包给了有经验的服务提供商，确保了能源系统的高效运行和能源成本的持续优化。

四、混合型模式

混合型模式融合了其他几种模式的优点，为合作双方提供了一种更灵活和多样化的选项。这种模式结合了节能效益分享型、节能量保证型以及能源托管型模式的特征，能够适应更加复杂和多变的节能需求。通过将不同类型的合同策略组合使用，混合型模式为节能服务公司和用能单位之间的合作关系带来了广阔的可能性，使得双方能够根据具体项目的需求和特点，选择最合适的合作方式。这种灵活的合同设计使得双方可以更有效地达成共同的节能目标，同时确保各自的利益得到充分保障。

对于节能服务公司，无论选择哪种模式，进行用能单位的能效诊断和确保项目节能量的准确计算都是必要的步骤，这应依据《节能量测量和验证技术通则》规定的方法执行。此外，在签订合同过程中，以下几个关键方面需特别注意。（1）项目建设成本和资金分担。合同中应明确列出所有投资的具体数额和资金的具体用途，以确保在项目实施过程中的财务透明性。同时，应明确规定各方的权利和责任，以避免在项目实施过程中出现纠纷，从而保护各方的权益。（2）节能量的确认和核算。合同应详细说明节能量的测量和验证方法及程序，这包括明确规定项目完成后将测量哪些能耗影响因素以及这些因素的跟踪测量方法。此外，还需共同确认项目节能效果，并明确在节能服务公司与客户之间如何解决节能量核算分歧的具体办法。（3）试运行和验收细则。应在合同中具体约定项目的试运行和验收流程的详细事宜，确保项目按照预定标准顺利完成，并满足双方的预期目标。这些注意事项的明确和遵守是确保项目顺利进行和成功实施的关键，同时也是维护节能服务公司和能源用户之间良好合作关系的基础。

第四节 我国合同能源管理项目中的常见问题

从我国的实际国情出发，探讨合同能源管理在我国工业企业中开展合同能源管理中遇到的困难。例如，不信任合同能源管理的技术力量、错误地把合同能源管理的效益分享看成是高利贷、企业更愿意直接与设备供应商合作而不是合同能源管理，并分析了我国合同能源管理的潜在市场和合同能源管理发展需要建立的三大优势（融资优势、技术优势、管理优势），这为我国合同能源管理市场的发展奠定了基础。在合同能源管理项目的实施过程中，每个环节都潜藏着多种问题，需要通过精细的管理来应对。

一、项目初期评估与策划问题

在合同能源管理项目的初期阶段，进行精确的评估和周密的策划是项目成功的关键。项目的成败很大程度上依赖于这些初期步骤。不充分的可行性评估和需求分析可能会在项目执行过程中引发未预见的技术和经济问题，如技术不匹配、成本超出预算或节能成果未达预期。此外，若未能准确理解客户的需求和期望，项目的最终成果可能无法满足客户的实际需求，影响客户满意度及项目的长期可行性。为了有效应对这些挑战，项目团队应该执行全面的能源审计，仔细收集并分析建筑或设施的能源使用数据。利用专业软件进行能效模拟和预测，能够帮助团队提前识别潜在的节能机会和成本效益，确保所提出的技术解决方案能够精确地满足客户的需求。同时，进行详尽的风险评估，识别可能的风险点，并制定相应的风险缓解策略，也是确保项目顺利推进并准备好应对潜在问题的重要步骤。通过这些方法，可以在项目初期就打下坚实的基础，为成功实施奠定关键的先决条件。

二、合同条款问题

在能源绩效合同项目中，制定一个详尽且明确的合同是关键，它能保证所有相关方对项目的期望保持一致。合同的明确性和合规性通常是争议的核心，尤其是在费用支付结构、节能成果的验证方法以及长期维护责任方面。因此，创建一个全面明确的合同对于项目的顺利执行至关重要。为了避免潜在的争议，项目参与双方在合同制定阶段应共同讨论所有关键条款。在这个过程中，有必要咨询法律和行业专家的意见，以确保合同的全面性和可操作性。同时，确保节能量的测量和验证方法符合国际标准，如国际绩效测量和验证协议（International Performance Measurement and Validation Protocol，简称 IPMVP），这一点对增强项目透明度和双方信任至关重要。此外，定期的合同审查和调整会议也是非常必要的，这有助于保证合同始终能够反映双方的利益，并且能够适应市场和技术的变化。这种持续的沟通和更新机制有助于维持项目的长期成功和各方的满意度。

三、技术实施问题

技术选择是合同能源管理项目中的关键步骤，其适宜性直接决定了项目的成功与否。选用不合适或过时的技术不仅会削弱节能效果，还可能导致运维成本上升和操作复杂度增加。因此，在项目初期，项目团队应开展全面的市场调查，挑选最先进且经过验证的技术解决方案。此外，实施初期的小规模试点是一个有效的策略，这有助于实际检验技术的性能和适应性。确保项目管理团队和技术供应商拥有足够的专业知识及相关实施经验同样重要，这不仅关乎技术的应用，还涉及日后的维护和故障处理。为了提升技术团队的能力，技术培训和持续的职业发展应被整合进项目计划中。这样的措施将增强团队对新技术的理解和操作能力，确保整个项目的顺利进行。

四、财务与经济问题

财务模型的健全性是决定项目吸引投资者和实现长期可持续性的关键因素。如果项目的节能效果未达到预期，或者如果初期投资太高，可能会导致较长的投资回收期，进而影响项目的经济效益。因此，构建一个切实可行的财务模型是至关重要的。这一模型应当基于精确的节能目标和预期收益来构建，并包括全面的成本与收益分析及敏感性分析，以便评估市场和技术变动对项目经济性的潜在影响。与此同时，与金融机构的合作寻求资金支持，能够为项目提供所需的资金保障，并减轻项目前期的资本投入压力。此外，采用动态监测和实施实时数据分析确保项目能够按照既定的财务模型运行，同时也使项目团队能够及时调整策略，以优化经济效益和加快投资回收。通过这些措施，可以有效地提高项目的财务表现和吸引力，从而确保其成功和可持续发展。

五、监测与验证问题

确保项目节能成果得到准确评估的关键在于建立一个有效的监测和验证机制。项目团队应部署先进的能源管理系统来监控能耗，这些系统能够提供实时数据和趋势分析，使项目团队能够及时发现问题并调整节能措施。此外，采用国际认证的节能量验证协议——国际绩效测量和验证协议，有助于规范节能效果的计量和报告。定期进行能效审计和数据报告不仅验证了节能成果，而且提高了项目的透明度和信誉。这种持续的监控和反馈流程对于维持客户信任关系和确保项目长期成功非常关键。通过这些措施，可以有效增强合同能源管理项目管理的专业性，同时保证节能项目的可持续性和效益最大化。

第五节 合同能源管理的理论基础

合同能源管理是一种市场化的节能方法，它主要涉及经济学领域，因为其核心机制与各种财税政策紧密相关。此外，由于合同能源管理项目通常以项目制进行，它也被视为项目管理的一个重要部分，属于管理学的研究领域。同时，合同能源管理的有效实施对市场的诚信环境有较高要求，这将诚信问题置于社会学的研究范畴之内。因此，合同能源管理的研究涵盖了多个学科领域，包括经济学、管理学、社会学和法学等。这种多学科的交叉使得从不同角度对合同能源管理进行分析成为可能，丰富了研究的深度和广度。尽管可以从多个学科角度探讨合同能源管理，但根据当前研究的重点，主要集中在经济学和管理学两方面进行探索和研究。

一、经济学相关理论

合同能源管理是一种市场化节能机制，它在很大程度上属于经济学领域，并与多种经济理论有着密切的联系。这种管理模式的开发、引入和实际操作涉及经济学中的多个关键理论，比如，外部性理论、交易成本理论、博弈论和信息不对称理论等。探索如何利用这些经济学理论和分析方法来优化合同能源管理的实施，对于提升其效率和效果具有深远的理论与实际意义。

（一）外部性理论

外部性（Externalities）是由福利经济学家阿瑟·庇古（Arthur C. Pigou）提出的，指的是某一行为的成本和后果不完全由行为人承担，即行为举动和行为后果不一致。外部性也称为外部效应或外部影响，指一个经济主体的活动对其他主体产生的影响，这种影响未通过价格机制进行交换，因此是外在的。道格拉斯·诺斯（Douglass C. North）进一步解释了外部性的概念："个人收益或成本与社会收益或成本之间的差异，意味着有第三方在未被允许的情况下获得或承担一些收益或成本，这就是外部性。"① 根据外部性的作用效果，可以将其分为正外部性和负外部性。负外部性指某一行为对他人或环境产生不利影响，如能源的过度消耗和污染排放，都会导致资源浪费和环境破坏。而正外部性则指行为对他人或社会产生积极影响，但行为人未能获得相应的回报。外部性的存在不仅影响日常的工作、学习和生活，还会降低资源配置效率。负外部性会导致生产领域的供给过度和消费领域的消费过度，而正外部性会导致生产领域的供给不足和消费领域的消费不足，任何一种情况都会造成资源浪费。

能源的过度消耗和大量污染排放属于负外部性，既造成能源紧张和生态环境破坏，又导致用能企业的产量超过需求，从而浪费资源。传统上，依靠用能企业自行改造或通过强制性节能标准来推进节能，往往因成本高昂而缺乏足够的积极性，效果不佳。即便在法律制约和惩罚措施下，许多用能单位仍可能选择规避措施。合同能源管理作为一种新型节能方式，通过让用能单位在实现节能后支付实施成本，有效地提高了企业的节能减排动力。这种方式不仅能减少企业的初期投资压力，还能确保节能收益用于支付节能改造费用，从而激励企业主动参与节能减排。合同能源管理项目通过用能单位和节能服务公司合作，推动节能项目的实施。这种模式不仅减少了能源消耗和污染排放，节约了资源，还改善了生态环境。由于节能收益可以直接用于支付节能改造成本，企业的积极性得到显著提升。合同能源管理提供了一种有效的解决方案，通过降低企业初期投入和风险，增强其节能减排的主动性，成为消除用能企业负外部性的重要手段。

在推进合同能源管理项目的过程中，节能服务公司通过与企业合作，实施节能项目，实现节能减排。这不仅降低了用能企业的能源费用，还为社会节约了资源、减少了污染、改善了环境，带来了显著的经济效益和环境效益。这种效益往往超过了用能单位和合同能源管理的直接收益，因

---

① 诺斯. 经济史上的结构和变革 [M]. 厉以平，译. 北京：商务印书馆，1992：17.

此，合同能源管理项目具有正外部性。既然企业采用先进的合同能源管理机制来实现节能减排，增加了社会收益，那么他们和合同能源管理所承担的成本应该得到外部补偿。理论上，所有从中受益的个人和组织都应分担一定比例的成本。然而，现实中并没有相应的机制来支付这部分报酬。这种正外部性以及激励政策的缺乏，导致合同能源管理这一市场化节能机制面临"市场失灵"的问题，节能服务的供给水平远低于社会需求。为解决这一问题，政府作为社会管理者，可以通过提供税收优惠、财政补贴、融资支持和产业扶持等激励政策，来弥补正外部性，推动合同能源管理的发展。这不仅提供了理论支持，也为实际政策的制定和实施提供了方向，使得节能服务能够更好地满足社会需求，促进资源高效利用和环境保护。

（二）交易成本理论

交易成本，又称交易费用，最早由科斯（Ronald H. Coase）在《企业的性质》中提出，后由威廉姆森（Oliver Williamson）首次使用"交易成本"一词。交易成本是指完成一笔交易时，交易双方在买卖前后所产生的各种相关成本，包括所有不直接发生在物质生产过程中的费用。交易费用可以分为广义和狭义两种。林毅夫进一步将企业的交易费用分为企业内部交易费用（协调费用）和市场交易费用。根据科斯定理，当交易成本为零时，无论初始权利如何界定，最终都不会影响资源的配置和有效使用。然而，在现实中，配置资源总会产生正的交易费用。因此，通过比较内部交易费用和外部交易费用的高低，可以帮助企业决定是自行完成一项经济活动还是与外部合作或将服务外包。

交易费用产生的原因主要包括信息不对称、有限理性、不确定性、机会主义、权限界定不清、技术水平的局限和行业垄断等。无论是内部交易费用还是外部交易费用，都会受到这些因素的影响，但影响的程度和具体表现有所不同。此外，不同的经济活动在内部和外部交易费用的高低方面也存在差异。在节能减排这一经济活动中，用能单位有多种选择，比如，可以依靠内部资源自行进行节能改造，或者将节能服务外包给专业公司，或者采用两者结合的方式。关键在于比较不同决策的交易成本,从而选择最优方案。如果用能单位独立进行节能改造,属于内部交易,涉及内部交易费用。用能单位需要引进专业技术人才,并自行进行项目的可行性分析、计划编制、资金筹集和实施管理。这不仅增加了生产成本和交易成本,还带来较高的不确定性,难以确保节能效果。若用能单位选择合同能源管理(EPC)模式,与节能服务公司合作,则属于市场交易,涉及市场交易费用。虽然会产生搜索、谈判、监督和维护交易秩序等费用,但通过建立信息共享平台和完善法律制度,这些市场交易费用可以大幅降低。此外,节能服务公司的专业性和标准化合同也确保了节能效益的实现。

通过以上分析可以看出,鼓励用能单位与节能服务公司合作实施 EPC 项目的关键在于降低交易成本。这需要政策支持、优化环境、出台行业激励政策以及建立信息公开机制。只有当合同能源管理模式下的交易成本低于独立进行节能改造的交易成本时,合同能源管理才能真正得到广泛推广和发展。

(三)博弈论

博弈论(Game Theory),又称"对策论",是一种通过信息分析和能力判断,研究多决策主体之间行为互动及其平衡的理论,旨在实现收益或效用最大化。在博弈论体系中,一方的行动结果不仅依赖于自身策略的选择,还受到其他方策略选择的影响。博弈论的研究模式与经济学相似,即理性人在给定的约束条件下追求自身效用的最大化。博弈论可以分为合作博弈和非合作博弈。合作博弈是指博弈结果使双方或多方的利益增加,或者至少一方的利益增加而另一方不受损,从而提高整个社会的总利益。在这种博弈中,各方通过合作来"做大蛋糕",然后合理分配收益,追求效率和公平的平衡。非合作博弈是指个体或组织在利益相互影响的情况下,选择策略以实现自身收益最大化,而不考虑整体利益的增加与否。归根结底,博弈论是一种利益博弈。合作博弈中不仅关注"蛋糕做大",还关注"蛋糕分配",需要在保证各方应得利益的基础上,实现高效的合作状态,从而使整体收益或效用达到最大化。在合同能源管理项目中，博弈论的应用尤为重要。能源用户和节能服务公司之间的合作可以看作一种合作博弈，通过共同实施节能项目，实现节能减排的目标。双方的合作不仅降低了能耗和减少了污染，带来了环境效益和经济效益，而且通过合理分配节能收益，实现了共赢。为了使这种合作博弈成功，双方需要明确各自的利益和责任，并通过有效的沟通和谈判达成一致。政府也可以通过制定相关政策和激励措施，促进这种合作博弈的顺利进行，从而推动合同能源管理的发展和普及。这不仅有利于节能减排，还能提升社会的整体福利。

合同能源管理的实施涉及多个利益相关者，比如，能源用户、节能服务公司、第三方服务机构、金融机构以及政府和行业组织。根据经济学中"理性经济人"的假设，这些利益群体在项目实施过程中，都会努力实现自身收益最大化。这种努力的过程即各方之间的博弈，可能导致非合作博弈的状态。例如，审计机构可能受节能服务公司的影响，夸大节能效益以获取额外收益，导致用能单位承担更多成本。反之，审计机构可能受能源用户影响，压低节能效果的评估，使节能服务公司无法获得应有回报。用能单位和节能服务公司会根据对对方行为的预期来调整策略，这种博弈往往效率低下。为了提高效率，需要建立一种协调机制，促使各方达成合作博弈，增加整体社会收益。这种机制可以通过以下几个措施实现：（1）透明的审计和验证机制。引入独立的第三方审计机构，确保节能效果的客观评估，避免利益冲突。（2）完善的法律和政策框架。政府出台相关法律法规，规范合同能源管理项目的实施流程，保障各方合法权益。（3）利益共享机制。设计合理的收益分配方案，确保用能单位和节能服务公司在合作中获得公平的回报。（4）信息公开和沟通平台。建立信息公开平台，提高各方信息透明度，增强项目执行的信任度和合作意愿。（5）金融支持和激励政策。金融机构提供优惠贷款和融资支持，政府提供税收优惠和财政补贴，降低项目实施成本。

在推进合同能源管理项目的过程中，政府与能源用户/用能单位、节能服务公司以及金融机构之间的博弈贯穿始终。例如，政府制定的税收优惠额度、财政补贴条件及份额、融资优惠政策，都是博弈的一部分。此外，用能单位与节能服务公司在选择合作对象、谈判项目条款、制定节能服务合同、确定节能效益分享比例和方式，以及设定违约惩罚措施等方面，也是在不断博弈，以达到最优合作。利用博弈论的基本理论和方法，可以更好地协调各方利益，促进合作博弈的实现。政府应制定明确和透明的税收优惠、财政补贴及融资政策，减少各方的不确定性，促进公平博弈；引入独立的第三方审计和验证机构，确保节能效果的客观评估，增强各方信任度；设计合理的收益分配方案，确保用能单位和节能服务公司都能公平获益，从而激励双方积极合作；建立信息公开和沟通平台，促进各方信息透明，提高项目执行的信任度和合作意愿；完善相关法律法规，明确各方在合同中的权利和义务，提供违约惩罚措施，保障各方合法权益。通过这些措施，可以有效促进合同能源管理项目中的合作博弈，提高项目实施的整体效率，实现节能减排目标，并增加社会整体收益。

（四）信息不对称理论

信息不对称理论是由美国经济学家乔治·阿克尔洛夫（George A. Akerlof）、赫伯特·斯宾塞（Herbert Spencer）和约瑟夫·斯蒂格利茨（Joseph Engene Stiglitz）在 20 世纪 70 年代提出的，指在市场经济活动中，各类群体对相关信息的了解和掌握存在差异。信息优势方通常处于有利地位，而信息劣势方则处于被动和不利的境地。在市场经济体系中，尤其在合同关系中，总存在一方掌握的信息比另一方多的情况，这些信息被称为私有信息。在双方签订合同和合作过程中，信息优势方往往具有显著的优势。信息不对称理论不仅强调信息的重要性，还研究个体因获取信息渠道不同、信息量多少而承担不同风险和收益的现象。这种不对称信息会导致市场失灵，影响交易效率。例如，节能项目中，节能服务公司可能比用能单位掌握更多的技术和市场信息，导致用能单位在谈判和合同执行中处于不利地位。在推进合同能源管理发展的过程中，信息不对称严重阻碍了其快速和健康的发展。对合同能源管理的两大主体——用能单位和节能服务公司来说，信息不对称是导致节能服务合同难以签订和项目难以有效实施的主要原因。首先，在合同能源管理项目的前期谈判中，节能服务公司对自身情况和业务运作模式有更多了解，可能会将高风险项目粉饰成低风险项目，甚至在不具备实施能力的情况下欺骗用能单位，导致用能单位蒙受损失。另外，用能单位可能隐瞒自身的生产经营状况，诱使节能服务公司投资，增加节能项目的风险。其次，在项目实施过程中，节能服务公司可能利用其对节能技术和设备的专业知识，与设备供应商"串通"，选用不达标的设备或隐瞒真实情况，夸大设备用能量，从而损害用能单位的利益。最后，在节能项目完成后，由于节能量评价标准不统一，节能服务公司可能利用用能单位的信息劣势，随意或欺诈性地制定基准线，窃取实际产生的节能收益。用能单位也可能利用其对能耗历史记录的了解，进行"偷能"行为。总之，信息不对称导致双方容易出现欺诈和失信行为，增加了道德风险，严重阻碍了合同能源管理在我国的推广。在推进合同能源管理的过程中，经常出现以下情况：一方面，节能服务公司难以找到合适的用能单位进行节能改造；另一方面，用能单位也无法顺利找到合适的合作对象来实施合同能源管理项目。这种信息不对称大大增加了搜寻成本。此外，信息不对称还可能导致用能单位和节能服务公司合谋欺骗政府，骗取国家财政补贴和税收优惠。

外部性理论、交易成本理论、博弈论和信息不对称理论在推进合同能源管理项目过程中，都是分析和解决阻碍因素的重要工具。从经济学的角度分析合同能源管理的发展现状及其影响因素，并应用相关经济学理论和分析工具来推进合同能源管理，是一个重要的课题。

二、管理学相关理论

合同能源管理涉及多个管理学理论，包括利益相关者理论、项目管理理论和价值链管理理论。掌握和应用这些理论，可以帮助解释合同能源管理实施过程中出现的问题，对指导实践和推动其发展具有重要意义。

（一）利益相关者理论

"利益相关者"的概念最早在 20 世纪 60 年代提出，受到"股东"（Shareholder）一词的启发，创造了与之对应的"Stakeholder"来表示与企业有密切关系的团体和个人。至今，"利益相关者"已有近百种定义，主要归纳为两类：（1）狭义定义。以 Clarkson 的表述为典型，认为只有那些在企业中投入专用性资产的人或团体才是利益相关者。如果没有他们的支持，组织便无法生存。这一定义是从"是否影响企业生存"的角度出发，排除了政府部门和社会组织等团体。（2）广义定义，以弗里曼的定义为代表，他认为"一个组织的利益相关者是指能影响或者受组织达成目标影响的任何团体和个人"①。该定义考虑了组织与利益相关者的相互影响，将当地社区、政府部门、环保组织等纳入研究范畴，扩大了利益相关者的内涵，并被广泛引用。尽管广义定义内涵宽泛，但也存在难以精确定量的缺陷。Mitchell 和 Wood② 在研究了 27 种利益相关者定义后，提出利益相关者需具备三个条件：首先是影响力，即某一群体是否有能力和手段影响企业决策；其次是合法性，即某一群体是否在法律和道义上拥有对企业的某种权利；最后是紧迫性，即某一群体的要求能否立即引起企业管理层的关注。除了定义的界定外，为了更具操作性，学者们还对利益相关者进行了分类。弗里曼等人根据利益相关者在公司中的作用将其分为第一层和第二层利益相关者；弗雷德里克则根据是否与企业发生市场交易，将利益相关者分为直接和间接利益相关者。

一个完整的合同能源管理项目涉及多个组织，比如，企业、政府部门，甚至国外企业。这些组织的共同努力促成了项目的成功实施。然而，

---

① FREEMAN R E. Strategic management: stakeholder approach ［M］. MA: Pitman, Boston, 1984: 13.

② MITCHELL A, WOOD D. Toward a theory of stakeholder identification and salience: Definigng the principle of whom and what really counts ［J］. Academy of Management Review, 1997, 22 (4): 853-886.

不同利益相关者的目的各异，可能会导致各种影响项目进程和实施的问题。例如，当节能服务公司与能源用户/用能单位谈判时，设备供应商可能绕过节能服务公司，与用能单位直接达成买卖协议，形成所谓的"合同能源管理销售"现象。用能单位与设备供应商直接合作，形成了节能效益的共享主体，即节能服务公司。这对用能单位来说，可以适当降低成本；对设备供应商来说，既能分享财政和税收优惠，又能提高销量。然而，这种情况对节能服务公司不利，因为其市场被外部利益相关者侵蚀。在利益驱动下，企业的利益相关者可能会围绕共同的问题和目标形成联盟。例如，设备供应商与用能单位结盟，共同排除节能服务公司，以实现各自的利益。这种联盟关系捆绑了彼此的利益，排除了节能服务公司。因此，研究利益相关者理论对影响合同能源管理发展的因素以及完善相关的对策具有重要意义。

从管理学角度来看，进行有效的利益相关者管理，需要评估每个利益相关者的相对影响力，即企业内部各方的利害关系及其重要性。在此基础上，制定针对不同利益相关者的战略非常重要。首先要考虑的是直接联系还是间接联系每位利益相关者，其次决定对特定利益相关者采取何种态度，最后选择最合适的战术和战略。在合同能源管理项目实施的各个阶段，节能服务公司面对的利益相关者各不相同，每个利益相关者的诉求也有所不同。总体来看，整个合同能源管理项目从开始到结束，实际上是不同利益相关者之间为了直接利益而进行的博弈过程。因此，加强利益相关者管理、合理分配合同利益，建立长期稳定的战略合作伙伴关系，对于项目的成功和节能服务公司的发展至关重要。

（二）项目管理理论

合同能源管理依靠不同的节能项目来实现，每个项目都会涉及各种利益相关者、节能方案、设备和不同的融资规模。合同能源管理项目的实施本质上就是一个项目管理过程。因此，了解并掌握项目管理的基本理论是至关重要的。

项目管理是指将各种系统、方法和人员结合起来，在规定的时间、预算和质量目标内完成项目的各项工作。它包括从项目投资决策开始到项目结束的全过程管理，通过计划、组织、指挥、协调、控制和评价来实现项目目标。换句话说，项目管理是通过相关人员的执行，在各种约束条件下，通过资源的合理配置，实现符合成本、预算和质量要求的目标。

项目和项目管理对组织实现战略目标具有重要作用。缺乏有效的项目管理，项目将难以获得适当的预算、成本控制和绩效考核，从而导致组织效率低下。成功的项目管理能够最大化企业利润，节省不必要的人力和物力开支，确保项目按时按质完成任务，并使企业在激烈的市场竞争中保持优势地位。从项目角度看，项目具有确定生命周期的一次性特性，为组织战略的设计和执行奠定基础，致力于开发最新最先进的产品、服务和流程。项目管理需要跨越职能和组织边界，突破传统的管理职能。项目生命周期包括启动、计划、实施和收尾四个阶段，各阶段根据项目需求开展不同的活动。（1）启动阶段。确定项目范围，进行必要的资源识别，确定重要的组织成员或利益相关者。（2）计划阶段。制订详细的项目规范、图表、进度计划和其他计划。（3）实施阶段。执行具体工作，开发系统或生产产品。（4）收尾阶段。项目移交给客户后，重新配置资源，完成具体子活动，项目成本和范围迅速减小。

生命周期模型用于评价项目，提示后续资源需求，使项目团队更好地确定资源需求和时间安排，确保项目按时完成。这一模型帮助项目团队规划各阶段的活动和资源配置，提高项目管理的效率。合同能源管理项目一般分为三个阶段：前期展开、中期实施和后期落实。尽管以上描述了典型的项目生命周期和阶段划分，实际操作中可能有所不同。一些项目可能只需三个步骤，另一些项目可能划分得更详细。根据具体项目需求调整流程，有助于提高项目的灵活性和适应性。

通过理解和应用项目生命周期模型，项目团队能够更好地规划和管理资源，提高项目成功率。合同能源管理项目的分阶段实施有助于确保节能目标的实现和项目的整体效益。灵活的项目管理流程可以根据实际需求进行调整，进一步提升项目管理的效率和效果。

　　融资是影响合同能源管理发展的关键因素，尤其在项目实施过程中，项目融资显得尤为重要。广义上讲，项目融资包括为建设新项目、收购现有项目或对已有项目进行债务重组而进行的一切融资活动。合同能源管理项目对资金的需求量较大，而中小型节能服务公司通常资金有限，因此，如何从外部获得融资成为项目实施的重要制约因素。项目融资的一个突出特征是贷款的偿还依据是项目未来的现金流量和项目本身的资产价值，而非项目投资人的资信。然而，项目未来收益的不确定性也给银行等金融机构带来了很大的风险。大多数节能服务公司具有轻资产特征，没有足够的抵押物，因此，以未来现金流作抵押进行融资的难度非常大。尽管国内金融机构做了许多尝试，但效果并不显著。由于融资困难，目前大部分节能服务公司实施合同能源管理项目的资金来源主要是企业自有资金，这给企业带来了巨大压力。如何进行资信结构升级、优化资金结构是节能服务公司面临的一个难题。

第二章

合同能源管理项目问题研究现状

第一节　合同能源管理项目收益分配问题

在合同能源管理项目中，项目收益的产生和分配主要在能源用户和节能服务公司之间展开。然而区别于传统的收益方式，节能服务公司主要通过与能源用户共享节能收益的方式来回收前期投入并获取利润；[①] 合同能源管理项目收益分配问题直接关乎节能服务公司和能源用户两方的利益，是影响整个合同能源管理项目合作能否顺利实施的关键因素；[②] 因此，如何公平合理地分配项目收益已成为合同能源管理研究的焦点问题之一，而在分析和探讨该问题时，博弈论、委托—代理理论等成为学者们最常用到

---

① MARINO A, BERTOLDI P, REZESSY S, et al. A snapshot of the European energy service market in 2010 and policy recommendations to foster a further market development ［J］. Energy Policy, 2011, 39（10）: 6190 - 6198; XU P P, CHAN E H W, HENK J V, et al. Sustainable building energy efficiency retrofit for hotel buildings using EPC mechanism in China: analytic Network Process（ANP）approach ［J］. Journal of Cleaner Production, 2015, 107（16）: 378 - 388; LIU H M, ZHANG X Y, HU M Y. Game‐theory‐based analysis of energy performance contracting for building retrofits ［J］. Journal of Cleaner Production, 2019, 231: 1089‐1099.

② DENG Q L, ZHANG L M, CUI Q B, et al. A simulation‐based decision model for designing contract period in building energy performance contracting ［J］. Building Environment, 2014, 71: 71 - 80; DENG Q L, JIANG X L, CUI Q B, et al. Strategic design of cost savings guarantee in energy performance contracting under uncertainty ［J］. Applied Energy, 2015, 139: 68‐80.

的研究工具和方法，例如，有学者关注了中国节能效益分享型合同能源管理项目中的收益分配问题，并指出合同能源管理项目中节能服务公司与能源用户之间的关于节能收益分配的谈判，实质上是一个双方讨价还价的过程，并采用鲁宾斯坦讨价还价博弈理论（Rubinstein bargaining game）分析了节能服务公司与能源用户的谈判过程，并基于净现值（Net Present Value，简称 NPV）方法确定了节能服务公司的节能分配期和分配比例；① 朱东山和孔英则通过构建博弈模型对合同能源管理项目节能收益进行分析，探讨了符合经济学逻辑的节能服务公司和能源用户的合同能源管理项目收益分配比例问题；② 还有学者指出节能服务公司和能源用户间的节能收益分配实质上是一个非合作博弈过程，且博弈双方项目收益分配比率与风险承受能力、资源投入状况、努力投入水平等密切相关。③ 此外，也有一些学者从研究方法上对合同能源管理项目中的收益分配问题提出解决方案，例如，刘亚臣等在研究中构建了基于公平熵的节能效益分享型合同能源管理项目收益分配模型，探讨了合同能源管理项目双方的收益分享比例；④ 曾芝红则提出基于 AHP 法与模糊综合评价方法的收益分配模型，并验证了其在合同能源管理项目中的可行性。⑤

项目合作中的收益分配实质上是参与双方之间的讨价还价过程，在这个过程中参与双方会根据自己所要承担的风险来考虑和衡量自己所获得的

① SHANG T C, ZHANG K, LIU P H, et al. What to allocate and how to allocate? − Benefit allocation in Shared Savings Energy Performance Contracting Projects [J]. Energy, 2015, 91: 60−71.

② 朱东山，孔英. 合同能源管理模式下能源管理公司和用户的效益分配比例研究 [J]. 生态经济, 2016, 32 (11): 59−64.

③ SHANG T C, ZHANG K, LIU P H, et al. A review of energy performance contracting business model: Status and recommendation [J]. Sustainable Cities and Society, 2017, 34: 203−210.

④ 刘亚臣，徐佳欣，刘宁. 基于公平熵的节能效益分享型合同能源管理效益分配研究 [J]. 科技进步与对策, 2013, 30 (23): 137−140.

⑤ 曾芝红. 基于综合评价法分享型合同能源管理项目利益分配 [J]. 武汉理工大学学报, 2014, 36 (8): 144−148.

收益是否对等、公平。① 类似的关于收益分配的研究在供应链领域的成果颇丰，如曹霞等在研究中指出收益分配的公平性不仅会影响各参与主体的收益期望是否满足，同时也影响合作整体利益的实现；② 也有学者在对供应链企业间合作决策问题的研究中指出，合作企业间的收益分配问题实质上就是各合作参与企业讨价还价的过程，且各企业所分配收益的多少与其讨价还价能力成正比例关系；③ 常雅楠和王松江在研究中基于改进了的Shapley 值法构建了一个收益分配模型，探讨了项目各参与方的最优收益分配问题；④ 此外，在与合同能源管理密切相关的能源领域，如碳减排、碳交易、碳配额等方面，收益分配问题也被广泛关注。⑤

　　通过对现有合同能源管理收益分配相关研究进行梳理、归纳后发现项目合作双方之间的信息情况往往被忽视，只有极少数学者在研究中涉及该方面，如卢志坚和孙元欣基于序贯博弈理论建立完全信息下的节能效益分享模式合同能源管理项目合作博弈模型，分析能源用户和节能服务公司的最优收益分享比例和最优项目绩效水平，并探讨了合同能源管理项目特点和成本结构对决策行为的影响。虽然该研究在合同能源管理项目收益分配中提到了信息问题，但其关注的是完全信息，即项目双方为信息对称，这

---

① VIEGAS J M. Questioning the need for full amortization in PPP contracts for transport infrastructure [J]. Research in Transportation Economic, 2010, 30 (1): 139-144; CHEN S H. Driving factors of external funding effects on academic innovation performance in university-industry-government linkages [J]. Centimetric, 2013, 94 (3): 1077-1098.

② 曹霞, 于娟, 张路蓬. 不同联盟规模下产学研联盟稳定性影响因素及演化研究 [J]. 管理评论, 2016, 28 (2): 3-14.

③ SANJAY P, RAVI S, SREEJIT R. Impact of bargaining power on supply chain profit allocation: a game-theoretic study [J]. Journal of Advances in Management Research, 2019, 16 (3): 398-416.

④ 常雅楠, 王松江. 激励视角下的 PPP 项目利益分配: 以亚投行支撑中国企业投资 GMS 国家基础设施项目为例 [J]. 管理评论, 2018, 30 (11): 257-265.

⑤ 薛俭, 谢婉林, 李常敏. 京津冀大气污染治理省际合作博弈模型 [J]. 系统工程理论与实践, 2014, 34 (3): 810-816; 谢晶晶, 窦详胜. 基于合作博弈的碳配额交易价格形成机制研究 [J]. 管理评论, 2016, 28 (2): 15-24; 时茜茜, 朱建波, 盛昭瀚. 重大工程供应链协同合作利益分配研究 [J]. 中国管理科学, 2017, 25 (5): 42-51.

在实际的合同能源管理项目中很难实现和完成。[①] 有学者在研究中重点关注了既定合同能源管理项目收益分享条件下合作双方的最优决策问题，并通过建立双向道德风险模型探讨了由非对称信息引起的合同能源管理项目双方的双向道德风险对各自努力行为选择的影响，研究发现信息不对称会对项目双方的收益、努力参与积极性等造成消极影响。[②] 该研究总体上为非对称信息情况下的合同能源管理收益分配问题提供有价值的参考和借鉴，但令人遗憾的是，该研究并未对由于信息不对称而引起的合同能源管理项目消极影响提出解决方案或优化措施。

实质上，在探讨非对称信息情况下的合同能源管理项目收益分配问题时，信息补偿是一种弥补和应对消极效应的有效措施和方法。在供应链领域中的一些研究已指出了该措施和方法的有效性。如王奇等在对项目合作过程中的参与主体收益受损问题的研究中指出了信息补偿的有效性，并基于此构建了可以有效补偿收益损失的合作剩余收益分配机制，但该研究并未对补偿信息以及补偿信息在收益分配中的具体产生和运作进行更深入的探讨和分析。[③] 也有学者在对双渠道供应链中制造商和零售商之间的信息分享问题研究中构建了 Nash 信息补偿机制，有效应对和解决了非对称信息情况下双渠道供应链中的网络外部性问题，该研究也直接表明了非对称信息情况下引入补偿信息的有效性。[④]

① 卢志坚，孙元欣. 国外合同能源管理研究及其在中国促进建议 [J]. 科技管理研究，2012，32 (2)：38-42.
② XING G Y，QIAN D，GUO J E. Research on the Participant Behavior Selections of the Energy Performance Contracting Project Based on the Robustness of the Shared Savings Contract [J]. Sustainability，2016，8 (8)：730-742.
③ 王奇，吴华峰，李明全. 基于博弈分析的区域环境合作及收益分配研究 [J]. 中国人口·资源与环境，2014，24 (10)：11-16.
④ 石纯来，聂佳佳. 网络外部性对双渠道供应链信息分享的影响 [J]. 中国管理科学，2019，27 (8)：142-150.

第二节　合同能源管理项目激励问题

国外学者 Tang 的研究表明在国际合作日益加剧的背景下合同能源管理项目需要设计出更加具有激励效应的契约机制，研究还以水电合同能源管理项目为例说明了激励机制在合同能源管理项目中的必要性;[①] 而 Lee 和 Dzeng 基于对中国香港和中国台湾地区合同能源管理的整体发展情况的调查发现，这两个地区合同能源管理项目中出现的很多问题都是由于激励契约缺失或激励契约不合理引起或造成的，并指出了完善或设计合同能源管理激励契约的必要性;[②] Aasen 等在对挪威的市政领域合同能源管理项目的调查中发现，激励契约机制的不健全和不完善会严重影响合同能源管理项目的实施和推进;[③] Hufen 和 Bruijn 则结合对 9 家公共游泳馆合同能源管理项目的调查发现，有效的激励契约机制促使节能服务公司在合同能源管理项目中积极努力并将项目节能量提升了大约 30%，调查结果也直接证明了激励契约在提升合同能源管理项目节能表现中的适用性和有效性。[④]

激励契约的核心理念是实现合作双方的共赢，且最常见于以委托—代理形式的合作项目中，主要通过促使项目双方在理性、利己的原则下实现

① TANG W Z, QIANG M S, DUFFIELD C F, et al. Incentives in the Chinese construction industry [J]. Journal of Construction Engineering and Management, 2008, 134 (7): 457-467.

② LEE P, DZENG R J. Current market development of energy performance contracting: a comparative study between Hong Kong and Taiwan [J]. Journal of Property Investment and Finance, 2014, 32 (4): 371-395.

③ AASEN M, WESTSKOG H, KOMELIUSSEN K. Energy performance contracts in the municipal sector in Norway: overcoming barriers to energy savings? [J]. Energy Efficiency, 2016, 9: 171-185.

④ HUFEN H, BRUIJN H D. Getting the incentives right: Energy performance contracts as a tool for property management by local government [J]. Journal of Cleaner Production, 2016, 112: 2717-2729.

项目合作双方收益的帕累托最优。① 国内学者对激励契约的研究由来已久且研究范围较为宽泛，尤其在近两年关于激励契约的研究更加多样化，然而，委托—代理理论依然是激励契约研究的主流方向之一。② 诸多学者，如张宏、乔文珊、贺一堂、马喜芳、李健、孙世敏、赵宸元、陈小亮、徐鹏、郭汉丁等都在自己的研究中基于委托—代理理论对 PPP、低碳科技创新、政策调控、公司薪酬、物流供应链、人力资源管理等方面的激励契约问题进行了深入探讨和分析。与此同时，博弈论是近几年国内学者在激励契约研究领域的另一个主流方向。③ 尤其是博弈论中涉及的博弈模型，如 Stackelberg 模型、演化博弈模型、序贯博弈模型、动态随机微分博弈模型、信号传递博弈模型等都已被广泛用于不同领域的激励契约研究。此外，也有很多学者（如唐国锋、薛倚明、罗敏、曾婧婧、刘智强、姚冠新、林陵娜、吴宇蒙、李紫薇等）从风险约束、激励模式、激励契约实用性、政策激励等其他角度对相关领域内的激励契约问题进行了系统分析和探讨。④

节能服务公司的节能改造努力程度直接影响合同能源管理项目收益，因此为了有效激励节能服务公司，能源用户通常会为节能服务公司设定一个具有激励水平的项目收益分享比例，即通过合同能源管理项目收益来激

---

① OYEDELE L O. Analysis of architects' demotivating factors in design firms [J]. International Journal of Project Management, 2013, 31 (3): 342-354; MENG X, GALLAGHER B. The impact of incentive mechanisms on project performance [J]. International Journal of Project Management, 2012, 30 (3): 352-362.

② 曹国华，杨俊杰，林川. CEO 声誉与投资短视行为 [J]. 管理工程学报，2017, 31 (4): 45-51; 常雅楠，王松江. 激励视角下的 PPP 项目利益分配：以亚投行支撑中国企业投资 GMS 国家基础设施项目为例 [J]. 管理评论，2018, 30 (11): 257-265.

③ 付秋芳，忻莉燕，马士华. 惩罚机制下供应链企业碳减排投入的演化博弈 [J]. 管理科学学报，2016, 19 (4): 56-70; 郭汉丁，郝海，张印贤. 工程质量政府监督代理链分析与多层次激励机制探究 [J]. 中国管理科学，2017, 25 (6): 82-90.

④ 李紫薇. 战略性新兴产业自主研发激励机制研究：以新通信网络业税收政策为例 [J]. 宏观经济研究，2018 (8): 94-100.

励节能服务公司。① 而通过对现有合同能源管理相关文献的梳理和汇总后发现，现阶段国内外学者对合同能源管理项目激励契约问题的研究关注相对较少且多以定性描述为主，例如，Zhang 等在对我国合同能源管理整体发展的定性研究中指出，合同能源管理项目激励契约的不健全是影响和阻碍我国合同能源管理产业发展的一个重要因素；② Xu 等在研究中提到完善的激励契约机制是有效推动我国酒店建筑节能改造合同能源管理项目可持续发展的关键要素之一；③ Zhang 等通过对 248 家合同能源管理项目的调查发现激励契约的缺失是限制合同能源管理项目顺利实施和推广的重要因素之一。④ 以上关于合同能源管理项目激励契约的研究多停留在定性分析层面，而邓建英和兰秋军通过构建政府与节能服务公司之间的博弈关系，在设定约束条件的前提下建立了激励约束模型，通过混合战略均衡、局部均衡、逆向选择等分析和讨论了激励契约对节能服务公司项目行为的影响，但其关注的是单期合同能源管理项目激励契约问题，对合同能源管理项目多期合作激励契约的研究和关注相对欠缺。⑤

　　由于合同能源管理项目在运营和管理中通常呈现多期、持续性等特点，因此如何在能源用户和节能服务公司项目合作之初设计和构建一个科

① GUO K, ZHANG L M, WANG T. Optimal scheme in energy performance contracting under uncertainty: a real option perspective [J]. Journal of Cleaner Production, 2019, 231: 240-253; LIU P, ZHOU Y, ZHOU D K, et al. Energy Performance Contract models for the diffusion of green-manufacturing technologies in China: A stakeholder analysis from SMEs' perspective [J]. Energy Policy, 2017, 106: 59-67.

② ZHANG X H, LI X, CHEN S L. Problem and countermeasure of energy performance contracting in China [J]. Energy Procedia, 2011, 5: 1377-1381.

③ XU P P, CHAN E H W. ANP model for sustainable Building Energy Efficiency Retrofit (BEER) using Energy Performance Contracting (EPC) for hotel building in China [J]. Habitat International, 2013, 37: 104-112.

④ ZHANG M S, WANG M J, JIN W, et al. Managing energy efficiency of building in China: A survey of energy performance contracting (EPC) in building sector [J]. Energy Policy, 2018, 114: 13-21.

⑤ 邓建英，兰秋军. 博弈视角下政府对建筑节能服务机构的监管效能分析 [J]. 系统工程，2015, 33 (12): 96-100.

学有效的激励契约来实现对节能服务公司的有效激励成为应对和解决多期合同能源管理项目合作中一个亟待解决的问题。而作为应对和解决多期合作激励契约问题最有效的措施之一，声誉效应模型为多期项目合作激励契约问题提供了一种切实可行的解决思路。实质上，自 Kreps 等在 1982 年在《经济理论杂志》（*Journal of Econmic Theory*）发表了以 KMRW 声誉效应模型为核心的重复博弈经典文献开始，声誉效应模型已开始被国内外学者关注，成为多期合作中激励契约问题研究领域的一个重要分支，并被广泛应用于企业高管、职业经理人、项目投资方、厂商、企业绩效等方面的多期合作激励。通过对文献的进一步梳理和总结后发现，这些关于多期项目合作中的声誉效应研究更多采用了委托—代理理论中的代理人市场—声誉模型（如孔峰和张微、曹启龙等）。① 代理人市场—声誉模型虽然可以帮助委托人在多期合作中让代理人在每个单期结束后根据代理人单期表现来重新调整下一期的激励强度或激励策略，即"事后控制"。但这种"事后控制"要求委托人在每个合作单期对代理人实施监督，观察代理人的努力水平。而这在合同能源管理项目合作中，尤其是在信息不对称情形下的合同能源管理项目合作中很难实现。李建等学者在关于存货质押融资物流企业的激励契约研究中通过在项目双方多期合作初始阶段将声誉效应引入激励契约，约定物流企业在单期的努力水平等进而实现了银行对物流企业在多期合作中的有效激励，即"事前控制"。② 因此，该种考虑声誉效应的"事前控制"模式值得参考和借鉴。

---

① 孔峰，张微．基于双重声誉的国企经理长期激励最优组合研究［J］．中国管理科学，2014，22（9）：133-140；曹启龙，周晶，盛昭瀚．基于声誉效应的 PPP 项目动态激励契约模型［J］．软科学，2016，30（12）：20-23.

② 李健，王雅洁，吴军，等．考虑声誉效应的存货质押融资中银行对物流企业的激励机制研究［J］．中国管理科学，2017，25（7）：86-92.

第三节　合同能源管理项目补惩问题

对合同能源管理行业本身而言，由于在当前节能减排的大环境下，为鼓励或推广合同能源管理模式，各国家和地区基本上都对合同能源管理项目实施补偿、奖励等鼓励性政策。以我国为例，财政部和发改委在 2010年 6 月联合颁布的《合同能源管理财政奖励资金管理暂行办法》（国办发〔2010〕25 号）中明确对达到奖励（补贴）标准的合同能源管理项目，中央财政补贴（奖励）标准为 240 元/吨标准煤，省级财政补贴（奖励）标准不低于 60 元/吨标准煤。然而对合同能源管理项目实施的惩罚性政策相对较少且较为笼统。例如，《合同能源管理财政奖励资金管理暂行办法》（国办发〔2010〕25 号）中并没有关于项目双方消极参与合作的惩罚条款。事实上，大量心理学研究已经表明：同鼓励性策略一样，独立于合作双方之外的惩罚也可以对合作双方潜在的"投机""搭便车"心理产生威慑，并有效约束其"机会主义"行为，从而显著提高合作比率。[1] 学界对惩罚机制的应用研究多集中于契约治理、政府监管、第三方监管等方面。[2]

当前关于政府补惩的研究多集中于物流供应链领域。例如，许民利等从演化博弈的视角对食品供应链中企业的质量投入行为进行了分析，并重

---

[1] KRASNOW M M, DELTON A W, COSMIDES L, et al. Looking under the hood of third-party punishment reveals design for personal benefit [J]. Psychological Science, 2016, 27 (3): 405-418; DELTON A W, KRASNOW M M. The psychology of deterrence explains why group membership matters for third-party punishment [J]. Evolution and Human Behavior, 2017, 38 (6): 734-743.

[2] MA Y, ZHANG Y Y. Research on protection of the agricultural products quality safety based on evolution game from the perspective of the supply chain [J]. Advance Journal of Food Science & Technology, 2013, 5 (2): 153-159; 刘伟，夏立秋，王一雷. 动态惩罚机制下互联网金融平台行为及监管策略的演化博弈分析 [J]. 系统工程理论与实践，2017, 37 (5): 1113-1122; 杨松，庄晋财，王爱峰. 惩罚机制下农产品质量安全投入演化博弈分析 [J]. 中国管理科学，2019, 27 (8): 181-190.

点对比分析了政府补偿政策下供应链企业质量投入与无政府补偿政策下企业的质量投入行为策略;[①] 朱庆华等关注政府与企业之间的碳减排博弈问题，通过构建政府与碳排放企业之间的动态博弈模型，探讨政府在碳减排政策下的动态奖励（补偿）和惩罚策略;[②] Wang 等指出在供应链的回收再制造领域政府补偿政策的推行和实施可以有效推动整个供应链的废旧产品回收，其还在研究中指出在信息不对称情形下政府补偿政策降低了闭环供应链产品批发和零售价，同时提高了产品回收价格和数量;[③] 王文宾和邓雯雯通过动态博弈探讨了逆向供应链中有无政府补偿以及政府补偿情形下供应链中制造商和回收商之间的最优决策问题;[④] 王海军等从演化博弈的视角探讨了农业供应链契约复原能力提升，并指出政府补贴和惩罚对绿色农业供应链企业间协调的必要性和重要性;[⑤] 王文宾等也对闭环供应链中企业回收问题进行了分析，并重点探讨了责任分担情况下政府补偿机制对零售商回收意愿、回收策略选择、回收利润等方面的影响。[⑥] 上述关于政府补偿机制的研究都可为本研究合同能源管理政府补偿机制设计提供参考和借鉴。

在合同能源管理项目合作中引入政府为主导的补偿机制时，除了要积极奖励或补贴"积极""认真"的项目参与行为外，还要惩罚或惩处"消极""投机"的参与行为，从而使政府补偿机制发挥出最优的监管效果。

---

① 许民利，王俏，欧阳林寒. 食品供应链中质量投入的演化博弈分析 [J]. 中国管理科学，2012，20（5）：131-141.

② 朱庆华，王一雷，田一辉. 基于系统动力学的地方政府与制造企业碳减排演化博弈分析 [J]. 运筹与管理，2014，23（3）：71-82.

③ WANG W B, ZHANG Y, ZHANG K. et al. Reward-penalty mechanism for closed-loop supply chains under responsibility-sharing and different power structures [J]. International Journal of Production Economics, 2015, 170: 178-190.

④ 王文宾，邓雯雯. 逆向供应链的政府奖惩机制与税收：补贴机制比较研究 [J]. 中国管理科学，2016，24（4）：102-110.

⑤ 王海军，谭洁，姬笑微. 政府奖惩下供应链复原能力提升机制的演化博弈分析 [J]. 运筹与管理，2017，26（12）：9-16.

⑥ 王文宾，丁军飞，王智慧，等. 回收责任分担视角下零售商主导闭环供应链的政府奖惩机制研究 [J]. 中国管理科学，2019，27（7）：127-136.

因此，合同能源管理项目政府补偿机制的设计应考虑从项目双方的合作参与行为着手，通过控制或引导能源用户和节能服务公司的参与行为来发挥政府补偿机制的有效性。实质上，大量行为学和社会学的实验也已经表明独立于合作双方的第三方奖励或惩罚可以有效约束合作双方的消极、懈怠等"不良"行为、"搭便车"行为等。① 此外，基于合作双方参与行为的一些研究，如基于"间接互惠"（Indirect Reciprocity）理论的研究（如Lergetporer、陈欣、Jordan、Krasnow 等）、基于"社会交互"理论的研究（如 Anderhub、Fowler、Nowak、Sell、Carpenter 等）以及一些基于其他社会学和行为学的研究（如 Bond、Henrich、Nikiforakis、Normann、Balliet 等）等也从不同角度验证了第三方奖惩对合作双方参与行为监管的有效性。

第四节　合同能源管理项目补贴分配问题

为了推广合同能源管理在各行业节能减排领域的应用，很多国家和地区对合同能源管理项目实行政府补贴。例如，美国部分州政府对合同能源管理项目实施补贴退税；② 英国政府对积极开展合同能源管理项目的能耗企业进行专项补贴；③ 德国设立了节能补贴基金鼓励高能耗市政建筑及公

---

① RAIHANI N J, BSHARY R. The reputation of punishers [J]. Trends in Ecology & Evolution, 2015, 30 (2)：98-103；孔程程，王晓明. 惩罚对合作的影响：形式、机制及边界条件 [J]. 心理研究, 2018, 11 (2)：166-172；宋紫峰，周业安. 收入不平等、惩罚和公共品自愿供给的实验经济学研究 [J]. 世界经济, 2011, 34 (10)：35-54.

② LARSEN P H, GOLDMAN C A, SATCHWELL A. Evolution of the U. S. energy service company industry：Market size and project performance from 1990-2008 [J]. Energy Policy, 2012, 50：802-820.

③ HANNON M J, FOXON T J, GALE W F. The co-evolutionary relationship between energy service companies and the UK energy system：implications for a low-carbon transition [J]. Energy Policy, 2013, 61 (10)：1031-1045.

共建筑开展合同能源管理形式的节能改造;① 韩国于 1993 年针对合同能源管理项目设立了"能源和资源项目特别资金",并通过该专项资金以贴息补偿的形式向节能服务公司提供仅相当于市场政策利息 1/3 的低息贷款;我国对合同能源管理项目实施中央和地方两级政府补贴。2010 年 4 月,国务院办公厅转发《关于加快推行合同能源管理促进节能服务产业发展意见的通知》,正式将合同能源管理产业纳入我国的国家能源发展战略中。同年 12 月,财政部和国家税务总局联合发布《关于促进节能服务产业发展增值税、营业税和企业所得税政策问题的通知》(财税〔2010〕110 号)明确了合同能源管理项目参与企业所得税的税收优惠"三免三减半"政策。随后国家税务总局和发改委又在 2013 年 12 月联合发布了第 77 号《关于落实节能服务企业合同能源管理项目企业所得税优惠政策有关征收管理问题的公告》(简称 77 号文件),再次明确符合政策条件的节能效益分享型合同能源管理项目可享受财税〔2010〕110 号文件规定的企业所得税"三免三减半"优惠政策。

著名经济学家庇古早在 1920 年的《福利经济学》中就提出采用征税与补贴的方式来解决环境污染等公共社会领域中存在的外部性问题。而大量研究也表明补贴已经是我国政府在对各行业进行监管和新兴技术推广时最常用的政策手段之一。学界在有关政府补贴的相关研究中大多选择"委托—代理"理论、博弈论等研究方法来探讨政府补贴政策下各利益主体间的博弈、最优决策行为等。例如,张国兴等通过构建政府和投资商之间的"委托—代理"模型分析了影响政府补贴策略的主要因素;② 生延超利用

---

① POLZIN F, FLOTOW P V, NOLDEN C. What encourages local authorities to engage with energy performance contracting for retrofitting? Evidence from German municipalities [J]. Energy Policy, 2016, 94: 317-330.

② 张国兴, 郭菊娥, 席酉民, 等. 政府对秸秆替代煤发电的补贴策略研究 [J]. 管理评论, 2008 (5): 33-36.

三阶段博弈模型研究了政府介入的创新产品和创新投入补贴;① 也有学者通过三阶段双寡头模型、张国兴等通过信号博弈模型分别分析了补贴政策下的企业行为、企业与政府行为。② 此外，还有大量的研究关注补贴与消费者最优决策、补贴与价格折扣、补贴形式、最优补贴合同设计等。③

　　学界对我国合同能源管理项目政府补贴的研究起步相对较晚且研究关注相对较少，但随着近几年我国政府对合同能源管理关注力度的加大，与合同能源管理项目政府补贴相关的研究也逐步开展，但多为定性分析和讨论。如何鹰在对我国低碳经济法制保障体系研究中指出政府在推广合同能源管理时要建立健全合同能源管理相关政策、法规，健全融资环境，并对节能服务公司进行税收减免优惠;④ 郑彦娜和赵丽萍通过对比我国各地合同能源管理财政奖励政策总结并归纳出我国合同能源管理项目财政奖励政策实施过程中存在的问题，研究还将物料流量成本会计引入合同能源管理，并对完善财政奖励政策提出建议;⑤ 也有学者从政府扶持、政策效果、风险等几方面对我国合同能源管理补贴政策存在的问题进行了分析，并针对性地从重点领域合同能源管理运用、补贴政策构建、绩效考核机制、合同能源管理法律体系等方面提出对策建议;⑥ 也有少部分学者将物流供应

①　生延超. 创新投入补贴还是创新产品补贴：技术联盟的政府策略选择 [J]. 中国管理科学，2008，16（6）：184-192.

②　张国兴，张绪涛，程素杰，等. 节能减排补贴政策下的企业与政府信号博弈模型 [J]. 中国管理科学，2013，21（4）：129-136.

③　KRASS D, NEDOREZOV T, OVCHINNIKOV A. Environmental taxes and the choice of green technology [J]. Production and Operation Management, 2013, 22（4）：1035 - 1055; ZHOU W H, HUANG W X. Contract designs for energy-saving product development in a monopoly [J]. European Journal of Operational Research, 2016, 250：902-913；郑艳芳，周文慧，黄伟祥. 绿色耐用产品的节能补贴合同设计 [J]. 管理科学学报，2016，19（3）：1-14, 33.

④　何鹰. 我国碳交易法律规制研究 [J]. 南京社会科学，2012（1）：99-104.

⑤　郑彦娜，赵丽萍. 物料流量成本会计与合同能源管理的融合：基于财政奖励政策的视角 [J]. 财会通讯，2015（14）：60-64, 129.

⑥　陈晓春，唐嘉. 合同能源管理的激励政策研究 [J]. 求索，2016（6）：121-125.

链领域中常用的博弈论用于探讨合同能源管理的政府补贴最优决策。①

可以发现，以上关于合同能源管理政府补贴的研究大多忽略了政府补贴分配这一关键研究主题。实质上，大量关于政府补贴分配的研究已经表明政府补贴分配或二次配置不仅会影响项目合作双方的收益，还会影响项目双方合作开展的积极性和有效性。② 在合同能源管理项目的政府补贴分配中，不同国家和地区政府补贴分配的对象不同，如在日本合同能源管理项目中，所有达到节能量标准的项目，政府会对能源用户给予补贴；我国的合同能源管理项目一旦达到节能量补贴标准，政府将给予节能服务公司补贴；在欧美等国的合同能源管理项目中，政府补贴通常由能源用户和节能服务公司共享。因此，如何合理有效地分配政府补贴成为推动合同能源管理项目健康有效发展的一个重要方面。此外，政府补贴在项目双方之间分配时还应注意公平分配，以及项目双方的公平感知效应，因为大量行为学、心理学、社会学的实验或研究均已验证了公平感知（感知公平）会对行为产生影响。③

① LU Z J, SHAO S. Impacts of government subsidies on pricing and performance level choice in Energy Performance Contracting：A two-step optimal decision model [J]. Applied Energy, 2016, 184：1176-1183.

② 徐静, 蔡萌, 岳希明. 政府补贴的收入再分配效应 [J]. 中国社会科学, 2018 (10)：39-57；朱桂龙, 蔡朝林, 陈朝月. 声誉积累优势还是绩效积累优势？政府 R&D 补贴分配中"粘性"效应探究 [J]. 科学学与科学技术管理, 2019, 40 (3)：43-55.

③ PAN X F, CHEN M Y, HAO Z C, et al. The effects of organizational justice on positive organizational behavior：evidence from a large-sample survey and a situational experiment [J]. Frontiers in Psychology, 2018, 8：1-16；严玲, 张祝冬, 严敏, 等. 基于合同参照点效应的建筑项目承包人公平关切点研究 [J]. 管理学报, 2017, 14 (10)：1561-1569；杜亚灵, 温莎娜, 孙娜. PPP 项目中公平感知对履约绩效影响的实验研究：项目获取途径的调节作用 [J]. 大连理工大学学报（社会科学版）, 2019, 40 (5)：16-25.

第五节　合同能源管理项目合作其他问题

自 2000 年以来，随着节能环保、低碳经济等理念的日益普及，越来越多的国家和地区政府开始大力倡导合同能源管理产业，全球合同能源管理市场呈现迅猛发展的势头。然而，各个国家或地区推广合同能源管理的领域却有所不同，例如在美国、日本、加拿大、芬兰、澳大利亚等发达国家或地区，合同能源管理主要被应用在建筑节能改造领域;[①] 在一些发展中国家和地区，尤其是在中国，合同能源管理主要应用在煤炭、钢铁、造纸、建筑、化工、加工制造、火力发电等高耗能产业的节能改造领域。

随着合同能源管理在实践应用中的日益普及，学界对合同能源管理产业发展、合同能源管理推广等相关研究也日渐繁荣。[②] 此外，如何有效推动合同能源管理在实际中的有效实施应用也是诸多研究者关注的焦点。Shang 等在研究中分析了合同能源管理的运作机制及运作模式问题;[③] Xu 等则以中国酒店业的建筑节能改造为关注点重点探讨了影响合同能源管理推行的主要因素;[④] Yuan 等通过实证调查分析了中国合同能源管理各项政

① SATU P, KIRSI S. Energy Service Companies and Energy Performance Contracting: is there a need to renew the business model? Insights from a Delphi study [J]. Journal of Cleaner Production, 2014, 66: 264 - 271; HANNON M J, FOXON T J, GALE W F. The co-evolutional relationship between energy service companies and the UK energy system: implications for a low-carbon transition [J]. Energy Policy, 2013, 61 (10): 1031-1045.

② CARBONARI A, ROBERTO F, MASSIMO L, et al. Managing energy retrofit of acute hospitals and community clinics through EPC contracting: the MARTE project [J]. Energy Procedia, 2015, 78: 1033-1038.

③ SHANG T C, ZHANG K, LIU P H, et al. A review of energy performance contracting business model: Status and recommendation [J]. Sustainable Cities and Society, 2017, 34: 203-210.

④ XU P P, CHAN E H W, HENK J V, et al. Sustainable building energy efficiency retrofit for hotel buildings using EPC mechanism in China: analytic Network Process (ANP) approach [J]. Journal of Cleaner Production, 2015, 107 (16): 378-388.

策在实际推行过程中所面临的挑战;① 也有部分学者在合同能源管理的研究中探讨了合同能源管理在挪威和德国市政建筑节能改造中应用和实施的情况，并重点探讨了合同能源管理在实施过程中所面临的各种障碍或困境。②

由于合同能源管理项目主体间的合作关系是建立在项目未来节能收益的基础上，因此合同能源管理项目运营管理面临着一系列风险和不确定因素的干扰。③ Hu 和 Zhou 则在研究中指出合同能源管理项目面临的风险主要包括政策法律风险、技术风险、管理风险、融资风险、客户风险等;④ Qian 和 Guo 则认为合同能源管理项目的风险和不确定性主要来自能源价格、设备使用年限、合同风险、不可抗力因素等;⑤ 还有研究指出能源用户延期支付、合同能源管理项目测量标准不精准、后期安装成本的增加等也是合同能源管理项目经营中面临的主要风险。此外，能源用户对合同能源管理理念的认知缺乏、合同能源管理项目技术瓶颈、合同能源管理政策支持力度的缺乏等也都是合同能源管理项目所面临的重要风险因素。

有学者在研究中明确提出合同能源管理是一种主要包含两个项目主体（节能服务公司和能源用户）的合作机制。⑥ 作为合同能源管理项目合作

---

① YUAN X L, MA R J, ZUO J, et al. Towards a sustainable society: the status and future of energy performance contracting in China [J]. Journal of Cleaner Production, 2016, 112: 1608-1618.

② POLZIN F, FLOTOW P V, NOLDEN C. What encourages local authorities to engage with energy performance contracting for retrofitting? Evidence from German municipalities [J]. Energy Policy, 2016, 94: 317-330.

③ LEE P, LAM P T I, LEE W L. Performance risks of lighting retrofit in Energy Performance Contracting Projects [J]. Energy for Sustainable Development, 2018, 45: 219-229.

④ HU J R, ZHOU E Y. Engineering Risk Management Planning in Energy Performance Contracting in China [J]. Systems Engineering Procedia, 2011, 1: 195-205.

⑤ QIAN D, GUO J E. Research on the energy-saving and revenue sharing strategy of ESCOs under the uncertainty of the value of Energy Performance Contracting Projects [J]. Energy Policy, 2014, 73: 710-721.

⑥ ZHOU W H, HUANG W X, ZHOU S X. Energy Performance Contracting in a Competitive Environment [J]. Decision Sciences, 2017, 48 (4): 723-765.

中最重要的一个构成部分，节能服务公司始终在合同能源管理项目主体合作中扮演着重要的角色。因此，关于节能服务公司的研究也成为学界研究的焦点之一。例如，Vine 基于对美国以外的 38 个国家和地区节能服务公司的调查，全面分析了全球节能服务公司整体发展状况，并着重分析了节能服务公司面临的主要障碍以及未来节能服务公司的发展趋势；[①] Bertoldi 等对整个欧洲地区节能服务公司的长期发展策略进行了分析和探讨，并提出了有效推动节能服务公司行业发展的建议；[②] Fang 等基于 1981—2007 年间 94 个国家的面板数据验证了节能服务公司在合同能源管理项目中的主要作用，以及在降低能耗方面的有效性。[③]

研究述评

通过对国内外学者合同能源管理相关研究文献的梳理、归纳、总结，可以发现前人在合同能源管理研究，以及合同能源管理相关领域的研究中已经取得了丰硕的研究成果，为合同能源管理项目相关研究奠定了坚实的理论基础，也为合同能源管理项目实践的开展提供了参考和借鉴。

目前国内外针对合同能源管理研究文献多集中于合同能源管理项目实践、合同能源管理运营模式、合同能源管理项目决策、合同能源管理风险管理、节能服务公司问题等。而对一些具体项目合作问题的考虑不太清晰，例如，具体到节能收益分享型合同能源管理项目中时，不同合同能源管理项目合作主体各自最根本的利益诉求点是如何在项目运行中呈现的？

① VINE E. An international survey of the energy service company (ESCO) industry [J]. Energy Policy, 2005, 33: 691-704.
② BERTOLDI P, REZESSY S, VINE E. Energy service companies in European countries: Current status and a strategy to foster their development [J]. Energy Policy, 2006, 34 (14): 1818-1832.
③ FANG W S, MILLER S M, YEH C C. The effect of ESCOs on energy use [J]. Energy Policy, 2012, 51: 558-568.

合作双方如何在项目合作中去追求自身的合作利益最大化？现阶段政府如何监管合同能源管理项目？政府为推广合同能源管理项目而实施的补贴政策是否在任何时候都是最优？除了补贴，政府是否应该同时实施惩罚，补惩政策该如何设计？等等。这些合同能源管理项目合作中的问题都需要进一步地深入分析探讨。

第一，当前关于合同能源管理项目收益分配的研究多为关注如何为项目合作双方设定一个科学的分享比例，却忽视了一个重要问题，即在合同能源管理项目中能源用户和节能服务公司之间的信息不对称问题，以及合同能源管理项目中除了固定节能设备收益外，节能服务公司在项目中的节能改造努力而产生的项目收益的分配问题。若不考虑这两方面因素，当前的收益分配方案不但无法使项目实现最优节能，还会产生更多的代理成本。因此，在合同能源管理项目中考虑项目双方的信息不对称问题，优化或设计一种更合理的收益分配方案成为影响合同能源管理项目双方合作有效性的关键之一。

第二，如何科学有效地激励节能服务公司在项目合作中积极努力地开展各项节能活动，始终是能源用户在合同能源管理项目合作中关心的问题之一。此外，现有关于合同能源管理项目激励问题研究多为单期合同能源管理项目激励问题。实际上，合同能源管理项目通常具有多期、持续性等特点。而在多期合同能源管理项目合作中，仅依靠节能收益的激励契约会产生更多代理成本，进而导致合同能源管理项目无法实现最优节能。因此，如何有效利用其他激励手段（如声誉效应）来设计激励契约实现项目最优激励已成为合同能源管理项目合作，尤其是多期合作中亟待解决的问题。

第三，当前国内外学者关于合同能源管理项目政府补惩问题的研究很少，而关于政府奖惩机制、政府补惩机制、政府监管等的研究大多关注其他行业，且关注焦点多集中于补惩形式、监管形式等，却忽略了对补惩力度、补惩标准方面的考虑。当政府通过补贴和惩罚对合同能源管理项目双方的合作参与行为进行监管时，除了政府补惩力度外，政府为项目合作双方设定的行为标准实质上也关乎政府补惩政策的实施以及有效性。因此，如何在引入政府补罚政策的同时兼顾对补惩标准、补惩力度、补惩有效性等方面的考量成为合同能源管理项目政府补惩机制设计、政府监管所亟须解决的问题。

第四，当前关于合同能源管理项目政府补贴问题的研究多为定性的分析和探讨，虽然有部分学者通过建模的方法探讨了政府补贴下合同能源管理项目中的最优决策问题，但其研究并未过多涉及政府补贴本身。事实上，政府补贴是推广和发展合同能源管理最常用的手段，如何设定一个科学合理的补贴标准，以及政府补贴如何分配等已经成为影响合同能源管理项目双方合作的一个争议点。因此，政府补贴的分配或二次配置也成为政府需着重考虑的一个问题。令人遗憾的是现有关于合同能源管理项目政府补贴的研究并未关注到该问题。

第五，当前关于合同能源管理项目政府监管问题的研究多关注如何补贴、如何奖励、如何退税等问题，虽然有部分学者通过建模的方法探讨了政府惩罚政策对合同能源管理项目中各决策主体行为的影响，但其研究并未过多涉及政府监管本身。事实上，有效的政府监管是维持合同能源管理正常、健康、科学发展的手段和途径，如何有效厘清政府监管对合同能源管理项目中各决策主体的影响机理，设定行之有效的监管机制以及合适的监管力度等已经成为影响合同能源管理项目有效推进的关键点。现有关于合同能源管理项目政府政策研究尚未关注到该问题。

第六，为有效推进合同能源管理项目的实施，各级政府会定期或不定期地颁布各类补贴政策或节能优惠政策，从而有效推动能源用户或用能企业积极主动推进合同能源管理产业的发展。然而在节能政策推广实施的过程中，却屡屡爆出企业为获得高额补贴，而出现"造假""骗补"等现象。合同能源管理项目中节能补贴造假问题的出现，一方面造假企业违规获得不当得利，从而损害了消费者利益，也造成了国家资金的流失；另一方面企业通过造假获得补贴，也使得企业间的竞争变得不公平，破坏市场公平竞争的秩序，使得那些真正参与惠民工程的企业受损。当前关于此类问题的研究尚少，且缺乏系统分析和论证。

第三章

考虑信息不对称的合同能源管理项目
收益分配问题研究

第一节 引 言

2010 年 12 月，北京市海淀区人民法院公开审理了北京华通兴远供热节能技术有限公司（节能服务公司）与北京华清物业公司（能源用户）之间关于合同能源管理项目节能收益分配纠纷的案件，成为我国自出台《关于加快推进合同能源管理促进节能服务产业发展的意见》后的第一案。[①] 此外，据华律网报道，自 2012 年 9 月起，上海环保科技有限公司（节能服务公司）对湖北化工有限公司（能源用户）的水泵能源系统进行合同能源管理模式的节能改造，项目合作双方在随后两年中因项目节能收益分配问题产生纠纷，导致该合同能源管理项目最终宣告失败。[②] 随着合同能源管理项目的发展，项目实施和管理中类似的因项目收益分配问题，以及由此引起的项目纠纷问题日趋增多，并逐渐成为影响合同能源管理项目双方合作的关键。

目前，合同能源管理已经成为改进我国能源使用效率的一种有效途径。在合同能源管理的诸多模式中，节能效益分享模式被广泛采纳。在该

---

① 资料来源：国家节能中心（https：//www.chinanecc.cn）。
② 资料来源：华律网（www.hualv.com）。

模式下，节能服务公司承担项目节能改造的全部（或绝大部分）资金投入，同时负责整个项目实施和管理，合同期内项目产生的节能收益由节能服务公司和能源用户共享。该模式被广泛推行的重要原因是其可以很好地激发缺乏节能改造资金和成熟节能技术的能源用户自愿参与的积极性。相应地，项目收益分配将直接影响合同能源管理项目合作双方的利益，从而成为影响整个合同能源管理项目能否顺利实施的关键。

事实上，很多学者已经开始关注合同能源管理项目收益分配问题，例如，Wang 等指出合同能源管理项目双方的收益分配是一个非合作博弈过程，且博弈双方的收益分配率与其风险承受能力、资源投入、努力水平等密切相关;① 刘亚臣等从合同能源管理实施的三个阶段入手，构建了基于公平熵的节能收益分配模型;② 曾芝红构建了基于 AHP 法与模糊综合评价方法的收益分配模型验证了其在合同能源管理项目中的可行性;③ Shang 等基于 Rubinstein 讨价还价模型探讨了节能效益分享型合同能源管理项目中的收益分配问题;④ 卢志坚和孙元欣构建了合同能源管理项目双方在完全信息情形下的节能收益合作博弈模型，并分析了能源用户和节能服务公司的最优决策行为;⑤ 朱东山和孔英通过构建收益分配模型研究了合同能源管理项目中的双边收益博弈问题。⑥

上述研究多为关注如何在合同能源管理项目中为合作双方设定一个合

① WANG D, ZHANG X M, LIU L. Benefit allocation analysis for shared saving EPC project based on Game Theory [J]. Construct Economy, 2013, 372 (10)：101-114.

② 刘亚臣，徐佳欣，刘宁. 基于公平熵的节能效益分享型合同能源管理效益分配研究 [J]. 科技进步与对策, 2013, 30 (23)：137-140.

③ 曾芝红. 基于综合评价法分享型合同能源管理项目利益分配 [J]. 武汉理工大学学报, 2014, 36 (8)：144-148.

④ SHANG T C, ZHANG K, LIU P H, et al. What to allocate and how to allocate? −Benefit allocation in Shared Savings Energy Performance Contracting Projects [J]. Energy, 2015, 91：60-71.

⑤ 卢志坚，孙元欣. 完全信息下的合同能源管理节能效益分享模式博弈模型 [J]. 科技管理研究, 2015, 35 (24)：216-219.

⑥ 朱东山，孔英. 合同能源管理模式下能源管理公司和用户的效益分配比例研究 [J]. 生态经济, 2016, 32 (11)：59-64.

理的收益分享比例，却忽视了合同能源管理项目合作双方的信息不对称问题。实质上，节能服务公司在合同能源管理项目中为能源用户提供节能方案设计、节能设备采购、节能项目实施、管理及运营等"一揽子"的节能技术和服务，能源用户仅需在项目产生节能收益后与节能服务公司共同分享项目收益。① 然而在项目合作中，能源用户除了可以获知必要的节能设备参数及相关节能技术指标外，与节能服务公司在项目合作中的节能改造努力等相关信息能源用户在绝大多数情况下都无法获知或者无法准确获知，从而形成信息不对称的情况。此时，如何设计收益分配方案，实现帕累托最优成为一个亟待解决的问题。遗憾的是，现有关于合同能源管理项目收益分配问题的研究却并无涉及，这为本章节研究的开展提供了可能。

在合同能源管理项目中，能源用户和节能服务公司之间实质上就是典型的"委托—代理"关系，即能源用户委托节能服务公司来为自己提供节能改造技术和服务，节能服务公司作为代理方根据能源用户的要求来对其进行节能改造。而不同于以往委托代理关系的是合同能源管理项目中委托方和代理方之间独特的项目收益产生方式，即项目收益源于能源用户的能源节约成本。目前，"委托—代理"理论已被广泛应用于解决工业、建筑业、PPP 等领域的项目收益分配问题，② 具有较强的适用性。鉴于此，本章将借助"委托—代理"理论，系统研究能源用户和节能服务公司在合同能源管理项目不同信息情形下的项目节能收益分配问题，尤其关注非对称信息情形下的项目节能收益分配方案设计及信息补偿方案设计。

① ZHOU W H, HUANG W X, ZHOU S X. Energy Performance Contracting in a Competitive Environment [J]. Decision Sciences, 2017, 4 (48): 723-765.

② 张维迎. 博弈论与信息经济学 [M]. 上海：上海人民出版社，2012：239-240.

第二节　问题描述及参数假设

一、问题描述

在合同能源管理项目中，能源用户委托节能服务公司来对其能源系统（如照明系统、供暖系统、制冷系统等）进行节能改造，从而有效降低能耗。在整个过程中，从节能方案设计到节能设备采购、安装、调试、配套节能技术选择，以及项目全部节能改造费用等均由节能服务公司承担，能源用户通常不承担节能改造成本。实际上在全球的节能效益分享型合同能源管理项目中，节能服务公司通常承担全部或绝大多数的前期投资，例如，在美国、欧洲等国家和地区，节能服务公司通常会在节能效益分享模式的合同能源管理项目中提供"一揽子"节能服务（如设备采购、节能方案设计、后期运营等一系列节能改造投资和技术服务）；我国政府颁布的关于合同能源管理发展意见的第 25 号文件中也明确指出：在节能效益分享型合同能源管理项目中节能服务公司需承担绝大部分项目投资，而在实际的节能效益分享型合同能源管理项目中，节能服务公司往往承担全部的投资。因此，本研究假定节能服务公司承担合同能源管理项目的全部项目投入成本。

合同能源管理的项目收益实质上由两方面构成：一是项目节能设备固有的节能禀赋产生的收益（节能设备禀赋收益），且该部分项目收益是固定的，即在项目中安装了既定技术标准或技术参数的节能设备（如我国《合同能源管理技术通则》中对项目的节能设备标准、节能技术标准均有明确规定），其就会在项目中产生均值一定的既定节能收益 φ，$\varphi>0$（这里暂不考虑相同技术标准时节能设备参数下产出的节能量严重偏高或偏低的小概率情况），且该部分项目节能收益仅与项目中的节能设备有关。例如，一个普通 5 瓦特的 EEFL（External Electrode Fluorescent Lamp）节能灯的照明亮度效果与 40 瓦特的普通灯的照明亮度效果相同，但其平均每小时可节约 0.035 度电，即只要项目中安装了该型号的 EEFL 节能灯，每只每使用 1 小时就会节约 0.035 度电。二是项目节能产出收益，即由节能服务公司在项目合作中的努力付出（如提供配套的技术、定期维护、检修设备、培训能源用户等）而转化的项目节能产出收益。因为在项目合作中，对于相同的节能设备，不同的使用方法、操作技巧、配套技术、维护状况等都会影响节能设备的节能量产出。积极的设备维护、完美的配套技术、完善的操作技术和使用方法都将进一步提升项目的节能量，反之亦然。例如，完善的配套技术及积极的维护可以将 EEFL 节能灯的平均使用寿命从 8000 小时延长到 10000 小时，而不完善的配套技术以及消极的维护则会将 EEFL 节能灯的平均使用寿命从 8000 小时缩短为 6000 小时。这里进一步假设项目节能产出收益为 π，且 $\pi = w + \theta$，其中 w 表示节能服务公司在项目中付出的努力水平，例如，提供配套操作技术、定期维护保养设备、培训能源用户等；θ 为影响项目节能产出收益的外生不确定因素（如货币政策、价格波动、供需关系、用户偏好、不可抗力因素等），且 θ 服从均值为 0 方差为 σ^2 的正态分布，即 $\theta \sim N(0, \sigma^2)$。为简化计算分析过程，进一步将节能服务公司努力水平转化为项目节能产出收益的转化系数标准化为 1，即所有努力均可直接转化为相同数量的项目节能产出收益。则项目总节能收益 $\Pi = \varphi + \pi = \varphi + w + \theta$，需要说明的是，即使不对努力水平转化系数进行标准化处理，也不会影响计算分析结果，仅会增加计算的复杂性。

　　假定能源用户（委托方）和节能服务公司（代理方）都具有风险规避特征，这里能源用户主要规避节能服务公司在项目合作中的"道德风险"，而节能服务公司主要规避的是能源用户以及未来的"收益风险"，且项目双方的效用函数具有不变的绝对风险规避特征，即 $u = -e^{-\rho\Pi}$，其中 ρ 表示风险规避度，Π 表示实际货币收入。能源用户向节能服务公司提供线性的收益分配合同 $f(\alpha, \beta) = \alpha\varphi + \beta(w + \theta)$，其中 α 是节能服务公司在节能设备禀赋收益中的分享比例，且 $0 < \alpha < 1$，该收益分配条款保证了只要节能服务公司在项目中安装了指定技术标准的节能设施设备就可以获得一定的项目收益；β 为节能服务公司在合同能源管理项目节能产出收益中的分享比例，且 $0 \le \beta \le 1$，即激励系数。在相同的节能收益产出水平下，节能服务公司在项目合作中的激励系数越大，其可以分配到的项目节能产出收益就越高，从而保证了节能服务公司在项目合作中的积极性。

假设合同能源管理项目的总投资为 c，$c > 0$，投资包括整体节能方案设计费用、购买节能设施或设备、购买配套设施设备、购买技术服务等，且由节能服务公司承担。如前所述，在合同能源管理项目中除了节能设备禀赋收益外，节能服务公司在项目合作中的努力付出（如提供配套的技术、定期维护、检修设备、培训能源用户等）也可以转化为除节能设备禀赋收益外的项目节能产出收益。节能服务公司的努力付出相应地需要承担一定成本，这里用 $C(w)$ 来表示节能服务公司在项目中付出的努力成本，且假定努力成本函数为 $C(w) = bw^2/2$，即该成本函数是严格递增的凹函数，其中参数 $b(b > 0)$ 表示努力成本系数，该参数直接反映了节能服务公司在合同能源管理项目中开展节能改造的难易程度，b 越大表示节能服务公司在项目中付出同样的努力水平带来的负效用就越大，$C'(w) > 0$，$C''(w) > 0$，在以往的研究中均有相同或类似的假设。

二、参数假设

在建模和计算时，本节所使用到的参数设定情况如表 3-1 所示。

表 3-1　模型参数及含义

参数	参数含义
Π	合同能源管理项目节能收益
φ	节能设备禀赋收益（$\varphi > 0$）
π	项目节能产出收益（$\pi \ge 0$）

参数	参数含义
w	节能服务公司在项目合作中付出的节能改造努力水平（$w \geq 0$）
θ	影响项目节能产出收益的外生不确定因素且 $\theta \sim N(0, \sigma^2)$
c	合同能源管理项目总投资（$c > 0$）
f	合同能源管理项目收益分配方案
α	节能服务公司的节能设备禀赋收益分享比例（$0 < \alpha < 1$）
β	节能服务公司的项目节能产出收益分享比例（$0 \leq \beta \leq 1$）
z	非对称信息情形下引入的补偿信息与项目节能收益的关联性强度
b	节能服务公司的努力成本系数（$b > 0$）
$C(w)$	节能服务公司的努力成本函数
i	合同能源管理项目合作双方，$i = EU, ESCO$ 分别表示能源用户和节能服务公司
ρ_i	合同能源管理项目合作双方的风险规避系数（$\rho_i \geq 0$）
ψ	非对称信息情形下，能源用户引入的补偿信息中所能反映项目节能产出收益由节能服务公司努力水平产生的信息

第三节　模型构建及求解

由前文假设知道在合同能源管理项目中，项目的总节能收益为：

$$\Pi = \varphi + \pi = \varphi + w + \theta \tag{3-1}$$

式（3-1）中：φ 为合同能源管理项目中的节能设备禀赋收益，π 为项目节能产出收益，且 $\pi = w + \theta$，其中 w 为节能服务公司在项目中的努力水平，θ 为影响项目节能量的外生不确定性因素。在合同能源管理项目合作中，因为节能设备具有明确的节能技术指标、标准，所以节能设备的节能量信息对能源用户和节能服务公司来说是相同，但对节能服务公司在项目中的努力水平来说是不同的，因为其努力水平可能是能源用户可以直接在项目合作中观测到的完全信息（信息对称），例如，每月定期来现场对节能设备进行检查、维护的次数；也可能是能源用户无法观测到的不完全信息（信息不对称），例如，节能服务公司为提供与节能设备技术标准最契合的配套操作技术而投入的技术研发等。因此，在解决能源用户和节能服务公司之间的项目收益分配问题时需要分别考虑能源用户和节能服务公司之间的信息对称和不对称问题。

一、信息对称情形

当项目合作双方之间为信息对称时（Infromation symmetry，简称 IS），即能源用户可以在项目合作中观测到节能服务公司付出的节能改造努力水平 w，且假设观测成本为 0，能源用户可以根据其观测到的节能服务公司的努力行为来设计收益分配方案。此时能源用户可以通过强制合同来对项目节能收益进行分配，按照分配方案 $f(\alpha, \beta)$，节能服务公司获得的项目节能收益为：

$$\alpha\varphi + \beta(w + \theta) \tag{3-2}$$

为了区别下文中的信息不对称情形，以下用上标 IS 表示信息对称情形（下同）。因为能源用户的风险规避度为 ρ_{EU}，则能源用户在项目中的确定性等价收入为：

$$E(\Pi_{EU}^{IS}) = (1-\alpha)\varphi + (1-\beta)w - \rho_{EU}(1-\beta)^2\sigma^2/2 \tag{3-3}$$

式（3-3）中 $(1-\alpha)\varphi + (1-\beta)w$ 表示能源用户在项目中的期望收入，$\rho_{EU}(1-\beta)^2\sigma^2/2$ 表示能源用户在项目合作中面临的风险成本。因为节能服务公司在项目合作中的努力成本为 $C(w) = bw^2/2$，且承担的项目总投资为 c，则其在项目中的实际收入为：

$$\Pi_{ESCO}^{IS} = \alpha\varphi + \beta(w+\theta) - c - C(w) = \alpha\varphi + \beta(w+\theta) - c - bw^2/2 \tag{3-4}$$

因为节能服务公司的风险规避度为 ρ_{ESCO}，则节能服务公司在项目中的确定性等价收入为：

$$E(\Pi_{ESCO}^{IS}) = \alpha\varphi + \beta w - c - bw^2/2 - \rho_{ESCO}\beta^2\sigma^2/2 \tag{3-5}$$

式（3-5）中 $E(\Pi_{ESCO}^{IS})$ 为节能服务公司在项目中的期望收入，ρ_{ESCO}

$\beta^2\sigma^2/2$ 为节能服务公司在项目合作中面临的风险成本。令 ϖ 表示节能服务公司在项目合作中的保留收入（或保留效用），在委托代理合同中，代理人从委托合同中得到的期望效用不能小于不接受合同时所能得到的最大期望效用，而代理人不接受合同时能得到的最大期望效用由其面临的其他市场机会决定，该最大期望效用称为保留效用。[①] 即当节能服务公司不参与此项目而参与其他类似项目时所能获得最大期望项目收益。因此当确定性等价收入低于该保留收入 ϖ 时，节能服务公司将不会与能源用户开展项目合作。所以节能服务公司的项目合作参与约束条件可以表述为：

$$\alpha\varphi+\beta w-c-bw^2/2-\rho_{ESCO}\beta^2\sigma^2/2\geqslant\varpi \tag{3-6}$$

"委托—代理"问题的实质是选择满足代理人参与约束和激励相容约束的激励合同，从而最大化自己期望效用的过程。在信息对称的条件下，能源用户可以观测到节能服务公司在项目中付出的节能改造努力水平，所以可以根据其观测到的努力水平来设计收益分配合同。即此时激励约束 IC 不起作用，节能服务公司任何努力水平 w 都可以通过参与约束 IR 来实现，所以此时收益分配方案设计关注的是 α，β 和 w 的最优决策问题，该最优决策问题可用如下公式表示：

$$\max_{\alpha,\,\beta}\left[(1-\alpha)\varphi+(1-\beta)w-\rho_{EU}(1-\beta)^2\sigma^2/2\right] \tag{3-7}$$

$$s.\,t.\,(IR):\ \alpha\varphi+\beta w-c-bw^2/2-\rho_{ESCO}\beta^2\sigma^2/2\geqslant\varpi \tag{3-8}$$

$$s.\,t.\,(IC):\ \max_{w}(\alpha\varphi+\beta w-c-bw^2/2-\rho_{ESCO}\beta^2\sigma^2/2) \tag{3-9}$$

由式（3-8）可将信息对称情形下节能服务公司的参与约束条件可写为：

$$\alpha\geqslant(\varpi-\beta w+c)/\varphi+bw^2/2\varphi+\rho_{ESCO}\beta^2\sigma^2/2\varphi \tag{3-10}$$

为保证有意义，进一步假设 $0<(\varpi-\beta w+c)/\varphi+bw^2/2\varphi+\rho_{ESCO}\beta^2\sigma^2/2\varphi<1$，由前文假设知 $0<\alpha<1$，因此 $(\varpi-\beta w+c)/\varphi+bw^2/2\varphi+\rho_{ESCO}\beta^2\sigma^2/2\varphi\leqslant\alpha<1$，即限定了 α 的范围，所以该条件下的节能服务公司收益最大化问题属

---

① 张维迎. 博弈论与信息经济学 [M]. 上海：上海人民出版社，2012：239-240.

于约束条件下的非线性规划问题，因此考虑使用库恩—塔克条件（Kuhn-Tucher，K-T）来进行求解，此时节能服务公司的收益最大化问题为：

$$\begin{cases} \max_{\alpha} \ (\alpha\varphi+\beta w-c-bw^2/2-\rho_{ESCO}\beta^2\sigma^2/2) \\ (\varpi-\beta w+c) \ /\varphi+bw^2/2\varphi+\rho_{ESCO}\beta^2\sigma^2/2\varphi \leq \alpha <1 \end{cases} \quad (3-11)$$

求解该约束条件下的非线性规划问题，首先需将式（3-11）写成以下形式：

$$\begin{cases} \max_{\alpha} \ (\alpha\varphi+\beta w-c-bw^2/2-\rho_{ESCO}\beta^2\sigma^2/2) \\ g_1 \ (\alpha) = \alpha - \ [\ (\varpi-\beta w+c) \ /\varphi+bw^2/2\varphi+\rho_{ESCO}\beta^2\sigma^2/2\varphi] \ >0 \\ g_2 \ (\alpha) = 1-\alpha>0 \end{cases}$$

$$(3-12)$$

则由式（3-12）可知，约束条件下的目标函数和约束函数的梯度分别为：

$$\begin{cases} \nabla E(\Pi_{ESCO}^{IS}) = \varphi \\ \nabla g_1(\alpha) = 1 \\ \nabla g_2(\alpha) = -1 \end{cases} \quad (3-13)$$

对第一个和第二个约束条件分别引入广义拉格朗日乘子 λ_1^* 和 λ_2^*，设 K-T 点为 α^*，则可写出该问题的 K-T 条件：

$$\begin{cases} \varphi-\lambda_1^*+\lambda_2^*=0 \\ \lambda_1^* \ \{\alpha^* - \ [\ (\varpi-\beta w+c) \ /\varphi+bw^2/2\varphi+\rho_{ESCO}\beta^2\sigma^2/2\varphi] \ \} \ =0 \\ \lambda_2^* \ (1-\alpha^*) = 0 \\ \lambda_1^*, \ \lambda_2^* \geqslant 0 \end{cases}$$

$$(3-14)$$

为解式（3-14）中所列的方程组，这里需要考虑以下几种情形：（1）令 $\lambda_1^*>0$，$\lambda_2^*>0$，解之得 $\alpha^*=1$ 且 $\alpha^* = (\varpi-\beta w+c) \ /\varphi+bw^2/2\varphi+\rho_{ESCO}\beta^2\sigma^2/2\varphi$，因为由前文求解可知 $(\varpi-\beta w+c) \ /\varphi+bw^2/2\varphi+\rho_{ESCO}\beta^2\sigma^2/2\varphi<1$，所以该情形下无解；（2）令 $\lambda_1^*>0$，$\lambda_2^*=0$，解之得 $\alpha^* = (\varpi-\beta w+c) \ /\varphi+bw^2/$

$2\varphi + \rho_{ESCO}\beta^2\sigma^2/2\varphi$，该解在可行域内，是 K-T 点；（3）令 $\lambda_1^* = 0$，$\lambda_2^* > 0$，解之得 $\alpha^* = 1$，因为 $\alpha < 1$，所以该解不在可行域内，不是 K-T 点；（4）令 $\lambda_1^* = 0$，$\lambda_2^* = 0$，解得 $\varphi = 0$，由假设知 $\varphi > 0$，所以该情形下无解。综上可知考虑信息对称（IS）时，约束条件下节能能源公司在项目节能设备禀赋收益中的分享率 α^{IS} 的最优解为：

$$(\alpha^{IS})^* = (\varpi - \beta w + c)/\varphi + bw^2/2\varphi + \rho_{ESCO}\beta^2\sigma^2/2\varphi \qquad (3\text{-}15)$$

将式（3-15）代入目标函数式（3-7），则该目标函数可转化为：

$$\max E(\Pi_{EU}^{IS}) = \max_{\beta}\{[1 - (\varpi - \beta w + c)/\varphi - bw^2/2\varphi - \rho_{ESCO}\beta^2\sigma^2/2\varphi]\varphi$$
$$+ (1 - \beta)w - \rho_{EU}(1 - \beta)^2\sigma^2/2\} \qquad (3\text{-}16)$$

由式（3-16）可知目标函数的最优一阶条件为：

$$\begin{cases} \partial E(\Pi_{EU}^{IS})/\partial w = 1 - bw \\ \partial E(\Pi_{EU}^{IS})/\partial \beta = \rho_{EU}\sigma^2 - \beta(\rho_{EU} + \rho_{ESCO})\sigma^2 \end{cases} \qquad (3\text{-}17)$$

令式（3-17）中的各最优化一阶导都等于 0 后可解得：

$$\begin{cases} (\beta^{IS})^* = \rho_{EU}/(\rho_{EU} + \rho_{ESCO}) \\ (w^{IS})^* = 1/b \end{cases} \qquad (3\text{-}18)$$

式（3-18）中 β 意味着节能服务公司在项目节能产出收益中的分享比例，特别的当能源用户为风险中性时（$\rho_{EU} = 0$），$(\beta^{IS})^* = 0$，意味着信息对称情形下当能源用户为风险中性时，节能服务公司仅参与分享节能设备禀赋收益。此外，β 也反映了节能服务公司在项目中分担的风险，而 $\partial(\beta^{IS})^*/\partial\rho_{ESCO} < 0$，$\partial(\beta^{IS})^*/\partial\rho_{EU} > 0$ 意味着在信息对称的情况下，节能服务公司在合作中愿意分担的项目风险与自身的风险规避度负相关，与能源用户的风险规避度正相关。最优努力水平 $(w^{IS})^* = 1/b$ 表明：在信息对称情形下节能服务公司愿意付出的努力水平仅与其努力成本系数 b 负相关。努力成本系数 b 越大意味着能源用户通过努力产生的项目节能的成本越高，相应的节能服务公司的最优努力水平就会越低。将式（3-18）代入式（3-15）后可解得：

$$(\alpha^{IS})^* = (\varpi + c)/\varphi + [\rho_{ESCO}^2 - \rho_{EU}^2(1 - b\rho_{ESCO}\sigma^2)]/2b\varphi(\rho_{EU} + \rho_{ESCO})^2$$

$$(3-19)$$

式（3-19）表明该情形下节能服务公司的节能设备禀赋收益最优分享率$(\alpha^{IS})^*$与节能设备禀赋呈φ负相关，即节能设备禀赋φ越高（节能设备本身所能产生的节能量越大），则节能服务公司在项目合作中分享的节能设备禀赋收益应越小，从而避免节能服务公司因享有更多的"不劳而获"收益而减少在项目改造中的努力投入；与项目总投资c正相关，即项目总投资额越大，节能服务公司在项目合作中分享的节能设备禀赋收益就越少。此外，节能服务公司在节能设备禀赋收益中的最优分享率还与努力成本系数b、项目双方的风险规避态度相关，由此可知在信息对称情况下的最优收益分配方案$f^{IS}(\alpha, \beta)$为：

$$\begin{cases} (\alpha^{IS})^* = (\varpi + c)/\varphi + [\rho_{ESCO}^2 - \rho_{EU}^2(1 - b\rho_{ESCO}\sigma^2)]/2b\varphi(\rho_{EU} + \rho_{ESCO})^2 \\ (\beta^{IS})^* = \rho_{EU}/(\rho_{EU} + \rho_{ESCO}) \end{cases}$$

$$(3-20)$$

式（3-20）表明在信息对称的情况下，为实现最优收益节能服务公司一定会在项目合作中将努力水平维持在$1/b$的水平，既不会高于该水平，也不会低于该水平。相应的能源用户仅需按照式（3-20）设计的分配方案来分配项目收益即可。由于信息对称，能源用户可以在项目合作中观测到节能服务公司的努力水平，所以一旦其在项目中付出的努力水平低于$1/b$，则能源用户仅需在设计方案时将节能服务公司在项目中节能禀赋收益的分享率降低到低于$(\alpha^{IS})^*$水平或将项目节能产出收益分享率降低到低于$(\beta^{IS})^*$水平，或者同时将两个收益分享率都降低即可。而一旦节能服务公司在节能设备禀赋收益或节能产出收益中的分享率低于式（3-20）所列的最优水平，其将无法实现最优收益。因此节能服务公司一定会选择$1/b$的努力水平，此时的收益分配方案既实现了项目双方的风险分摊又实现了对节能服务公司的激励，从而实现了帕累托最优。

将以上帕累托最优解代入能源用户和节能服务公司的期望收益函数后

可解得：

$$\begin{cases} E(\Pi_{EU}^{IS}) = \varphi - c - \varpi + (\rho_{EU} + \rho_{ESCO} - b\rho_{EU}\rho_{ESCO}\sigma^2)/2b(\rho_{EU} + \rho_{ESCO}) \\ E(\Pi_{ESCO}^{IS}) = \varpi \end{cases}$$

$$(3-21)$$

由式（3-21）可知在信息对称情形下，节能服务公司通过收益分配方案 $f(\alpha, \beta)$ 获得的最优期望收益为保留收入 ϖ，能源用户通过收益分配方案 $f(\alpha, \beta)$ 获得的最优期望收益与节能设备禀赋 φ 正相关；与节能服务公司的项目保留收入 ϖ、项目总投资 c、节能服务公司努力成本系数 b 负相关；该结论表明在信息对称情形下的合同能源管理项目中，能源用户应尽可能地选择节能禀赋高的节能设施设备，并与节能服务公司积极配合，尽可能地降低项目节能改造难度，进而激励节能服务公司积极参与项目节能改造；$\partial E(\Pi_{EU}^{IS})/\partial\rho_{EU} < 0$，$\partial E(\Pi_{EU}^{IS})/\partial\rho_{ESCO} < 0$ 表明在信息对称情形下能源用户的最优期望项目收益与项目双方的风险规避度均负相关，即在信息对称情形下项目双方对待风险的态度越谨慎，能源用户所获得的项目期望收益就越小；$\partial E(\Pi_{EU}^{IS})/\partial\sigma^2 < 0$ 表明在信息对称情形下能源用户的项目期望收益与节能服务公司努力产出收益的波动呈负相关，节能服务公司在项目中付出相同努力水平产出的项目节能收益波动幅度越大，即努力水平对应的项目产出收益越不稳定，能源用户在项目中期望节能收益就越小。

二、信息不对称情形

在能源用户和节能服务公司信息不对称情形下（Information Asymmetry，简称 IA），能源用户无法在项目合作中观测到节能服务公司在项目合作中的努力水平，所以无法通过强制合同实现对项目节能收益的最优分配，因此需要在设计分配方案时考虑对节能服务公司的激励相容。收益分配方案 $f(\alpha, \beta)$ 的激励相容意味着 $w^* = \beta/b$。此时项目合作的最优决策问题可用如下公式表示：

$$\max_{\alpha, \beta}\left[(1-\alpha)\varphi + (1-\beta)w - \rho_{EU}(1-\beta)^2\sigma^2/2\right] \qquad (3-22)$$

$$s.t.(IR): \alpha\varphi + \beta w - c - bw^2/2 - \rho_{ESCO}\beta^2\sigma^2/2 \geqslant \varpi \qquad (3-23)$$

$$s.t.(IC): \max_{w}(\alpha\varphi + \beta w - c - bw^2/2 - \rho_{ESCO}\beta^2\sigma^2/2) \qquad (3-24)$$

此时，节能服务公司的收益最大化问题同样也属于约束条件下的非线性规划问题，因此也考虑使用 K-T 条件来进行求解。求解过程与前文一致，这里不再赘述。通过求解可得 $\alpha^* = (\varpi - \beta w + c)/\varphi + bw^2/2\varphi + \rho_{ESCO}\beta^2\sigma^2/2\varphi$，将 $w^* = \beta/b$ 代入后可得：

$$(\alpha^{IA})^* = (\varpi - \beta^2/b + c)/\varphi + \beta^2/2b\varphi + \rho_{ESCO}\beta^2\sigma^2/2\varphi \qquad (3-25)$$

将 $w^* = \beta/b$ 和式（3-25）代入目标函数并令其一阶条件为 0 后可解得：

$$(\beta^{IA})^* = (1 + b\rho_{EU}\sigma^2)/[1 + b\sigma^2(\rho_{EU} + \rho_{ESCO})] \qquad (3-26)$$

将式（3-26）代入 $w^* = \beta/b$ 可解得：

$$(w^{IA})^* = (1 + b\rho_{EU}\sigma^2)/b[1 + b\sigma^2(\rho_{EU} + \rho_{ESCO})] \qquad (3-27)$$

将式（3-26）和式（3-27）代入式（3-25）后可解得：

$$(\alpha^{IA})^* = (\varpi + c)/\varphi - (1 - b\rho_{ESCO}\sigma^2)(1 + b\rho_{EU}\sigma^2)^2/$$
$$2b\varphi[1 + b\sigma^2(\rho_{EU} + \rho_{ESCO})]^2 \qquad (3-28)$$

综上可知，信息不对称情形下的合同能源管理项目最优收益分配方案 $f^{IA}(\alpha, \beta)$ 为：

$$\begin{cases} (\alpha^{IA})^* = (\varpi + c)/\varphi - (1 - b\rho_{ESCO}\sigma^2)(1 + b\rho_{EU}\sigma^2)^2/2b\varphi[1 + b\sigma^2(\rho_{EU} + \rho_{ESCO})]^2 \\ (\beta^{IA})^* = (1 + b\rho_{EU}\sigma^2)/[1 + b\sigma^2(\rho_{EU} + \rho_{ESCO})] \end{cases}$$

$$(3-29)$$

以上最优分配方案表明，在信息不对称情形下节能服务公司不但会按照 $(\alpha^{IA})^*$ 的比例参与项目中节能设备禀赋收益，而且还会按照 $(\beta^{IA})^*$ 的比例参与项目节能产出收益。将以上帕累托最优解分别代入能源用户和节能服务公司的期望收益函数后可解得：

$$\begin{cases} E(\Pi_{EU}^{IA})^* = \varphi - \varpi - c + [1 + b\rho_{EU}\sigma^2(1 - b\rho_{ESCO}\sigma^2)]/2b[1 + b\sigma^2(\rho_{EU} + \rho_{ESCO})] \\ E(\Pi_{ESCO}^{IA})^* = \varpi \end{cases}$$

$$(3-30)$$

第四节　对比分析

一、节能服务公司的项目节能设备禀赋收益分享率

令 $\Delta_1 = (\alpha^{IS})^* - (\alpha^{IA})^*$，将表3-2中的最优解 $(\alpha^{IS})^*$ 和 $(\alpha^{IA})^*$ 代入 Δ_1 化简后得 $\Delta_1 > 0$，则 $(\alpha^{IS})^* > (\alpha^{IA})^*$。该结论表明在信息对称情形下节能服务公司的节能设备禀赋收益分享率大于信息不对称情形下的分享率。这主要是因为在信息对称情形下节能服务公司在项目中的所有努力都将被能源用户观测到，从而造成其无法在项目合作中"偷懒"，因此在设计收益分配方案时需要尽可能地保证节能服务公司的努力可以得到回报，相应地其在节能设备禀赋收益的分享率就大些。在信息不对称情形下，由于能源用户无法在项目合作中观测到节能服务公司的节能改造努力水平，节能服务公司可能会利用这种信息不对称而在合作中"偷懒"。所以在设计非对称信息下的收益分配方案时，应尽可能地减小节能服务公司在项目合作中的节能设备禀赋收益分享率，从而更好地激励其在项目合作中积极、认真、"不偷懒"。该结论意味着当合同能源管理项目中能源用户和节能服务公司之间信息不对称时（能源用户无法观测到节能服务公司在项目合作中的努力水平），收益分配方案在设计时应该将节能服务公司的节能设备禀赋收益分享率设置为低于信息对称时的分享率水平，从而有效约束节能服务公司在项目合作中的"偷懒""不努力"。

表 3-2　不同信息情形下的帕累托最优解

	信息对称情形（IS）	信息不对称情形（IA）
α^*	$\dfrac{\varpi+c}{\varphi} + \dfrac{\rho_{ESCO}^2 - \rho_{EU}^2\ (1-b\rho_{ESCO}\sigma^2)}{2b\varphi\ (\rho_{EU}+\rho_{ESCO})^2}$	$\dfrac{\varpi+c}{\varphi} - \dfrac{(1-b\rho_{ESCO}\sigma^2)\ (1+b\rho_{EU}\sigma^2)^2}{2b\varphi\ [1+b\sigma^2\ (\rho_{EU}+\rho_{ESCO})\ ]^2}$

续表

	信息对称情形（IS）	信息不对称情形（IA）
β^*	$\dfrac{\rho_{EU}}{\rho_{EU}+\rho_{ESCO}}$	$\dfrac{1+b\rho_{EU}\sigma^2}{1+b\sigma^2\left(\rho_{EU}+\rho_{ESCO}\right)}$
w^*	$\dfrac{1}{b}$	$\dfrac{1+b\rho_{EU}\sigma^2}{b\left[1+b\sigma^2\left(\rho_{EU}+\rho_{ESCO}\right)\right]}$
$C\left(w^*\right)$	$\dfrac{1}{2b}$	$\dfrac{\left(1+b\rho_{EU}\sigma^2\right)^2}{2b\left[1+b\sigma^2\left(\rho_{EU}+\rho_{ESCO}\right)\right]^2}$
$E\left(\Pi_{EU}\right)^*$	$\varphi-c-\varpi+\dfrac{\rho_{EU}+\rho_{ESCO}-b\rho_{EU}\rho_{ESCO}\sigma^2}{2b\left(\rho_{EU}+\rho_{ESCO}\right)}$	$\varphi-\varpi-c+\dfrac{1+b\rho_{EU}\sigma^2\left(1-b\rho_{ESCO}\sigma^2\right)}{2b\left[1+b\sigma^2\left(\rho_{EU}+\rho_{ESCO}\right)\right]}$

二、节能服务公司的项目节能产出收益分享率

令 $\Delta_2=\left(\beta^{IS}\right)^*-\left(\beta^{IA}\right)^*$，将表 3-2 中的最优解 $\left(\beta^{IS}\right)^*$ 和 $\left(\beta^{IA}\right)^*$ 代入 Δ_2 化简后得 $\Delta_2<0$，则 $\left(\beta^{IS}\right)^*<\left(\beta^{IA}\right)^*$，表明在信息不对称情形下节能服务公司在项目节能产出收益中的最优分享率要大于信息对称情形下的分享率。该结论与前文结论一致，即为了防止节能服务公司在信息不对称情形下利用信息不对称在项目合作中"偷懒"，应考虑在设计节能收益分配方案时降低其在节能设备禀赋收益中的分享率。然而为了保证节能服务公司在项目合作中的积极性，相应地要提高其项目节能产出收益分享率。参数 β 也进一步反映了节能服务公司在项目中承担的风险状况。该结论表明在设计收益分配方案时，应考虑能源用户是否可以观测到节能服务公司在项目中的努力水平或努力行为：当其可以观测到节能服务公司在项目中的努力水平或努力行为时（信息对称），收益分配方案在设计时仅需按照表 3-2 中所列的最优分享比例来分担项目风险即可；当其不能观测到节能服务公司在项目中的努力水平或努力行为时（信息不对称），要考虑给节能服务公司设定一个高于信息对称情形的风险分担率。这主要是因为在信息不对称情况下，能源用户为了更好地规避风险会自主地将更多的项目风险分摊给

节能服务公司，从而造成更大的 β 值。此外，β 在项目合作中更多地反映出来为激励系数，即节能服务公司在分担更大的风险同时也可获得更多节能产出收益，从而体现了收益与风险相匹配的原则。

三、节能服务公司努力水平

令 $\Delta_3 = (w^{IS})^* - (w^{IA})^*$，将表 3-2 中的最优解 $(w^{IS})^*$ 和 $(w^{IA})^*$ 代入 Δ_3 化简后得 $\Delta_3 > 0$，则 $(w^{IS})^* > (w^{IA})^*$。该结论表明在信息不对称情形下节能服务公司在项目中所愿意付出的最优努力水平低于信息对称情形下的最优努力水平。这主要是因为在信息不对称情形下，能源用户无法观测到节能服务公司的节能改造努力水平，而仅能通过项目节能量产出来对节能服务公司的努力水平进行事后判断。但因受到努力水平转化为节能量的转化率的制约，并不是所有的高努力水平都可以转化为高节能量产出（如当努力水平转为节能量的转化率极低时），而高努力水平一定意味着高的成本投入，因为努力成本函数是关于努力水平的严格递增函数，所以在信息不对称情形下，一旦节能服务公司付出较高的努力水平就要承担高额的努力成本以及高风险，但能源用户并不一定能察觉到。因此，帕累托最优要求节能服务公司在信息不对称情形下比信息对称情形下付出的努力水平更低。而在信息对称情形下，节能服务公司在项目节能改造中的任何努力水平或努力行为都会被能源用户观测到。当其在项目节能改造中投入较高的努力水平时，一方面会给能源用户留下积极、认真、负责的好印象，另一方面又会切实提高自身在项目中的节能收益。因此，帕累托最优要求其在信息对称情形下付出比信息不对称情形下更高的努力水平。该结论也进一步验证了在信息不对称情形下项目收益分配方案设计时节能服务公司低节能设备禀赋收益分享率，高节能产出收益分享率的合理性。

四、节能服务公司努力成本

令 $\Delta_4 = C(w^{IS})^* - C(w^{IA})^*$，将表 3-2 中的最优解 $C(w^{IS})^*$ 和

$C(w^{IA})^*$ 代入 Δ_4 求解并化简后得 $\Delta_4>0$，则 $C(w^{IS})^*>C(w^{IA})^*$。该结论表明在信息不对称情形下节能服务公司在合同能源管理项目中所付出的努力成本小于其在信息对称情形下所付出的努力成本。即当能源用户可以观测到节能服务公司的努力水平时，节能服务公司更愿意在项目合作中付出更高的努力水平，相应地，其承担的努力成本就更大。反之，当能源用户无法观测到节能服务公司在项目节能改造中的努力水平时，同前文研究结论一致，节能服务公司不愿意也不会在项目节能改造中付出更多努力水平，相应地其承担的努力成本也就更小些。

五、项目双方期望收益

令 $\Delta_5 = E(\Pi_{EU}^{IS})^* - E(\Pi_{EU}^{IA})^*$，将表 3-2 中的最优解 $E(\Pi_{EU}^{IS})^*$ 和 $E(\Pi_{EU}^{IA})^*$ 代入 Δ_5 求解化简后可得 $\Delta_5>0$，则 $E(\Pi_{EU}^{IS})^*>E(\Pi_{EU}^{IA})^*$。该结论表明在信息不对称情形下能源用户的项目期望收益小于信息对称情形下的项目期望收益。一方面，在对称信息情形下，能源用户可以观测到节能服务公司的努力水平并通过观测到的努力水平来设计收益分配方案，此时节能服务公司无法在项目合作中"偷懒""投机"，只能通过付出更多的努力来提升项目总收益进而实现自己的收益最优，随着项目总节能收益的增加相应的能源用户所获得的项目期望收益也相应增加；而在信息不对称情形下，能源用户无法观测到节能服务公司的努力水平，只能通过更高的节能产出收益分享比例来激励节能服务公司在项目中去积极努力，相应的自身获得的节能产出收益就减小。另一方面，由前文研究结论可知，在信息对称情形下，节能服务公司所愿意付出的最优努力水平要高于信息不对称情形下的最优努力水平，相应的产生的总项目收益就会相对更高些，因此能源用户在信息对称情形下所获得的项目收益自然也相对更高些。

类似的，令 $\Delta_6 = E(\Pi_{ESCO}^{IA})^* - E(\Pi_{ESCO}^{IS})^*$，将最优解 $E(\Pi_{ESCO}^{IA})^*$ 和 $E(\Pi_{ESCO}^{IS})^*$ 代入 Δ_6 求解化简后可得 $\Delta_6 = 0$，则 $E(\Pi_{ESCO}^{IA})^* = E(\Pi_{ESCO}^{IS})^*$。该结论表明无论在信息对称情形下还是在信息不对称情形下，收益分配方

案中节能服务公司在项目中的最优期望收益都相同且都为其项目保留收入。这主要是因为在与能源用户开展项目合作时，节能服务公司是信息优势方，即节能服务公司自身节能改造能力，以及其在项目中的节能改造努力水平等信息都可以由自己来控制和调整。相应地，节能服务公司可以根据节能收益分配方案来调整其在项目合作中的努力水平。而两种信息情形下节能服务公司的帕累托最优收益都是一样的，即保留收入，也表明在设计项目收益分配方案时应重点关注节能服务公司的保留收入。

第五节　信息不对称情形下的代理成本及信息补偿

一、信息不对称情形下的代理成本

通过前文对比分析发现能源用户在信息不对称情形下的项目最优期望收益小于信息对称情形下的期望收益，而节能服务公司的最优期望收益保持不变。这表明相对于信息对称情形，当能源用户无法观测到节能服务公司的努力水平时（信息不对称情形），合同能源管理项目将会存在额外的代理成本。而该代理成本实质上是由两部分构成：风险成本（Risk Cost，简称 RC）和激励成本（Incentive Cost，简称 IC）。以下将对信息不对称情形下的项目中存在的代理成本进行讨论和分析。

由表 3-2 可知，在信息对称情形下 $(\beta^{IS})^* = \dfrac{\rho_{EU}}{\rho_{EU} + \rho_{ESCO}}$，相应的能源用户承担的项目风险 $RC_{EU}^{IS} = \dfrac{\rho_{EU}\sigma^2\rho_{ESCO}^2}{2(\rho_{EU} + \rho_{ESCO})^2}$，节能服务公司承担的风险 $RC_{ESCO}^{IS} = \dfrac{\rho_{ESCO}\sigma^2\rho_{EU}^2}{2(\rho_{EU} + \rho_{ESCO})^2}$，则信息对称情形下项目总风险为能源用户和节能服务公司承担的风险之和，即 $RC^{IS} = RC_{EU}^{IS} + RC_{ESCO}^{IS} = \dfrac{\rho_{EU}\rho_{ESCO}\sigma^2}{2(\rho_{EU} + \rho_{ESCO})}$。

$(\beta^{IA})^* = \dfrac{1+b\rho_{EU}\sigma^2}{1+b\sigma^2\ (\rho_{EU}+\rho_{ESCO})}$，相应的在信息不对称情形下能源用户承担的

项目风险为 $RC_{EU}^{IA} = \dfrac{\rho_{EU}\rho_{ESCO}^2 b^2\sigma^6}{2\ [\ 1+b\sigma^2\ (\rho_{EU}+\rho_{ESCO})\ ]^2}$，则节能服务公司承担的项目

风险为 $RC_{ESCO}^{IA} = \dfrac{(1+\rho_{EU}b\sigma^2)^2\rho_{ESCO}\sigma^2}{2\ [\ 1+b\sigma^2\ (\rho_{EU}+\rho_{ESCO})\ ]^2}$，此时项目总风险 $RC^{IA} = RC_{EU}^{IA} +$

$RC_{ESCO}^{IA} = \dfrac{\rho_{ESCO}\sigma^2\ [\ (1+\rho_{EU}b\sigma^2)^2+\rho_{EU}\rho_{ESCO}b^2\sigma^4\ ]}{2\ [\ 1+b\sigma^2\ (\rho_{EU}+\rho_{ESCO})\ ]^2}$。令 $\Delta RC=RC^{IA}-RC^{IS}$，解之得

$\Delta RC = \dfrac{\rho_{ESCO}^2\sigma^2}{2\ (\rho_{EU}+\rho_{ESCO})\ [\ 1+b\sigma^2\ (\rho_{EU}+\rho_{ESCO})\ ]^2}>0$，表明在信息不对称情形下

合同能源管理项目会因为规避风险而承担比信息对称情形下更多的项目风险损失。

在信息对称情形下 $(w^{IS})^* = 1/b$，则项目期望节能收益 $E(\Pi^{IS})^* = \varphi +$

$1/b$；在信息不对称情形下 $(w^{IA})^* = \dfrac{1+b\rho_{EU}\sigma^2}{b\ [\ 1+b\sigma^2\ (\rho_{EU}+\rho_{ESCO})\ ]}$，则 E

$(\Pi^{IA})^* = \varphi + \dfrac{1+b\rho_{EU}\sigma^2}{b\ [\ 1+b\sigma^2\ (\rho_{EU}+\rho_{ESCO})\ ]}$。因为 $E(\Pi^{IA})^* < E(\Pi^{IS})^*$，所以同

对称信息情形相比，在非对称信息情形下项目期望收益存在净损失，且净

损失为 $\Delta E(\Pi) = E(\Pi^{IS})^* - E(\Pi^{IA})^* = \dfrac{\rho_{ESCO}\sigma^2}{1+b\sigma^2(\rho_{EU}+\rho_{ESCO})}>0$。由前文相关

研究结论可知 $C(w^{IA})^* < C(w^{IS})^*$，即信息不对称情形下节能服务公司在项

目中的努力成本小于信息对称情形下的努力成本，则信息不对称情形下节约

的努力成本为 $\Delta C=C(w^{IS})^* - C(w^{IA})^* = \dfrac{\rho_{ESCO}\sigma^2[\ 2(1+b\rho_{EU}\sigma^2)+b\rho_{ESCO}\sigma^2\ ]}{2\ [\ 1+b\sigma^2(\rho_{EU}+\rho_{ESCO})\ ]^2}>0$。

由此可知，在信息不对称情形下的激励成本为 $\Delta IC = \Delta E(\Pi) - \Delta C =$

$\dfrac{b\rho_{ESCO}^2\sigma^4}{2\ [\ 1+b\sigma^2\ (\rho_{EU}+\rho_{ESCO})\ ]^2}>0$，由此可得，信息不对称情形下的总代理成本

$$AC = \Delta RC + \Delta IC = \frac{\rho_{ESCO}^2 \sigma^2}{2 \left(\rho_{EU} + \rho_{ESCO} \right) \left[1 + b\sigma^2 \left(\rho_{EU} + \rho_{ESCO} \right) \right]} > 0 \text{。}$$

综上可知，在能源用户和节能服务公司的项目合作中，当信息不对称时合同能源管理项目中存在信息对称情形下不存在的代理成本 AC。$\partial AC / \partial b < 0$ 表明非对称信息情形下的该代理成本与节能努力成本系数 b 负相关，即节能服务公司在项目节能改造中的努力成本系数越大，信息不对称情形下存在的（对称信息情形下不存在）总代理成本就越低；$\partial AC / \partial \rho_{EU} < 0$ 表明非对称信息情形下的该代理成本与能源用户的风险规避态度负相关；$\partial AC / \partial \rho_{ESCO} > 0$ 表明非对称信息情形下的该代理成本与节能服务公司的风险规避态度正相关；$\partial AC / \partial \sigma^2 > 0$ 表明非对称信息情形下的该代理成本与节能服务公司在项目中努力产出收益的波动正相关，即节能服务公司在项目中付出相同努力水平产出的项目节能收益波动幅度越大，努力水平对应的项目产出收益越不稳定，该代理成本就越大。因此，当合同能源管理项目合作双方信息不对称时，能源用户应尽可能地在项目合作中配合节能服务公司，努力降低项目节能改造难度，积极创造提高项目节能产出的稳定环境，从而尽可能地降低项目合作代理成本。

二、信息不对称情形下的信息补偿

通过上一小节的讨论分析发现信息不对称情形下项目期望节能收益、节能服务公司的努力水平等都劣于信息对称情形；且在信息不对称情形下，项目中产生了信息对称情形下所不存在的代理成本，从而造成净福利损失等情况和现象。因此考虑引入补偿信息来对信息不对称情形下的收益分配方案进行优化。非对称信息情形下引入信息补偿的收益分配方案 $f(\alpha, \beta, z)$ 具体为：

$$f(\alpha, \beta, z) = \alpha\varphi + \beta(w + z\psi) \tag{3-31}$$

根据式（3-31）中的分配方案，节能服务公司按照 α 的比率分享节能设备禀赋收益 φ；按照 β 的比率分享项目节能产出收益；ψ 是引入的一个与节能服务公司努力水平无关但能源用户可观测的且可以为能源用户提供项目节能产出收益，是由节能服务公司努力所产生的信息量，该变量是项目合作外部环境变量（如同地区同行业中其他节能服务公司在类似项目中的节能表现等），即信息补偿（Information Compensation），且假设观测成本为0。该变量可能与外生不确定因素 θ 有关从而与项目节能收益 Π 有关，且假设 $\psi \sim N(0, \sigma_\psi^2)$；$z$ 是补偿信息 ψ 与项目节能收益 Π 之间的关联系数。该方案下节能服务公司的确定性等价收入为：

$$\alpha\varphi+\beta w-c-bw^2/2-\rho_{ESCO}\beta^2 \text{var} \left(\pi+z\psi\right)/2 \tag{3-32}$$

将式（3-32）展开后可得：

$$\alpha\varphi+\beta w-c-bw^2/2-\rho_{ESCO}\beta^2 \left[\sigma^2+z^2\sigma_\varphi^2+2z\text{cov}\left(\pi, \psi\right)\right]/2 \tag{3-33}$$

式（3-33）中 $\text{cov}(\pi, \psi)$ 是 π 和 ψ 的协方差，其中 π 是项目节能产出收益，因为节能设备禀赋收益是既定的，所以这里 π 反映的项目节能产出收益的波动也直接反映了项目总节能收益的波动。由式（3-32）可知，节能服务公司确定性等价收入最优化的一阶条件为 $w = \beta/b$，即与前文信息不对称且无信息补偿时的最优条件一致，这主要是因为引入的补偿信息 ψ 与 w 无关，因此补偿信息变量 ψ 与关联系数 z 并不会影响节能服务公司在项目中努力水平的选择。在引入补偿信息后，因为 $\psi \sim N(0, \sigma_\psi^2)$，所以能源用户此时的项目期望收益为：

$$E\left(\Pi_{EU}^{IA-C}\right) = \left(1-\alpha\right)\varphi+\left(1-\beta\right)w-\rho_{EU}(1-\beta)^2\sigma^2/2 \tag{3-34}$$

这里用上标 $IA-C$ 来表示非对称信息下的信息补偿情形，然而虽然引入了补偿信息，但信息依然不对称，因此需要考虑激励相容约束。由前文计算可知，在引入信息补偿的分配方案 $f(\alpha, \beta, z)$ 中的激励相容意味着 $w = \beta/b$。此时，项目合作的最优决策问题可用如下公式表示：

$$\max_{\alpha,\beta,z}\left[\left(1-\alpha\right)\varphi+\left(1-\beta\right)w-\rho_{EU}(1-\beta)^2\sigma^2/2\right] \tag{3-35}$$

$$s.t. \ (IR): \alpha\varphi+\beta w-c-bw^2/2-\rho_{ESCO}\beta^2\left[\sigma^2+z^2\sigma_\psi^2+2z\text{cov}\left(\pi, \psi\right)\right]/2 \geqslant \varpi$$

$$\tag{3-36}$$

$$s.t. \quad (IC): \max_w \{\alpha\varphi+\beta w-c-bw^2/2-\rho_{ESCO}\beta^2[\sigma^2+z^2\sigma_\psi^2+2z\mathrm{cov}(\pi,\psi)]/2\}$$

$$(3-37)$$

三、信息补偿后的收益分配方案

由式（3-36）可知，该条件下的节能服务公司收益最大化问题同样也属于约束条件下的非线性规划问题，因此使用 K-T 条件来进行求解，求解过程与前文一致，这里不再赘述，通过求解可得：

$$\alpha^* = (\varpi - \beta w + c)/\varphi + bw^2/2\varphi + \rho_{ESCO}\beta^2[\sigma^2 + z^2\sigma_\psi^2 + 2z\mathrm{cov}(\pi,\psi)]/2\varphi$$

$$(3-38)$$

将式（3-38）和 $w^* = \beta/b$ 代入目标函数式（3-35）后，该目标函数可转化为：

$$\max[E(\Pi_{EU}^{IA-C})] = \max_{\beta,z}\{\varphi - \varpi - c + \beta/b - \beta^2/2b - \rho_{EU}(1-\beta)^2\sigma^2/2$$
$$-\rho_{ESCO}\beta^2[\sigma^2 + z^2\sigma_\psi^2 + 2z\mathrm{cov}(\pi,\psi)]/2\} \quad (3-39)$$

由式（3-39）可知该目标函数的最优化的一阶条件为：

$$\begin{cases} \partial E(\Pi_{EU}^{IA-C})/\partial z = -\rho_{ESCO}\beta^2[z\sigma_\psi^2 + \mathrm{cov}(\pi,\psi)] \\ \partial E(\Pi_{EU}^{IA-C})/\partial\beta = (1-\beta)/b + (1-\beta)\rho_{EU}\sigma^2 \\ \qquad\qquad - \beta\rho_{ESCO}[z^2\sigma_\psi^2 + 2z\mathrm{cov}(\pi,\psi) + \sigma^2] \end{cases} \quad (3-40)$$

令最优一阶导等于 0 后联立方程组后可解得：

$$(z^{IA-C})^* = -\mathrm{cov}(\pi,\psi)/\sigma_\psi^2 \quad (3-41)$$

$$(\beta^{IA-C})^* = (1 + b\rho_{EU}\sigma^2)/\{1 + b\rho_{EU}\sigma^2 + b\rho_{ESCO}[\sigma^2$$
$$- \mathrm{cov}^2(\pi,\psi)/\sigma_\psi^2]\} \quad (3-42)$$

因为 $\sigma^2\sigma_\psi^2 \geq \mathrm{cov}^2(\pi,\psi)$，所以 $0 \leq (\beta^{IA-C})^* \leq 1$。当 $\mathrm{cov}(\pi,\psi)=0$ 时意味着项目节能产出收益与补偿信息 ψ 无关，即此时能源用户观测到的补偿信息无法提供任何有关项目节能产出收益 π 的任何信息，则 $(z^{IA-C})^* = 0$，即补偿信息不进入项目收益分配方案。则 $(\beta^{IA-C})^* = (1+b\rho_{EU}\sigma^2)/[1+b\sigma^2(\rho_{EU}+\rho_{ESCO})]$，即收益分配方案又重新回到非对称信

息情形下的帕累托最优状态；当 $\mathrm{cov}(\pi, \psi) > 0$ 时，即项目节能产出收益与补偿信息 ψ 正相关，此时 $(z^{IA-C})^* < 0$，相应的 $\psi > 0$ 暗示了项目合作的外部环境较好，项目节能产出收益 π 可能更多地反映了节能服务公司遇到的好运气而不是反映其在项目节能改造中付出了很高的努力水平。与之类似的是，$\psi < 0$ 暗示了项目合作的外部环境较差，项目节能产出收益 π 可能更多地反映了节能服务公司在项目节能改造中付出了很高的努力水平而不是好运气。因此在设计收益分配方案时应考虑能源用户所能观测到的补偿信息量，且在项目外部环境不利时（即 $\psi < 0$ 时）增加节能服务公司在项目节能产出收益分享比率。在外部环境有利时（即 $\psi > 0$ 时）减少该收益分享比率。当 $\mathrm{cov}(\pi, \psi) < 0$ 时，即项目节能产出收益与补偿信息 ψ 负相关，则 $(z^{IA-C})^* > 0$，与前文类似，此时 $\psi > 0$ 反映了项目合作的外部环境较差，项目节能产出收益 π 可能更多地反映了节能服务公司在项目节能改造中付出了很高的努力水平而不是好运气；$\psi < 0$ 反映了项目合作的外部环境较好，项目节能产出收益 π 可能更多地反映了节能服务公司遇到的好运气而不是其在项目节能改造中付出了很高的努力水平。相应地，在设计收益分配方案时应考虑能源用户所能观测到的补偿信息，在 $\psi > 0$ 时提高节能服务公司在项目节能产出收益的分享率，在 $\psi < 0$ 时降低该分享率。

令 $\Delta\beta = (\beta^{IA-C})^* - (\beta^{IA})^*$，由前文计算结果可知 $(\beta^{IA})^* = \dfrac{1 + b\rho_{EU}\sigma^2}{1 + b\sigma^2(\rho_{EU} + \rho_{ESCO})}$，且由式（3－37）可知 $(\beta^{IA-C})^* = \dfrac{1 + b\rho_{EU}\sigma^2}{1 + b\rho_{EU}\sigma^2 + b\rho_{ESCO}[\sigma^2 - \mathrm{cov}^2(\pi, \psi)/\sigma_\psi^2]}$，则当 $\mathrm{cov}(\Pi, \psi) \neq 0$ 时必然存在 $\sigma^2 > \sigma^2 - \mathrm{cov}(\Pi, \psi)^2/\sigma_\psi^2$，则 $\Delta\beta = (\beta^{IA-C})^* - (\beta^{IA})^* > 0$，即 $(\beta^{IA-C})^* > (\beta^{IA})$。该结论表明只要能源用户观测到的补偿信息变量与项目节能产出收益有关（无论是正相关还是负相关），在收益分配方案中写入补偿信息相关条款就可以提高节能服务公司的项目风险分担率，进而在

保证收入不变的情况下，通过增大收益分配方案中的激励系数，激励节能服务公司在信息不对称情形下付出更多的节能改造努力。将式（3-42）代入激励相容的参与约束条件，可解得：

$$(w^{IA-C})^* = (1 + b\rho_{EU}\sigma^2)/b\{1 + b\rho_{EU}\sigma^2 + b\rho_{ESCO}[\sigma^2 - \text{cov}^2(\pi, \psi)/\sigma_\psi^2]\}$$

$$(3-43)$$

令 $\Delta w = (w^{IA-C})^* - (w^{IA})^*$，将各最优解代入后可解得 $\Delta w > 0$，即 $(w^{IA-C})^* > (w^{IA})^*$，该结论表明只要能源用户观测到的补偿信息变量与项目节能产出收益有关（无论是正相关还是负相关），即 $\text{cov}(\Pi, \psi) \neq 0$。此时将该补偿信息写入收益分配方案就可以提高节能服务公司在项目节能改造中的努力水平，进一步验证了前文关于信息补偿可以有效激励节能服务公司付出更多努力水平的结论。

将式（3-42）和式（3-43）代入式（3-38）后可解得：

$$(\alpha^{IA-C})^* = \frac{(\varpi+c)}{\varphi} + \frac{(1+b\rho_{EU}\sigma^2)^2\sigma_\psi^4[b\rho_{ESCO}\text{var}(\pi, z\psi)-1]}{2b\varphi\{\sigma_\psi^2(1+b\rho_{EU}\sigma^2)+b\rho_{ESCO}[\sigma^2\sigma_\psi^2-\text{cov}^2(\pi,\psi)]\}^2}$$

$$(3-44)$$

由式（3-44）发现在非对称信息情形下引入信息补偿后，节能服务公司在节能设备禀赋收益的最优分享率较为复杂，且由表3-2可知 $(\alpha^{IA})^*$ 也较为复杂，单纯通过数学计算分析无法清晰呈现两者的关系。以下通过数值算例来进行比较，参数设置如下：$\varpi = 2$；$b = 0.4$；$\rho_{EU} = 0.2$；$\rho_{ESCO} = 0.4$；$\varphi = 1$；$c = 3$；$\sigma^2 = \sigma_\psi^2 = 1$，因为 $(z^{IA-C})^* = -\text{cov}(\pi, \psi)/\sigma_\psi^2$，所以关于协方差和关联系数分别选取两组参数：$\text{cov}(\pi, \psi) = \{0.3, 0.5, 0.7\}$；$z \in [-1, 0]$；$\text{cov}(\pi, \psi) = \{-0.3, -0.5, -0.7\}$；$z \in [0, 1]$，由以上两组参数可作图3-1。

由图3-1可发现，在信息不对称情形下引入信息补偿后，节能服务公司在项目节能设备禀赋收益中的最优分享率受到补偿信息与所能反映节能服务公司努力水平的协方差 $\text{cov}(\pi, \psi)$ 以及补偿信息与项目节能量的关联系数 z 的影响。$\text{cov}(\pi, \psi)$ 表示补偿信息所能反映的项目收益由节能服务

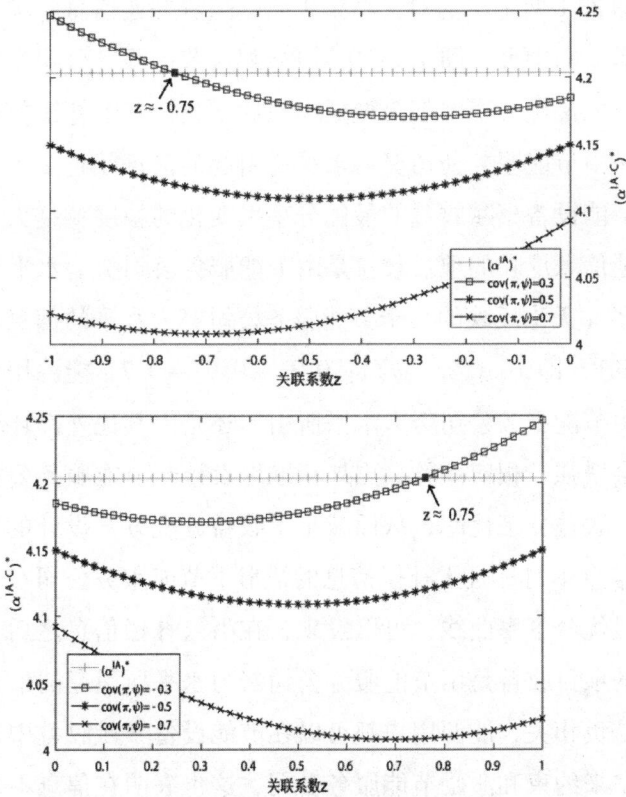

图 3-1 协方差及关联系数对节能服务公司项目节能设备
禀赋收益分享率的影响

公司努力水平所引起的关联信息，$cov(\pi, \psi)$ 值越大表明补偿信息可提供的反映的项目收益是由节能服务公司努力水平所引起的信息就越多，反之就越少。特别是当补偿信息能反映的项目收益是由节能服务公司努力水平引起的信息较小（如本算例中 $|cov(\pi, \psi)| = 0.3$）时，虽然信息关联系数较大（如本算例中 $|z| \geqslant 0.75$），但仍有可能产生比无补偿信息时更高的节能设备禀赋收益分享率，这也进一步表明同补偿信息的关联性相比，补偿信息中关联信息对收益分配方案的影响更大，且关联信息量越大越有利于能源用户在项目合作中为节能服务公司设定更低的节能设备禀赋收益分享率。

此外，图 3-1 两组图的对比结果表明，随着补偿信息与项目节能量的关联系数绝对值的增大，即 $|z|: 0 \to 1$，相应节能服务公司在项目中节能设备禀赋收益的最优分享率都会先减小而后增大，其中补偿信息提供的反映项目收益是由节能服务公司努力水平所引起的信息就越多，节能服务公司在项目中节能设备禀赋收益的最优分享率变化的幅度就越大。这主要是因为随着补偿信息反映的项目收益是由节能服务公司努力水平所引起的关联信息的增多（无论反映的关于节能服务公司努力水平的信息是正面信息还是负面信息），即 $|\mathrm{cov}(\pi, \psi)|: 0.3 \to 0.5 \to 0.7$，能源用户准确判断项目收益是由节能服务公司努力水平所引起还是由其他外部环境因素引起的准确性就会增强，相应地就会更加精准地设计与节能服务公司真实努力水平相匹配的收益分享比率，从而减小了收益分配方案设计的盲目性。观察图 3-1 中信息不对称且无补偿信息的情形下节能服务公司在节能设备禀赋收益中的最优分享率曲线，可以发现，在引入补偿信息之后，无论该补偿信息反映的项目收益是由节能服务公司努力水平所引起的信息与能源用户正相关还是负相关，能源用户都可以在节能设备禀赋收益中通过更低的收益分享比率来约束和激励节能服务公司，这也表明在信息不对称情形下引入补偿信息的有效性。综上可知，在信息不对称情形下引入信息补偿后合同能源管理项目的最优收益分配方案 $f^{IA-C}(\alpha, \beta, z)$ 为：

$$
\begin{cases}
(\alpha^{IA-C})^* = \dfrac{(\varpi+c)}{\varphi} + \dfrac{(1+b\rho_{EU}\sigma^2)^2 \sigma_\psi^4 [b\rho_{ESCO}\mathrm{var}(\pi, z\psi)-1]}{2b\varphi\{\sigma_\psi^2(1+b\rho_{EU}\sigma^2)+b\rho_{ESCO}[\sigma^2\sigma_\psi^2-\mathrm{cov}^2(\pi,\psi)]\}^2} \\[4mm]
(\beta^{IA-C})^* = \dfrac{1+b\rho_{EU}\sigma^2}{1+b\rho_{EU}\sigma^2+b\rho_{ESCO}[\sigma^2-\mathrm{cov}^2(\pi,\psi)/\sigma_\psi^2]} \\[4mm]
(z^{IA-C})^* = -\mathrm{cov}(\pi,\psi)/\sigma_\psi^2
\end{cases}
$$

$$(3-45)$$

四、信息补偿后的代理成本

信息对称情形下项目总风险为 $RC^{IS} = \dfrac{\rho_{EU}\rho_{ESCO}\sigma^2}{2(\rho_{EU}+\rho_{ESCO})}$，而在信息不对称

情形下引入信息补偿后 $(\beta^{IA-C})^* = \dfrac{1+b\rho_{EU}\sigma^2}{1+b\rho_{EU}\sigma^2+b\rho_{ESCO}[\sigma^2-\text{cov}^2(\pi,\psi)/\sigma_\psi^2]}$，相

应的能源用户的项目风险为：

$$RC_{EU}^{IA-C} = \frac{\rho_{EU}\rho_{ESCO}^2 b^2\sigma^2 \left[\sigma^2\sigma_\psi^2-\text{cov}^2(\pi,\psi)\right]^2}{2\left\{\sigma_\psi^2(1+b\rho_{EU}\sigma^2)+b\rho_{ESCO}\left[\sigma^2\sigma_\psi^2-\text{cov}^2(\pi,\psi)\right]\right\}^2}$$

节能服务公司的项目风险为：

$$RC_{ESCO}^{IA-C} = \frac{\rho_{ESCO}(1+b\rho_{EU}\sigma^2)^2\sigma^2\sigma_\psi^4}{2\left\{\sigma_\psi^2(1+b\rho_{EU}\sigma^2)+b\rho_{ESCO}\left[\sigma^2\sigma_\psi^2-\text{cov}^2(\pi,\psi)\right]\right\}^2}$$

则项目总风险为：

$$RC^{IA-C} = RC_{EU}^{IA-C}+RC_{ESCO}^{IA-C}$$

$$= \frac{\rho_{EU}\rho_{ESCO}^2 b^2\sigma^2\left[\sigma^2\sigma_\psi^2-\text{cov}^2(\pi,\psi)\right]^2+\rho_{ESCO}(1+b\rho_{EU}\sigma^2)^2\sigma^2\sigma_\psi^4}{2\left\{\sigma_\psi^2(1+b\rho_{EU}\sigma^2)+b\rho_{ESCO}\left[\sigma^2\sigma_\psi^2-\text{cov}^2(\pi,\psi)\right]\right\}^2}。$$

令 $\Delta RC^{IA-C} = RC^{IA-C}-RC^{IS}$，将不同情形下项目总风险代入后可解得：

$$\Delta RC^{IA-C} = \frac{\rho_{ESCO}^2\sigma^2\left[\rho_{EU}^2 b^2\text{cov}^4(\pi,\psi)+2b\rho_{EU}\text{cov}^2(\pi,\psi)\sigma_\psi^2+\sigma_\psi^4\right]}{2(\rho_{EU}+\rho_{ESCO})\left\{\sigma_\psi^2(1+b\rho_{EU}\sigma^2)+b\rho_{ESCO}\left[\sigma^2\sigma_\psi^2-\text{cov}^2(\pi,\psi)\right]\right\}^2} > 0$$

表明在信息不对称情形下引入信息补偿后节能服务公司为了规避风险而产生的净损失。而与信息对称情形下的项目收益相比，在信息不对称情形下引入信息补偿后项目的期望收益净损失为 $\Delta E(\Pi)^{IA-C} = E(\Pi^{IS})^*-E(\Pi^{IA-C})^*$，将各最优解代入后可求解出项目期望收益净损失：$\Delta E$

$$(\Pi)^{IA-C} = \frac{\rho_{ESCO}\left[\sigma^2\sigma_\psi^2-\text{cov}^2(\pi,\psi)\right]}{\sigma_\psi^2(1+b\rho_{EU}\sigma^2)+b\rho_{ESCO}\left[\sigma^2\sigma_\psi^2-\text{cov}^2(\pi,\psi)\right]} > 0。$$ 在信息不对

称情形下引入信息补偿后节约的努力成本为 $\Delta C^{IA-C} = C(w^{IS})^*-C(w^{IA-C})^*$，代入并计算后得：

$$\Delta C^{IA-C}=\frac{\rho_{ESCO}\left[\sigma^2\sigma_\psi^2-\text{cov}^2(\pi,\psi)\right]\{2\sigma_\psi^2(1+b\rho_{EU}\sigma^2)+b\rho_{ESCO}\left[\sigma^2\sigma_\psi^2-\text{cov}^2(\pi,\psi)\right]\}}{2\{\sigma_\psi^2(1+b\rho_{EU}\sigma^2)+b\rho_{ESCO}\left[\sigma^2\sigma_\psi^2-\text{cov}^2(\pi,\psi)\right]\}^2}>0$$

则在信息不对称情形下引入补偿信息后的激励成本 $\Delta IC^{IA-C} = \Delta E$ $(\Pi)^{IA-C} - \Delta C^{IA-C}$，经计算可得：

$$\Delta IC^{IA-C}=\frac{b\rho_{ESCO}^2\left[\sigma^2\sigma_\psi^2-\text{cov}^2(\pi,\psi)\right]^2}{2\{\sigma_\psi^2(1+b\rho_{EU}\sigma^2)+b\rho_{ESCO}\left[\sigma^2\sigma_\psi^2-\text{cov}^2(\pi,\psi)\right]\}^2}>0$$

则总代理成本为：

$$AC^{IA-C}=$$

$$\frac{b(\rho_{EU}+\rho_{ESCO})\rho_{ESCO}^2\left[\sigma^2\sigma_\psi^2-\text{cov}^2(\pi,\psi)\right]^2+\rho_{ESCO}^2\sigma^2\left[\rho_{EU}^2b^2\text{cov}^4(\pi,\psi)+2b\rho_{EU}\text{cov}^2(\pi,\psi)\sigma_\psi^2+\sigma_\psi^4\right]}{2\{\sigma_\psi^2(1+b\rho_{EU}\sigma^2)+b\rho_{ESCO}\left[\sigma^2\sigma_\psi^2-\text{cov}^2(\pi,\psi)\right]\}^2}>0,$$

令 $\Delta AC^{IA-C} = AC - AC^{IA-C}$ 可解得：

$$\Delta AC^{IA-C}=\frac{b\rho_{ESCO}^2\text{cov}(\pi,\psi)^4(1+b\rho_{EU}\sigma^2)}{2[1+b\sigma^2(\rho_{EU}+\rho_{ESCO})]\{\sigma_\psi^2(1+b\rho_{EU}\sigma^2)+b\rho_{ESCO}\left[\sigma^2\sigma_\psi^2-\text{cov}^2(\pi,\psi)\right]\}^2}>0。$$

该结论表明，在非对称信息情形下引入补偿信息可有效降低项目代理成本，且代理成本的降低幅度除与补偿信息所反映的项目收益是由节能服务公司努力水平所引起的关联程度 $\text{cov}(\pi,\psi)$ 以及方差 σ_ψ^2 密切相关外，还与项目双方的风险规避度 ρ_{EU}，ρ_{ESCO}、节能服务公司努力成本系数 b、节能收益方差 σ^2 等相关。以下通过数值算例来探讨信息不对称情形下引入信息补偿后项目代理成本的降低幅度与补偿信息的关系。算例参数设置如下：

$b = 0.4$；$\rho_{EU} = 0.2$；$\rho_{ESCO} = 0.4$；$\sigma^2 = 1$；$\sigma_\psi^2 = \{0.3; 0.5; 0.7\}$；$\text{cov}(\pi,\psi) \in [0,1]$。

图 3-2 说明在信息不对称情形下引入补偿信息可以有效地降低项目的代理成本，且项目代理成本的降低幅度受补偿信息所反映的项目收益是由节能服务公司努力水平所引起的关联程度 $\text{cov}(\pi,\psi)$，以及该关联受外界环境影响的波动程度 σ_ψ^2 的影响。由图 3-2 可以发现补偿信息所反映的项目节能产出收益是由节能服务公司努力水平引起的关联信息越多

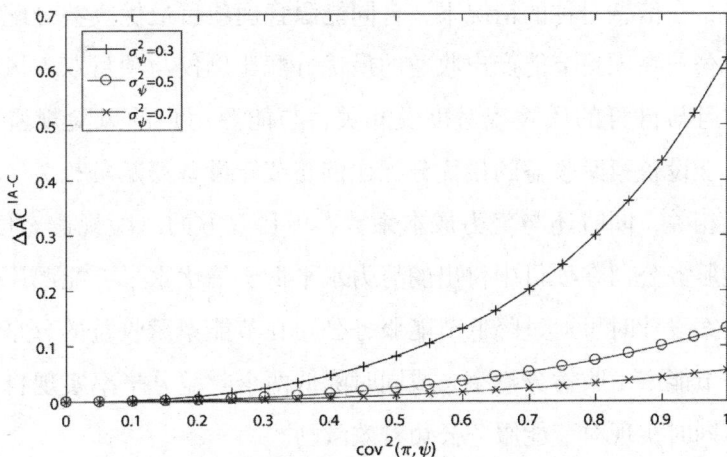

**图3-2 非对称信息情形下代理成本降低幅度与补偿
信息关联程度及关联波动性的影响**

[$cov(\pi, \psi)$ 越大]，非对称信息情形下项目代理成本降低的幅度就越大。此外，在补偿信息所反映的信息关联度确定的情况下，补偿信息在外界环境影响下的波动性越小（ σ_ψ^2 越小），项目代理成本降低的幅度就越大。以上结论意味着在合同能源管理项目中，当能源用户和节能服务公司之间有信息不对称时，在收益分配方案中写入一些可以反映行业环境的因素的信息（例如，同行业其他节能服务公司的节能效率、行业平均节能效果、行业协会定期发布的节能公告等）可以减少项目的代理成本。且这些补偿信息与项目收益的关联性越大，稳定性越高，项目代理收益节约的就越多。

本章小结

本章节基于"委托—代理"理论研究了不同信息情况下合同能源管理项目的收益分配问题，尤其重点讨论和分析了非对称信息情形下的项目最优收益分配方案设计，以及在非对称信息情况下引入信息补偿对收益分配方案进行优化。研究发现：

第一，在信息对称的情况下，合同能源管理项目最优收益分配方案中节能服务公司在项目节能产出收益的最优分配比例仅与项目双方风险规避度相关，且与自身的风险规避度负相关，与能源用户的风险规避度正相关；在节能设备禀赋收益的最优分配比例与节能设备禀赋负相关，与项目总投资正相关，同时还与努力成本系数、项目双方的风险规避态度相关。一旦节能服务公司在项目中付出的努力水平低于最优水平，能源用户在收益分配方案设计时可通过降低节能服务公司在节能禀赋收益的分享率，或降低项目节能产出收益分享率，或同时降低两个收益分享率实现自身收益最大化，同时实现对节能服务公司有效激励。

第二，在信息不对称的情况下，合同能源管理项目最优收益分配方案中节能服务公司在项目节能产出收益中的分配比例与能源用户的风险规避度正相关，与自身的风险规避度、努力产出收益的波动幅度、努力成本系数负相关；而在节能设备禀赋收益的分配比例与节能设备禀赋负相关，与保留收入、项目总投资额度正相关，同时还受努力成本系数、项目双方风险规避度、项目节能产出收益方差的影响。

第三，通过对比两种信息情形下收益分配方案的帕累托最优解发现：在信息不对称情形下，节能服务公司的节能设备禀赋收益分享率小于信息对称情形下的分享率，而节能服务公司在信息不对称情形下的项目节能产出收益分享率大于信息对称情形下的分享率。即在信息不对称情形下设计收益分配方案时要求节能服务公司尽可能地通过提高自身在项目中的节能改造努力水平来获得项目收益，而不是更多地分享节能设备禀赋收益，因为研究发现在信息不对称情形下节能服务公司的最优努力水平、努力成本均低于信息对称情形下的最优水平，即在信息不对称情形下节能服务公司会存在偷懒、消极等现象，从而造成能源用户的最优期望收益小于信息对称情形下的最优期望收益。

第四，研究还发现在信息不对称情形下合同能源管理项目中存在信息对称情形下不存在的代理成本，且该代理成本与节能服务公司的风险规避度和风险因素方差均为正相关。因此，进一步设计了信息不对称情形下的信息补偿方案，该方案不但优化了信息不对称情形下的项目收益分配方案，还有效降低了项目代理成本。此外，研究还发现项目代理成本降低的幅度与补偿信息所反映的项目收益与节能服务公司努力水平所引起的关联信息量、关联程度以及信息稳定性密切相关。

第四章

考虑声誉效应的合同能源管理项目激励问题研究

第一节 引 言

2016 年 6 月至 12 月，由北京建筑大学、河北环境工程学院以及德国伍珀塔尔气候研究所（Wuppertal Institute for Climate，简称 WIC）组成的调研组，在中国建筑节能委员会（China Association of Building Energy Efficiency，简称 CABEE）的协助下对我国 272 项正在开展的合同能源管理项目，以及 12 项已经结束的合同能源管理项目进行深度调查后发现：在我国建筑行业的合同能源管理项目中，激励机制的缺失已经成为限制合同能源管理项目合作和发展的重要因素之一。Hufen 和 Bruijn 通过对荷兰鹿特丹市 9 家公共游泳馆合同能源管理项目调查发现：有效的激励机制促使节能服务公司在项目合作中积极努力，并将项目整体节能量提升了大约 30%。[①] Aasen 等在对挪威的市政领域的合同能源管理项目的调查中发现激

---

① HUFEN H, BRUIJN H D. Getting the incentives right. Energy performance contracts as a tool for property management by local government [J]. Journal of Cleaner Production, 2016, 112: 2717-2729.

励机制的不健全和不完善严重影响了合同能源管理项目的实施和推进。① 作为一种创新性的节能运作模式，合同能源管理已经成为我国高能耗企业改进能源效率、实现节能减排的一种有效途径。在合同能源管理项目中，节能服务公司向能源用户提供一整套包括节能改造方案设计、节能设备采购、安装、调试、节能技术输出、项目管理运营、人员培训等节能技术和服务来实现能源用户的节能改造，并与能源用户共同分享节能收益。通常情况下，为了激励节能服务公司，能源用户会设定一个具有激励水平的节能收益分享比例，即通过合同能源管理项目节能收益来激励节能服务公司。

目前，学界关于合同能源管理项目激励机制、激励契约的研究相对较少且大多关注合同能源管理项目节能收益激励。例如，Shang 等基于 Rubinstein 讨价还价模型分析了合同能源管理项目中节能收益分配对激励节能服务公司积极开展节能服务的影响；② Wang 等在研究中指出节能服务公司和能源用户之间的节能收益分配是一个非合作博弈过程，与博弈双方的风险承受能力、资源投入状况、努力程度等因素相关，且会对项目中节能服务公司产生激励。③ 以上研究为合同能源管理项目激励契约的研究提供了有价值的参考和借鉴，但深入研究发现，现有关于合同能源管理的相关研究多为单期合同能源管理项目激励问题。实际上合同能源管理项目通常呈现多期、持续性等特点，例如，上海市经济和信息化委员会在 2017 年 6 月 19 日颁布的关于 2017 年上海市工业节能和合同能源管理专项资金的申报文件中明确提出：2015 年 10 月 22 日之后的合同能源管理项目在申

① AASEN M, WESTSKOG H, KOMELIUSSEN K. Energy performance contracts in the municipal sector in Norway：overcoming barriers to energy savings? ［J］. Energy Efficiency, 2016, 9 (1)：171–185.

② SHANG T C, ZHANG K, LIU P H, et al. What to allocate and how to allocate? – Benefit allocation in Shared Savings Energy Performance Contracting Projects ［J］. Energy, 2015, 91：60–71.

③ WANG D, ZHANG X M, LIU L. Benefit allocation analysis for shared saving EPC project based on Game Theory ［J］. Construct Economy, 2013, 372 (10)：101–114.

报时必须已竣工且稳定运行 6 个月（至少包括一个运行周期）。此外，相关调查数据显示我国合同能源管理项目通常会持续 5—7 年，大型项目甚至会持续 10 年以上，如上海中心整体亮化（灯光）工程的合同能源管理项目运营期为 20 年。因此，能源用户如何通过设计合理的激励契约来实现对合同能源管理项目多期合作中节能服务公司的有效激励已成为当前合同能源管理项目多期合作中亟待解决的问题之一。

合同能源管理项目中能源用户和节能服务公司之间的多期合作实质上可看作一个项目双方重复博弈的过程。在这个重复博弈的过程中，能源用户关注如何激励节能服务公司更加积极努力地开展节能服务，节能服务公司关注如何保证自己收益最大化。长期以来，合同能源管理项目双方合作关系治理的关键都被放在利益分配上。然而，作为合作关系治理的一个重要组成部分，声誉效应在合同能源管理项目合作研究中往往被忽视。实质上，自 Kreps 等 1982 年在《经济理论杂志》(*Journal of Econmic Theory*) 发表了以 KMRW 声誉模型为核心的重复博弈经典文献开始，声誉模型已开始被国内外学者关注，并成为多期合作关系治理、激励研究领域的一个重要分支。例如，刘惠萍和张世英通过动态契约模型探讨了声誉效应对我国经理人的激励作用；[①] Alexander 研究关注了重复博弈过程中声誉效应的不确定性；[②] 孔峰和张微结合声誉激励模型分析了固定工资报酬形式下国企经理的行为选择特征；[③] 马连福和刘丽颖采用倾向得分匹配分析法（PSM）分析了高管声誉激励对企业绩效的影响；[④] Ozdogan 在研究中探讨

① 刘惠萍，张世英. 基于声誉理论的我国经理人动态激励模型研究 [J]. 中国管理科学，2005（4）：78-86.
② WOLITZKY A. Indeterminacy of reputation effects in repeated games with contracts [J]. Games and Economic Behavior, 2011, 73（2）：595-607.
③ 孔峰，张微. 基于固定工资和声誉的国企经理行为动态分析 [J]. 系统管理学报，2012, 21（5）：716-720.
④ 马连福，刘丽颖. 高管声誉激励对企业绩效的影响机制 [J]. 系统工程，2013, 31（5）：22-32.

了双边不完全信息情况下声誉效应对项目双方多期合作的影响；① 孔峰和张微在委托—代理理论的框架下探讨了双重声誉（政治声誉和市场声誉）对经理人的激励效果；② 曹启龙等将基于声誉效应的动态激励契约模型应用到 PPP 项目的激励体系中；③ 邹晓峰和傅强通过构建声誉模型分析了制度因素和交易操纵对增发新股中的国内承销商声誉形成的影响；④ 时茜茜等探讨了双重声誉下厂商的动态激励机制；⑤ 曹国华等通过声誉模型探讨了上市公司 CEO 声誉与投资者短视行为之间的关系。⑥ 以上研究表明，声誉效应适合于解决项目多期合作中的最优激励问题，因此同样适用于解决合同能源管理项目多期合作中的激励契约问题。鉴于此，本章将借助"委托—代理"理论，将声誉效应引入合同能源管理项目多期合作的激励契约设计中，深入探讨合同能源管理项目多期合作中的最优激励问题。

第二节　问题描述及参数设定

一、问题描述

随着能源用户和节能服务公司合作的持续开展，合同能源管理项目的

① OZDOGAN A. Disappearance of reputations in two – sided incomplete – information game [J]. Games and Economic Behavior, 2014, 88：211-220.
② 孔峰，张微. 基于双重声誉的国企经理长期激励最优组合研究 [J]. 中国管理科学，2014, 22 (9)：133-140.
③ 曹启龙，周晶，盛昭瀚. 基于声誉效应的 PPP 项目动态激励契约模型 [J]. 软科学，2016, 30 (12)：20-23.
④ 邹晓峰，傅强. 基于增发新股交易操纵的国内承销商声誉模型 [J]. 中国管理科学，2013, 21 (5)：177-184.
⑤ 时茜茜，朱建波，盛昭瀚. 重大工程供应链协同合作利益分配研究 [J]. 中国管理科学，2017, 25 (5)：42-51.
⑥ 曹国华，杨俊杰，林川. CEO 声誉与投资短视行为 [J]. 管理工程学报，2017, 31 (4)：45-51.

合作期也将由单期演变为多期。此时，能源用户和节能服务公司在签订契约合同时需要考虑的不单是某一个项目单期合作的最优问题，还要考虑整个项目多期合作的最优问题。假设合同能源管理项目的节能收益函数为 $\Pi = \varphi + \pi$，其中 φ 表示合同能源管理项目中节能设备禀赋所产生的节能收益，例如，一个普通 5 瓦特的 EEFL 节能灯的照明亮度效果与 40 瓦特的普通灯的照明亮度效果相同，但其节能效果达到了 50%~70%。因此对于任何一个合同能源管理项目，节能设备禀赋所产生的节能收益是固定不变的，可以看作项目中的固定收益。根据我国《合同能源管理技术通则》，合同能源管理项目中所安装的节能设备在节能标准、节能指标等方面均有明确规定，从而保证项目中只要安装了相应指标或型号的节能设备，即使节能服务公司在项目节能改造中不做任何努力，合同能源管理项目也能产生一定量的节能收益。$\pi = w + \theta$ 表示节能服务公司的项目节能产出收益，其中 w 表示在项目中货币化后的节能服务公司的努力水平，因为在签订契约合同之前节能服务公司就要确定自己在项目合作中付出的努力水平，且一旦确定后就不会发生变动；θ 表示外部环境带来的扰动，如货币政策、价格波动、供需关系、用户偏好、不可抗力因素等，且 $\theta \sim N(0, \sigma^2)$。在合同能源管理项目中，节能服务公司受能源用户委托对其现有能源系统进行节能改造，并针对能源用户的现有能耗状况提供节能方案设计，包括节能设备选择、安装、调试、配套技术设计、人员培训、后期维护保养等一系列节能产品、服务、技术等，这些都会在项目中产生除节能设备禀赋之外的节能收益。为方便建模，这里将节能服务公司的这些行为统称为努力水平并将这些努力水平所产出的价值货币化。

假设节能服务公司在合同能源管理项目中的成本仅与其在项目合作中的努力水平有关，为简化分析过程，假设该节能服务公司在项目付出的努力水平参数 w 包括采购节能设备、安装配套设施、提供节能技术等一系列节能改造产品或服务，且努力成本函数 $C(w) = w^2/2$。有些学者在考虑该成本函数时往往也会引入一个努力成本转化系数，如本书第三章中引入的

努力成本转化系数 $b(b > 0)$ 。因为在本章中主要讨论多期合作最后收益问题，以及最优激励问题，为简化分析，这里将该努力成本转化系数标准化为1，需要说明的是即使不进行标准化处理也不会影响本章相关研究结论，而仅会增加计算分析的复杂性。则节能服务公司在项目中的努力成本是一个严格递增函数，且存在 $C'(w_t) > 0$, $C''(w_t) > 0$，以往学者在研究中均有相同或类似假设。在合同能源管理项目合作中，由于全部或绝大部分前期的资金投入、技术投入、人员投入等都由节能服务公司来承担，所以节能服务公司通常在实际项目中会考虑项目风险问题。而在合同能源管理项目合作中虽然能源用户不承担任何节能改造费用，但其仍然需要考虑节能服务公司在项目合作中可能存在的"道德风险"。同第三章的假设一致，这里假定能源用户和节能服务公司均有风险规避，且都具有不变的风险规避特征，且风险规避度为 ρ_i, $\rho_i > 0$, $(i = EU, ESCO)$ 。因为在项目合作中，节能服务公司承担全部项目投入及大部分项目运营成本，而能源用户承担的项目投入极少，因此节能服务公司将会比能源用户对待风险的态度更敏感，所以这里进一步假设 $\rho_{ESCO} > \rho_{EU}$。此外，假设合同能源管理项目合作双方之间存在信息不对称，即能源用户无法观测到节能服务公司在项目合作中付出的努力水平，能源用户向节能服务公司提供线性项目激励契约 $f(\alpha, \beta) = \alpha\varphi + \beta\pi$，即在项目合作中节能服务公司按照 α 的比率来分享项目中节能设备禀赋收益，按照 β 的比率来分享项目节能产出收益，β 可看作节能服务公司的项目合作激励系数。相应地，$\alpha\varphi$ 可看作节能服务公司的"固定工资"，$\beta\pi$ 可看作节能服务公司的"绩效工资"。

在合同能源管理项目合作中，能源用户更乐意与企业声誉好的节能服务公司开展合作。因为好的企业声誉意味着节能服务公司更加专业、更加负责，从而使能源用户在多期合作中无后顾之忧。节能服务公司的好声誉源于其在项目中优异的节能表现，而好的节能表现需要节能服务公司在项目合作中付出更多的时间、人力、资源等，即节能服务公司的声誉效应实质上是由其在项目合作中的努力水平（如在项目合作中投入的资金、人力、时间、精力等）来决定的。因此节能服务公司的声誉效应是关于努力水平的函数，且与努力水平正相关，即努力水平越高声誉效应越大，反之亦然。很多学者在研究中将声誉效应假设为线性的一次函数，然而如李健等在研究中指出的那样，在实际的项目合作中，企业声誉是其在长期不断的积累过程中逐步形成的。[①] 因此这里在借鉴李健等研究基础上假设声誉效应函数为 $R(w) = \tau w^2/2$，即节能服务公司的声誉效应是一个关于努力水平的二次函数，且 $R'(w) > 0$，$R''(w) > 0$，$R(0) = 0$，表明该声誉效应函数是严格递增函数，其中 τ 为声誉效应系数，表明节能服务公司在项目合作中努力水平转化为企业声誉效用的转化效率，且进一步假设 $\tau > 0$，表明只要企业在合作中付出努力水平就会为企业带来正的声誉效应。

二、参数设定

本章在建模和计算时所使用到的参数设定情况如表 4-1 所示：

表 4-1　模型参数及含义

参数	参数含义
i	项目合作方（$i = EU$，$ESCO$），其中 EU 表示能源用户，$ESCO$ 表示节能服务公司
t	合同能源管理项目合作期
Π_i^j	合同能源管理项目双方净收益，且 $j = NR$，RE，其中：NR 表示不考虑声誉效应的情形，RE 表示考虑声誉效应的情形
φ	合同能源管理项目中节能设备禀赋所产生的节能收益（$\varphi > 0$）
π	合同能源管理项目中由节能服务公司努力付出所产生的项目节能产出收益
w	节能服务公司在合同能源管理项目合作各单期的努力水平（$w > 0$）
θ	影响合同能源管理项目节能产出收益的外生不确定因素且 $\theta \sim N(0, \sigma^2)$
$C(w)$	节能服务公司在合同能源管理项目中的成本函数且 $C(w) = w^2/2$

[①] 李健，王雅洁，吴军，等. 考虑声誉效应的存货质押融资中银行对物流企业的激励机制研究 [J]. 中国管理科学，2017，25（7）：86-92.

参数	参数含义
ρ_i	项目合作双方的风险规避度（$\rho_i > 0$）
α	节能服务公司在节能设备禀赋收益中的分享比率（$0 < \alpha < 1$）
β	节能服务公司在项目节能产出收益中的分享比率（$0 \leqslant \beta \leqslant 1$）
δ	考虑时间因素的项目多期合作各期间的收益折现率（$0 < \delta < 1$）
τ	声誉效应系数（$\tau > 0$）
$R(w)$	声誉效应函数且 $R(w) = \tau w^2 / 2$

第三节　模　型

在合同能源管理项目多期合作中，能源用户可以向节能服务公司提供两种激励契约，不考虑声誉效应的激励契约，考虑了声誉效应的激励契约。需要说明的是，这两种激励契约都是以项目合作双方之间的信息不对称为前提的。

一、不考虑声誉效应的激励契约（NR 情形）

当提供给节能服务公司的激励契约不考虑声誉效应时（Non-Reputation，简称 NR），这里用上标 NR 表示不考虑声誉效应的情形，用 RE 表示考虑声誉效应的情形。由前文假设可知在激励契约 $f(\alpha, \beta)$ 下节能服务公司在项目单期的净收益为：

$$\Pi_{ESCO}^{NR} = f(\alpha, \beta) - C(w) = \alpha\varphi + \beta(w + \theta) - w^2/2 \qquad (4-1)$$

因为节能服务公司具有风险规避特征且风险规避系数为 ρ_{ESCO} ，所以在 NR 情形下节能服务公司的项目单期期望净收益为：

$$E(\Pi_{ESCO}^{NR}) = \alpha\varphi + \beta w - w^2/2 - \rho_{ESCO}\beta^2\sigma^2/2 \qquad (4-2)$$

式（4-2）中 $\rho_{ESCO}\beta^2\sigma^2/2$ 表示节能服务公司在各单期所面临的项目风

险。因为能源用户的风险规避系数为 ρ_{EU} ，则能源用户在 NR 情形下的单期项目期望净收益为：

$$E(\Pi_{EU}^{NR}) = (1 - \alpha)\varphi + (1 - \beta)w - \rho_{EU}(1 - \beta)^2\sigma^2/2 \qquad (4-3)$$

在不考虑声誉效应情形（NR 情形）下，能源用户对节能服务公司的激励主要通过项目节能收益分享率这一外显性激励因素来实现，且假设考虑时间的贴现率为 δ 。因为能源用户和节能服务公司之间的合作关系属于典型的"委托—代理"关系，所以这里采用霍姆斯特姆和米尔格罗姆模型来对合同能源管理项目最优决策问题进行讨论分析。委托—代理问题的实质是委托人选择满足代理人参与约束（Participation constraints）和激励相容约束（Incentive compatibility constraints）的激励合同，最大化自己期望效用的过程。

在节能效益分享型合同能源管理项目中，几乎所有的项目节能改造方案、技术、设备、人员、管理、后期维护等都是由节能服务公司（代理人）来承担的，能源用户（委托人）在项目合作中几乎不参与任何技术、设备、资金、人员的管理和运营。所以能源用户在合同能源管理项目合作中通过考核节能服务公司的表现来进行"事后控制"变得极其困难。正因为如此，本研究才从"事前控制"的角度来探讨合同能源管理项目的最优激励问题，即在能源用户和节能服务公司的多期项目合作开始之前就确定节能服务公司在项目合作中的努力水平、收益分享率等，并假定了在多期合作中节能服务公司的各期努力水平、收益分享率相同（这也是区别于代理人市场—声誉模型中委托人在多期合作的每期结束后会根据代理人的表现而对下一期激励契约进行重新调整的"事后控制"的最主要的一点）。因此由式（4-3）可知能源用户在项目第 1 期的期望净收益为 $(1 - \alpha)\varphi + (1 - \beta)w - \rho_{EU}(1 - \beta)^2\sigma^2/2$ ，在考虑贴现率 δ 的项目第 2 期的期望净收益为 $\delta[(1 - \alpha)\varphi + (1 - \beta)w - \rho_{EU}(1 - \beta)^2\sigma^2/2]$ ，则在考虑两期贴现率 δ^2 的项目第 3 期期望净收益为 $\delta^2[(1 - \alpha)\varphi + (1 - \beta)w - \rho_{EU}(1 - \beta)^2\sigma^2/2]$ ，以此类推，能源用户在第 t 期的期望净收益为 $\delta^{t-1}[(1 - \alpha)\varphi + (1 - \beta)w - \rho_{EU}$

$(1 - \beta)^2 \sigma^2 / 2]$。由此可得能源用户 T 期总期望净收益函数：

$$E(\Pi_{EU}^{NR}) = \sum_{t=1}^{T} \delta^{t-1} [(1 - \alpha)\varphi + (1 - \beta)w - \rho_{EU}(1 - \beta)^2 \sigma^2 / 2]$$

$$(4-4)$$

式（4-4）中 T 表示项目的总合作期数，且 $T \to \infty$。同理，在不考虑声誉效应的激励契约中节能服务公司的 T 期总净收益期望函数为：

$$E(\Pi_{ESCO}^{NR}) = \sum_{t=1}^{T} \delta^{t-1}(\alpha\varphi + \beta w - w^2 / 2 - \rho_{ESCO}\beta^2 \sigma^2 / 2) \quad (4-5)$$

因为项目双方之间存在信息不对称，所以在不考虑声誉效应的能源用户和节能服务公司在 T 期项目合作中的契约结构为：

$$\max_{\alpha, \beta} \sum_{t=1}^{T} \delta^{t-1} [(1 - \alpha)\varphi + (1 - \beta)w - \rho_{EU}(1 - \beta)^2 \sigma^2 / 2] \quad (4-6)$$

$$s.t. (IR): \sum_{t=1}^{T} \delta^{t-1}(\alpha\varphi + \beta w - w^2 / 2 - \rho_{ESCO}\beta^2 \sigma^2 / 2) \geqslant \varpi \quad (4-7)$$

$$s.t. (IC): \max_{w} \left\{ \sum_{t=1}^{T} \delta^{t-1}(\alpha\varphi + \beta w - w^2 / 2 - \rho_{ESCO}\beta^2 \sigma^2 / 2) \right\} \quad (4-8)$$

式（4-7）中 $\sum_{t=1}^{T} \delta^{t-1}(\alpha\varphi + \beta w - w^2 / 2 - \rho_{ESCO}\beta^2 \sigma^2 / 2) \geqslant \varpi$ 为节能服务公司在 NR 情形下的确定性等价收入，ϖ 为节能服务公司的保留收入，当且仅当节能服务公司在 T 期项目合作中的确定性等价收入不低于该保留收入水平时，其才会与能源用户签订合作合同，这也是节能服务公司的项目合作参与约束条件。则由式（4-7）可将节能服务公司的参与约束条件改写为：

$$\alpha \geqslant \varpi(1 - \delta) / \varphi(1 - \delta^t) - \beta w / \varphi + w^2 / 2\varphi + \rho_{ESCO}\beta^2 \sigma^2 / 2\varphi \quad (4-9)$$

为保证有意义假设 $0 < \varpi(1 - \delta) / \varphi(1 - \delta^t) - \beta w / \varphi + w^2 / 2\varphi + \rho_{ESCO}\beta^2 \sigma^2 / 2\varphi < 1$，由假设知 $0 < \alpha < 1$，则 $\varpi(1 - \delta) / \varphi(1 - \delta^t) - \beta w / \varphi + w^2 / 2\varphi + \rho_{ESCO}\beta^2 \sigma^2 / 2\varphi \leqslant \alpha < 1$，即限定了 α 的范围，所以该条件下的节能服务公司收益最大化问题属于约束条件下的非线性规划问题，因此考虑使用库恩—塔克条件来进行求解，此时节能服务公司的收益最大化问题为：

$$
\begin{cases}
\max\limits_{\alpha} \sum\limits_{t=1}^{T} \delta^{t-1}(\alpha\varphi + \beta w - w^2/2 - \rho_{ESCO}\beta^2\sigma^2/2) \\
\varpi(1-\delta)/\varphi(1-\delta^t) - \beta w/\varphi + w^2/2\varphi + \rho_{ESCO}\beta^2\sigma^2/2\varphi \leqslant \alpha < 1
\end{cases}
$$

$$(4\text{-}10)$$

求解该约束条件下的非线性规划问题，首先需将式（4-10）写成以下形式：

$$
\begin{cases}
\max\limits_{\alpha} \sum\limits_{t=1}^{T} \delta^{t-1}(\alpha\varphi + \beta w - w^2/2 - \rho_{ESCO}\beta^2\sigma^2/2) \\
g_1(\alpha) = \alpha - [\varpi(1-\delta)/\varphi(1-\delta^t) - \beta w/\varphi + w^2/2\varphi + \rho_{ESCO}\beta^2\sigma^2/2\varphi] > 0 \\
g_2(\alpha) = 1 - \alpha > 0
\end{cases}
$$

$$(4\text{-}11)$$

由式（4-11）可知，约束条件下的目标函数和约束函数的梯度分别为：

$$
\begin{cases}
\nabla E(\Pi_{ESCO}^{NR}) = \sum\limits_{t=1}^{T} \delta^{t-1}(\varphi) \\
\nabla g_1(\alpha) = 1 \\
\nabla g_2(\alpha) = -1
\end{cases}
$$

$$(4\text{-}12)$$

对第一个和第二个约束条件分别引入广义拉格朗日乘子 λ_1^* 和 λ_2^*，设 K-T 点为 α^*，则可写出该问题的 K-T 条件：

$$
\begin{cases}
\sum\limits_{t=1}^{T} \delta^{t-1}(\varphi) - \lambda_1^* + \lambda_2^* = 0 \\
\lambda_1^* \{\alpha^* - [\varpi(1-\delta)/\varphi(1-\delta^t) - \beta w/\varphi + w^2/2\varphi + \rho_{ESCO}\beta^2\sigma^2/2\varphi]\} = 0 \\
\lambda_2^*(1-\alpha^*) = 0 \\
\lambda_1^*, \lambda_2^* \geqslant 0
\end{cases}
$$

$$(4\text{-}13)$$

为解式（4-13）中所列的方程组，这里需要考虑以下几种情形：

（1）令 $\lambda_1^* > 0$, $\lambda_2^* > 0$，得 $\alpha^* = 1$ 且 $\alpha^* = \varpi(1-\delta)/\varphi(1-\delta^t) - \beta w/\varphi +$

$w^2/2\varphi + \rho_{ESCO}\beta^2\sigma^2/2\varphi$，因为由前文求解可知 $\varpi(1-\delta)/\varphi(1-\delta^t) - \beta w/\varphi +$ $w^2/2\varphi + \rho_{ESCO}\beta^2\sigma^2/2\varphi < 1$，所以该情形下无解；（2）令 $\lambda_1^* > 0$，$\lambda_2^* = 0$，解之得 $\alpha^* = \varpi(1-\delta)/\varphi(1-\delta^t) - \beta w/\varphi + w^2/2\varphi + \rho_{ESCO}\beta^2\sigma^2/2\varphi$，该解在可行域内，是 K–T 点；（3）令 $\lambda_1^* = 0$，$\lambda_2^* > 0$，解之得 $\alpha^* = 1$，因为 $\alpha <$ 1，所以该解不在可行域内，不是 K–T 点；（4）令 $\lambda_1^* = 0$，$\lambda_2^* = 0$，解之得 $\sum_{t=1}^{T}\delta^{t-1}(\varphi) = 0$，由假设知 $\varphi > 0$，所以 $\sum_{t=1}^{T}\delta^{t-1}(\varphi) > 0$，则该情形下无解。综上可知，NR 情形下节能服务公司在项目节能设备禀赋收益中的分享率 α^{IS} 的最优解为：

$$(\alpha^{NR})^* = \varpi(1-\delta)/\varphi(1-\delta^t) - \beta w/\varphi + w^2/2\varphi + \rho_{ESCO}\beta^2\sigma^2/2\varphi$$

$$(4-14)$$

式（4-8）表示节能服务公司在项目合作中的激励相容约束，对式（4-8）求关于 w 的一阶导并令其等于 0 后可解得 $w^* = \beta$，将 $w^* = \beta$ 和式（4-14）代入目标函数中，则该目标函数可转化为：

$$\max_{\beta}\sum_{t=1}^{T}\delta^{t-1}\{1 - [\varpi(1-\delta)/\varphi(1-\delta^t) - \beta^2/\varphi + \beta^2/2\varphi + \rho_{ESCO}\beta^2\sigma^2/2\varphi]\varphi$$
$$+ (1-\beta)\beta - \rho_{EU}(1-\beta)^2\sigma^2/2\}$$

$$(4-15)$$

对式（4-15）求关于参数 β 的一阶导并令该一阶导等于 0 后可解得：

$$(\beta^{NR})^* = \frac{1 + \rho_{EU}\sigma^2}{1 + (\rho_{EU} + \rho_{ESCO})\sigma^2}$$

$$(4-16)$$

由式（4-16）可知，在不考虑声誉效应的激励契约中，节能服务公司在项目节能产出收益中的最优分享率（节能服务公司的项目合作激励系数）受项目双方风险规避度以及节能服务公司项目节能产出收益方差共同影响。$\partial(\beta^{NR})^*/\partial(\rho_{EU}) > 0$ 表明该激励系数与能源用户的风险规避度正相关，即能源用户在项目合作中对待节能服务公司可能出现的"道德风险"的态度越谨慎，其在激励契约中为节能服务公司设定的激励系数就会越大；$\partial(\beta^{NR})^*/\partial(\rho_{ESCO}) < 0$ 表明节能服务公司的项目激励系数与自身风险规避度呈负相关，即在项目合作中节能服务公司对待风险的态度越谨慎，

其在激励契约中所愿意接受的激励系数就会越小；$\partial(\beta^{NR})^*/\partial(\sigma^2)<0$ 表明该激励系数与节能服务公司项目产出收益方差负相关，即节能服务公司在项目合作中付出相同努力水平所带来的项目产出收益的波动性越大，越不稳定，其在项目合作中的激励系数就应越小。该激励系数也表明在合同能源管理项目合作中能源用户和节能服务公司的项目风险分摊情况，当能源用户对待风险的态度较为谨慎时，其更愿意将风险分摊给节能服务公司。同样地，当节能服务公司对待风险的态度较为谨慎时，其更愿意让能源用户来承担更多风险。由 $w^*=\beta$ 可得到 NR 情形下节能服务公司的最优努力水平为：

$$(w^{NR})^* = (\beta^{NR})^* = \frac{1+\rho_{EU}\sigma^2}{1+(\rho_{EU}+\rho_{ESCO})\sigma^2} \qquad (4-17)$$

由式（4-17）最优解可知，在不考虑声誉效应激励契约中，节能服务公司的最优努力水平受项目双方的风险规避度以及项目收益产出方差共同影响。$\partial(w^{NR})^*/\partial(\rho_{EU})>0$ 表明节能服务公司的努力水平与能源用户的风险规避度正相关，即能源用户在项目合作中对待节能服务公司可能出现的"道德风险"的态度越谨慎，激励契约中要求节能服务公司的努力水平就会越高；$\partial(w^{NR})^*/\partial(\rho_{ESCO})<0$ 表明节能服务公司在项目合作中愿意付出的努力水平与其风险规避度呈负相关，即在项目合作中对待风险的态度越谨慎，其在项目合作中所愿意付出的节能改造努力水平就会越低；$\partial(\beta^{NR})^*/\partial(\sigma^2)<0$ 表明该激励系数与节能服务公司项目产出收益方差负相关，即节能服务公司在项目合作中付出相同努力水平所带来的项目产出收益的波动性越大，越不稳定，则节能服务公司的努力水平就应越低。此外，方差越大表明节能服务公司在项目中付出努力后产生项目收益的稳定性越差，此时节能服务公司付出较高努力投入可能无法获得更多的项目收益产出，反而要承担更大的风险，所以节能服务公司此时更愿意在项目合作中选择低的努力水平。将式（4-16）和式（4-17）代入式（4-14）后可解得：

$$(\alpha^{NR})^* = \frac{\varpi(1-\delta)}{\varphi(1-\delta^t)} - \frac{(1-\rho_{ESCO}\sigma^2)(1+\rho_{EU}\sigma^2)^2}{2\varphi[1+(\rho_{EU}+\rho_{ESCO})\sigma^2]^2} \qquad (4-18)$$

由式（4-18）可知，在不考虑声誉效应的激励契约下节能服务公司的节能设备禀赋收益分享率与其在项目中的保留收入 ϖ 呈正相关，与节能设备禀赋 φ 和贴现率 δ 负相关。该结论表明在节能服务公司和能源用户的多期合作中，节能设备禀赋越大、节能服务公司在项目中的保留收入越小、贴现率越大时，激励契约中为节能服务公司设置的节能设备禀赋收益分享率应越小。此外，节能服务公司的节能设备禀赋收益分享率还受项目双方风险规避度，以及项目节能产出收益方差的影响。$\partial(\alpha^{NR})^*/\partial(\rho_{EU}) < 0$ 表明节能服务公司的节能设备禀赋收益分享率与能源用户的风险规避度呈负相关，即能源用户对待项目风险的态度越谨慎，节能服务公司在项目节能设备禀赋收益中的分享率就越低；$\partial(\alpha^{NR})^*/\partial(\rho_{ESCO}) > 0$ 表明节能服务公司的项目节能设备禀赋收益分享率与自身风险规避度正相关，即节能服务公司对待风险的态度越谨慎，其要求参与分享的节能设备禀赋收益就越多；$\partial(\alpha^{NR})^*/\partial(\sigma^2) > 0$ 表明节能服务公司的项目节能设备禀赋收益分享率与项目节能产出收益方差正相关，即节能服务公司在项目合作中付出相同努力水平所带来的项目节能产出收益波动性越大、稳定性越差，其在节能设备禀赋收益中的分享率就越大。将式（4-16）、式（4-17）和式（4-18）代入式（4-6）后可解得能源用户在不考虑声誉效应的激励契约下项目多期合作中的总期望净收益最优值为：

$$E(\Pi_{EU}^{NR})^* = \sum_{t=1}^{T}\delta^{t-1}\left\{\frac{1+\rho_{EU}\sigma^2-\rho_{EU}\rho_{ESCO}\sigma^4}{2[1+(\rho_{EU}+\rho_{ESCO})\sigma^2]}+\varphi-\frac{\varpi(1-\delta)}{(1-\delta^t)}\right\}$$

$$(4-19)$$

由式（4-19）可知在合同能源管理项目多期合作中，在不考虑声誉效应的激励契约下，能源用户单期最优期望净收益为：

$$E(^d\Pi_{EU}^{NR})^* = \frac{1+\rho_{EU}\sigma^2-\rho_{EU}\rho_{ESCO}\sigma^4}{2[1+(\rho_{EU}+\rho_{ESCO})\sigma^2]}+\varphi-\frac{\varpi(1-\delta)}{(1-\delta^t)} \qquad (4-20)$$

式（4-20）中 $E\left({}^{d}\Pi_{EU}^{NR}\right)^{*}$ 表示能源用户在不考虑声誉效应的激励契约下多期合作的单期项目净收益期望，该结论表明在不考虑声誉效应（NR 情形）的激励契约下合同能源管理项目多期合作中能源用户单期期望净收益与节能服务公司的保留收入 ϖ、能源用户风险规避度 ρ_{EU}、节能服务公司风险规避度 ρ_{ESCO}、项目产出收益方差 σ^2 负相关，即节能服务公司在项目中的保留收入越大，能源用户和节能服务公司在项目合作中对待风险的态度越保守，相同努力水平所带来的项目产出收益的稳定性越差，则能源用户在各单期可获得的项目净收益就越少。通过式（4-20）还可以发现，NR 情形下能源用户项目单期期望净收益与贴现率 δ 和项目中节能设备禀赋 φ 呈正相关，表明在多期项目合作中节能设备禀赋越高，能源用户在各单期所能获得的项目净收益就越大。且贴现率越大，则能源用户就越应该延长项目合作期，从而提高单期项目净收益。此时节能服务公司的项目总净收益的最优期望值为保留收入，即节能服务公司仅愿意在各单期付出式（4-17）的最优努力水平，而此时其在合同能源管理项目中所获得的项目净收益刚好是其保留收入。

二、考虑声誉效应的激励契约（RE 情形）

在能源用户和节能服务公司的多期合作中，当激励契约考虑声誉效应时（Reputation Effects，RE），项目合作中对节能服务公司的激励除了项目节能收益分享比率（显性激励）外，还有对能源服务公司的声誉激励（隐性激励）。因此，在考虑声誉效应的激励契约中能源用户在第 1 期的期望净收益为 $(1-\alpha)\varphi+(1-\beta)w-\rho_{EU}(1-\beta)^{2}\sigma^{2}/2$，在第 2 期的期望净收益为 $\delta\left[(1-\alpha)\varphi+(1-\beta)w-\rho_{EU}(1-\beta)^{2}\sigma^{2}/2\right]$，在第 3 期的期望净收益为 $\delta^{2}\left[(1-\alpha)\varphi+(1-\beta)w-\rho_{EU}(1-\beta)^{2}\sigma^{2}/2\right]$，以此类推，在项目合作第 t 期的期望净收益为 $\delta^{t-1}\left[(1-\alpha)\varphi+(1-\beta)w-\rho_{EU}(1-\beta)^{2}\sigma^{2}/2\right]$，则 RE 情形下能源用户在 T 期项目合作中的总净收益期望函数为：

$$E(\Pi_{EU}^{RE}) = \sum_{t=1}^{T} \delta^{t-1} \left[(1-\alpha)\varphi + (1-\beta)w - \rho_{EU}(1-\beta)^2\sigma^2/2 \right]$$

$$(4-21)$$

其中 T 表示项目合作期，且该合作期可以趋近于无穷（$T \to \infty$），可以发现在考虑声誉效应的激励契约中，能源用户的项目总期望净收益与不考虑声誉效应时的函数表达式一致。这是因为声誉效应是对节能服务公司的激励，与能源用户无直接关系，因此在两种情形下能源用户的项目总期望净收益相同。声誉效应具有滞后性，即在能源用户和节能服务公司项目多期合作的第 1 期不存在声誉效应，从第 2 期开始节能服务公司的项目净收益才会受声誉效应的影响。由此可知，在考虑声誉效应的激励契约中，节能服务公司在项目第 1 期的期望净收益为 $\alpha\varphi + \beta w - w^2/2 - \rho_{ESCO}\beta^2\sigma^2/2$，在项目合作第 2 期的期望净收益为 $\delta(\alpha\varphi + \beta w - w^2/2 - \rho_{ESCO}\beta^2\sigma^2/2 + R(w))$，在项目合作第 3 期的期望净收益为 $\delta^2(\alpha\varphi + \beta w - w^2/2 - \rho_{ESCO}\beta^2\sigma^2/2 + R(w))$，在项目合作第 t 期的期望净收益为 $\delta^{t-1}(\alpha\varphi + \beta w - w^2/2 - \rho_{ESCO}\beta^2\sigma^2/2 + R(w))$，以此类推可得 RE 情形下节能服务公司在 T 期的总净收益期望函数为：

$$E(\Pi_{ESCO}^{RE}) = (\alpha\varphi + \beta w - w^2/2 - \rho_{ESCO}\beta^2\sigma^2/2)$$

$$+ \sum_{t=2}^{T} \delta^{t-1}(\alpha\varphi + \beta w - w^2/2 - \rho_{ESCO}\beta^2\sigma^2/2 + \tau w^2/2) \quad (4-22)$$

式（4-22）可化简为 $\sum_{t=1}^{T} \delta^{t-1}(\alpha\varphi + \beta w - w^2/2 - \rho_{ESCO}\beta^2\sigma^2/2) + \sum_{t=2}^{T} \delta^{t-1}(\tau w^2/2)$，综上可构建 RE 情形下能源用户和节能服务公司在 T 期项目合作中的契约结构：

$$\max_{\alpha, \beta} \sum_{t=1}^{T} \delta^{t-1} \left[(1-\alpha)\varphi + (1-\beta)w - \rho_{EU}(1-\beta)^2\sigma^2/2 \right] \quad (4-23)$$

$$s.t.(IR): \sum_{t=1}^{T} \delta^{t-1}(\alpha\varphi + \beta w - w^2/2 - \rho_{ESCO}\beta^2\sigma^2/2) + \sum_{t=2}^{T} \delta^{t-1}(\tau w^2/2) \geqslant \varpi$$

$$(4-24)$$

$$s.t.\,(IC):\ \max_e\left\{\sum_{t=1}^T \delta^{t-1}(\alpha\varphi + \beta e - e^2/2 - \rho\beta^2\sigma^2/2) + \sum_{t=2}^T \delta^{t-1}(\tau e^2/2)\right\}$$

$$(4-25)$$

对式（4-25）求关于 w 的一阶导并令一阶导等于 0 后可解得 $w^* = \beta/(1-\tau)$。因为 $w > 0$，所以 $\tau < 1$，表明在考虑声誉效应的多期激励契约中写入的声誉效应系数应小于1，从而保证在考虑了声誉效应的激励契约中，节能服务公司在项目中所愿意付出的节能改造努力水平仍是取决于自身所获得的项目收益来考虑的。由式（4-24）可知，节能服务公司收益最大化问题同样也属于约束条件下的非线性规划问题，因此也要考虑使用 K-T 条件来进行求解，求解过程与前文一致，这里不再赘述，通过求解可得：

$$(\alpha^{RE})^* = \varpi(1-\delta)/\varphi(1-\delta^t) - \beta w/\varphi + w^2/2\varphi + \rho_{ESCO}\beta^2\sigma^2/2\varphi - \tau w^2/2\varphi$$

$$(4-26)$$

将式（4-26）和 $w^* = \beta/(1-\tau)$ 代入目标函数后求关于参数 β 的一阶导，令该一阶导等于 0 后可解得：

$$(\beta^{RE})^* = \frac{1 + (1-\tau)\rho_{EU}\sigma^2}{1 + (1-\tau)(\rho_{EU} + \rho_{ESCO})\sigma^2} \qquad (4-27)$$

将式（4-27）代入 $w^* = \beta/(1-\tau)$ 后可解得 RE 情形下节能服务公司的最优努力水平：

$$(w^{RE})^* = \frac{1 + (1-\tau)\rho_{EU}\sigma^2}{(1-\tau)\left[1 + (1-\tau)(\rho_{EU} + \rho_{ESCO})\sigma^2\right]} \qquad (4-28)$$

将式（4-27）、式（4-28）代入式（4-26）后可解得：

$$(\alpha^{RE})^* = \frac{\varpi(1-\delta)}{\varphi(1-\delta^t)} - \frac{\left[1 - (1-\tau)\rho_{ESCO}\sigma^2\right]\left[1 + (1-\tau)\rho_{EU}\sigma^2\right]^2}{2\varphi(1-\tau)\left[1 + (1-\tau)(\rho_{EU} + \rho_{ESCO})\sigma^2\right]^2}$$

$$(4-29)$$

将式（4-27）、式（4-28）和式（4-29）代入式（4-21）后可解得能源用户在考虑声誉效应的激励契约下的多期项目合作总期望净收益最优值为：

$$E\left(\Pi_{EU}^{RE}\right)^* = \sum_{t=1}^{T}\delta^{t-1}\left\{\frac{1+(1-\tau)\rho_{EU}\sigma^2\left[1-(1-\tau)\rho_{ESCO}\sigma^2\right]}{2(1-\tau)\left[1+(1-\tau)(\rho_{EU}+\rho_{ESCO})\sigma^2\right]}+\varphi-\frac{\varpi(1-\delta)}{1-\delta^t}\right\}$$

$$(4-30)$$

则可知在合同能源管理项目的多期合作中，在考虑声誉效应的激励契约下能源用户单期最优期望净收益为：

$$E\left(^{d}\Pi_{EU}^{RE}\right)^* = \frac{1+(1-\tau)\rho_{EU}\sigma^2\left[1-(1-\tau)\rho_{ESCO}\sigma^2\right]}{2(1-\tau)\left[1+(1-\tau)(\rho_{EU}+\rho_{ESCO})\sigma^2\right]}+\varphi-\frac{\varpi(1-\delta)}{1-\delta^t}$$

$$(4-31)$$

第四节　对比分析

通过第三节的计算和讨论分析可以发现，能源用户和节能服务公司在合同能源管理项目合作的激励契约中，声誉效应会对项目中能源用户的单期期望净收益、节能服务公司的项目节能产出收益分享比率、节能服务公司努力水平、节能服务公司的节能设备禀赋收益分享率等都会产生影响。以下通过对比分析来探讨在多期合同能源管理项目合作的激励契约中，考虑声誉效应（RE 情形）和不考虑声誉效应（NR 情形）两种情况下项目合作中帕累托最优解的差异。将第三节的计算结果汇总形成表4-2。

表4-2　两种情形下（NR 情形和 RE 情形）模型帕累托最优解汇总表

	不考虑声誉效应（NR）	考虑声誉效应（RE）
w^*	$\dfrac{1+\rho_{EU}\sigma^2}{1+(\rho_{EU}+\rho_{ESCO})\sigma^2}$	$\dfrac{1+(1-\tau)\rho_{EU}\sigma^2}{(1-\tau)\left[1+(1-\tau)(\rho_{EU}+\rho_{ESCO})\sigma^2\right]}$
α^*	$\dfrac{\varpi(1-\delta)}{\varphi(1-\delta^t)}-\dfrac{(1-\rho_{ESCO}\sigma^2)(1+\rho_{EU}\sigma^2)^2}{2\varphi\left[1+(\rho_{EU}+\rho_{ESCO})\sigma^2\right]^2}$	$\dfrac{\varpi(1-\delta)}{\varphi(1-\delta^t)}-$ $\dfrac{\left[1-(1-\tau)\rho_{ESCO}\sigma^2\right]\left[1+(1-\tau)\rho_{EU}\sigma^2\right]^2}{2\varphi(1-\tau)\left[1+(1-\tau)(\rho_{EU}+\rho_{ESCO})\sigma^2\right]^2}$

	不考虑声誉效应（NR）	考虑声誉效应（RE）
$\beta^{\square}$	$\dfrac{1+\rho_{EU}\sigma^2}{1+(\rho_{EU}+\rho_{ESCO})\sigma^2}$	$\dfrac{1+(1-\tau)\rho_{EU}\sigma^2}{1+(1-\tau)(\rho_{EU}+\rho_{ESCO})\sigma^2}$
$E\left({}^d\Pi_{EU}\right)^*$	$\dfrac{1+\rho_{EU}\sigma^2-\rho_{EU}\rho_{ESCO}\sigma^4}{2\left[1+(\rho_{EU}+\rho_{ESCO})\sigma^2\right]}+\varphi-\dfrac{\varpi(1-\delta)}{(1-\delta^t)}$	$\dfrac{1+(1-\tau)\rho_{EU}\sigma^2\left[1-(1-\tau)\rho_{ESCO}\sigma^2\right]}{2(1-\tau)\left[1+(1-\tau)(\rho_{EU}+\rho_{ESCO})\sigma^2\right]}$ $+\varphi-\dfrac{\varpi(1-\delta)}{1-\delta^t}$

一、节能服务公司努力水平

令 $\Delta_1=(w^{RE})^*-(w^{NR})^*$，将表4-2对应的最优解代入后得：

$$\Delta_1=\frac{\tau}{(1-\tau)}\frac{(\rho_{EU}+\rho_{ESCO})\sigma^2\left[2-\tau-(1-\tau)\rho_{EU}\sigma^2\right]}{\left[1-(1-\tau)(\rho_{EU}+\rho_{ESCO})\sigma^2\right]\left[1+(\rho_{EU}+\rho_{ESCO})\sigma^2\right]}$$

$$(4-32)$$

因为 $\rho_{EU}>0$，$\rho_{ESCO}>0$，$\sigma^2>0$，$0<\tau<1$，化简求解可得 $\Delta_1>0$，则 $(w^{RE})^*>(w^{NR})^*$。该结论表明在合同能源管理项目的多期合作中，将声誉效应写入激励契约可以督促节能服务公司在项目合作中投入更高的努力水平。也表明在合同能源管理项目多期合作中将声誉效应引入激励契约的必要性和有效性，这也解释了为什么现实中很多企业在长期合作伙伴的选择时会更偏好那些注重自身声誉的大企业。例如，贵州省贵阳市云岩区建筑面积达720万平方米的中天·未来方舟供暖项目要求年节约标准煤4.5万吨，二氧化碳年减排11.9万吨，二氧化硫年减排4000吨，混合颗粒物年减排6000吨，而该项目甲方在项目建设初期选择节能服务公司时，始终将目光关注在业界拥有较高声誉的中国节能环保集团公司。事实上该公司也迅速中标，中国节能环保集团公司也不负众望，在项目建设中努力付出，最终该项目成为我国住房城乡建设部认定的全国首批8个绿色生态示范城区之一。

二、节能服务公司的节能设备禀赋收益分享率

令 $\Delta_2 = (\alpha^{RE})^* - (\alpha^{NR})^*$，由表4-2可知，该两种情形下最优解的比较

仅需比较 $\dfrac{[1-(1-\tau)\rho_{ESCO}\sigma^2][1+(1-\tau)\rho_{EU}\sigma^2]^2}{2\varphi(1-\tau)[1+(1-\tau)(\rho_{EU}+\rho_{ESCO})\sigma^2]^2}$ 和 $\dfrac{(1-\rho_{ESCO}\sigma^2)(1+\rho_{EU}\sigma^2)^2}{2\varphi[1+(\rho_{EU}+\rho_{ESCO})\sigma^2]^2}$ 即

可。由前文可知 $\rho_{EU}>0$，$\rho_{ESCO}>0$，$\varphi>0$，$\sigma^2>0$，$0<\tau<1$，进一步作差比较后

可得 $\dfrac{[1-(1-\tau)\rho_{ESCO}\sigma^2][1+(1-\tau)\rho_{EU}\sigma^2]^2}{2\varphi(1-\tau)[1+(1-\tau)(\rho_{EU}+\rho_{ESCO})\sigma^2]^2} > \dfrac{(1-\rho_{ESCO}\sigma^2)(1+\rho_{EU}\sigma^2)^2}{2\varphi[1+(\rho_{EU}+\rho_{ESCO})\sigma^2]^2}$，

则 $(\alpha^{RE})^* < (\alpha^{NR})^*$。该结果表明在合同能源管理项目多期合作的激励契约
中引入声誉效应后，节能服务公司在项目节能设备禀赋收益的分享率要低
于不考虑声誉效应时的水平。这也表明在合同能源管理项目多期合作中将
声誉效应写入激励契约可以有效降低节能服务公司的节能设备禀赋收益分
享率，即降低节能服务公司在项目中的固定收益。由前文的计算可知，无
论是否将声誉效应写入激励契约，节能服务公司在多期项目合作中的最优
期望净收益都为保留收入。综上，在合同能源管理项目多期合作中，将声
誉效应写入激励契约可降低节能服务公司在项目节能设备禀赋收益中的分
享率（降低节能服务公司的固定收益），提高项目收益中激励部分的收益
分享率，从而有效促进节能服务公司在项目合作中更加积极努力地开展节
能改造。

三、项目激励系数

在激励契约中，节能服务公司的项目产出收益分享率 β 实质上就是节
能服务公司在合同能源管理项目中的激励系数，令 $\Delta_3 = (\beta^{RE})^* - (\beta^{NR})^*$，
将表4-2对应的最优解表达式代入并作差后可得 $\Delta_3 > 0$，则 $(\beta^{RE})^* >$
$(\beta^{NR})^*$。该结论表明在考虑声誉效应的激励契约中，节能服务公司在项
目合作中的激励系数大于不考虑声誉效应时的激励系数，即在考虑声誉效
应的激励契约中，节能服务公司的项目激励系数高于不考虑声誉效应时的

情形。该结论与前文的结论一致，也意味着在合同能源管理项目多期合作中将声誉效应写入激励契约时，应加大对节能服务公司的激励力度，提高激励系数，从而切实发挥声誉效应的激励有效性。

四、能源用户的单期收益

令 $\Delta_4 = E(^d\Pi_{EU}^{RE})^* - E(^d\Pi_{EU}^{NR})^*$，由表 4-2 可知，这两种情形下最优解的比较仅需比较 $\dfrac{1+(1-\tau)\rho_{EU}\sigma^2[1-(1-\tau)\rho_{ESCO}\sigma^2]}{2(1-\tau)[1+(1-\tau)(\rho_{EU}+\rho_{ESCO})\sigma^2]}$ 和 $\dfrac{1+\rho_{EU}\sigma^2-\rho_{EU}\rho_{ESCO}\sigma^4}{2[1+(\rho_{EU}+\rho_{ESCO})\sigma^2]}$ 部分即可。通过对该两部分作差后可得到 $\Delta_4 > 0$，即 $E(^d\Pi_{EU}^{RE})^* > E(^d\Pi_{EU}^{NR})^*$。该结论表明在能源用户和节能服务公司的多期合作中将声誉效应写入激励契约可以提高能源用户在各单期的项目净收益，进而提高能源用户的整个项目净收益。该结论进一步验证了在合同能源管理项目多期合作的激励契约设计时将节能服务公司声誉效应写入激励契约的必要性和有效性。

第五节　声誉效应对项目合作各最优解的影响

由前文研究结论可知，将声誉效应写入激励契约后，声誉效应系数会对节能服务公司最优努力水平、项目激励系数、节能服务公司的节能设备禀赋收益分享率、能源用户单期净收益产生影响。以下重点探讨声誉效应对各最优解的影响。

一、声誉效应对节能服务公司努力水平的影响

由（式 4-28）可知，$(w^{RE})^* = \dfrac{1 + (1-\tau)\rho_{EU}\sigma^2}{(1-\tau)[1 + (1-\tau)(\rho_{EU} + \rho_{ESCO})\sigma^2]}$，

对该最优解求关于参数 τ 的一阶导后得 $\dfrac{\partial (w^{RE})^*}{\partial \tau} = \dfrac{1 + (1-\tau)(2+B)C}{(\tau-1)^2 [(\tau-1)C-1]^2}$,

对 $(w^{RE})^*$ 求关于参数 τ 的二阶导后可得: $\dfrac{\partial^2 (w^{RE})^*}{\partial \tau^2} = \dfrac{2(1+B)C}{(1-\tau)^2 A^2} +$

$\dfrac{2[1+(1-\tau)(2+B)C]}{(1-\tau)^3 A^2} - \dfrac{2[1+(1-\tau)(2+B)C]C}{(1-\tau)^2 A^3}$, 其中: $A = (\tau-$

$1)C - 1 < 0$, $B = (1-\tau)\rho_{EU}\sigma^2 > 0$, $C = (\rho_{EU} + \rho_{ESCO})\sigma^2 > 0$。由此可判断

$\dfrac{\partial (w^{RE})^*}{\partial \tau} > 0$, $\dfrac{\partial^2 (w^{RE})^*}{\partial \tau^2} > 0$, 即 $(w^{RE})^*$ 是关于 τ 的严格递增的凹函数。

该结论表明在能源用户和节能服务公司的多期合作中，当项目激励合同中
考虑声誉效应时，节能服务公司在项目中的努力水平会随着声誉效应系数
的增大而逐步提升，该结果意味着当能源用户和节能服务公司开展多期项
目合作时，将声誉效应写入激励契约可有效促使节能服务公司在项目合作
中更加积极努力地开展各项节能改造活动。例如，作为湖北省第一个采用
合同能源管理（EPC）模式的西塞山电厂项目，正是因为项目业主选择了
具有较高声誉的湖北宏源电力工程股份有限公司（国家一级总承包资质），
从而促使该节能服务公司在项目合作中积极努力地开展各项建设活动，提
前 8 个月完成预期建设目标，并为业主赢得了"示范电厂"的荣誉。

二、声誉效应对节能服务公司节能设备禀赋收益分享率的影响

由式（4-29）知 $(\alpha^{RE})^* = \dfrac{\varpi}{\varphi} \dfrac{(1-\delta)}{(1-\delta^t)} - \dfrac{[1-(1-\tau)\rho_{ESCO}\sigma^2][1+(1-\tau)\rho_{EU}\sigma^2]^2}{2\varphi(1-\tau)[1+(1-\tau)(\rho_{EU}+\rho_{ESCO})\sigma^2]^2}$,

该表达式中仅第二部分包含参数 τ 且 $\varphi > 0$，所以将表达式第二部分中参数 φ 提取公
因子后并不影响 $(\alpha^{RE})^*$ 对参数 τ 求导的判断。对 $(\alpha^{RE})^*$ 求关于 τ 的一阶导可得

$$\dfrac{\partial (\alpha^{RE})^*}{\partial \tau} = \dfrac{[(\tau-1)\rho_{EU}\sigma^2-1]\{1+(1-\tau)[(\rho_{EU}+2\rho_{ESCO})(\rho_{ESCO}-\rho_{EU})\sigma^4+(2\rho_{EU}+3\rho_{ESCO})\sigma^2]\}}{2(\tau-1)^2[1+(1-\tau)(\rho_{EU}+\rho_{ESCO})\sigma^2]^3}$$

因为 $0<\tau<1$, $\rho_{ESCO}>\rho_{EU}>0$，所以 $\dfrac{\partial (\alpha^{RE})^*}{\partial \tau}<0$。进一步对最优解 $(\alpha^{RE})^*$ 求关于参

数 τ 的二阶导后，可以解得 $\dfrac{\partial^2 (\alpha^{RE})^*}{\partial \tau^2} = \dfrac{1+ (1-\tau)(B\tau^3 - C\tau^2 + D\tau + E)}{(1-\tau)^3 (A-1)^4}$，其中：

$A = (\tau-1)(\rho_{EU}+\rho_{ESCO})\sigma^2$，$B = \rho_{EU}(\rho_{EU}+2\rho_{ESCO})(\rho_{ESCO}^2 - \rho_{EU}^2)\sigma^8$，

$C = -(\rho_{EU}+\rho_{ESCO})\sigma^4 [3(\rho_{ESCO}^2 - \rho_{EU}^2)\sigma^4 + 2(2\rho_{EU}+\rho_{ESCO})\sigma^2]$，

$D = 3(\rho_{ESCO}^2 - \rho_{EU}^2)[\rho_{EU}^2 \sigma^2 + 2\rho_{ESCO}(1+\rho_{EU}\sigma^2)]\sigma^6$

$\quad + (\rho_{EU}+\rho_{ESCO})^2 \sigma^6 [3(\rho_{ESCO}^2 - \rho_{EU}^2)\sigma^2 + 2(2\rho_{EU}+\rho_{ESCO})]$

$E = \rho_{EU}^3(\rho_{EU}+2\rho_{ESCO})\sigma^8 + 2\rho_{EU}^2(2\rho_{EU}+5\rho_{ESCO})\sigma^6 + 3(\rho_{ESCO}^2 - \rho_{EU}^2)\sigma^4$

$\quad + 4(\rho_{EU}+\rho_{ESCO})\sigma^2$

因为 $0 < \tau < 1$，$\rho_{ESCO} > \rho_{EU} > 0$，所以 $A < 0$，$B > 0$，$C < 0$，$D > 0$，$E > 0$，则 $\dfrac{\partial^2 (\alpha^{RE})^*}{\partial \tau^2} > 0$。由此可知，$(\alpha^{RE})^*$ 是关于 τ 的严格递减的凹函数。该结果表明在激励契约中引入声誉效应时，节能服务公司在项目节能设备禀赋收益中的分享率会随着声誉效应系数的增大而不断减小，该分享率的大小实质上反映了节能服务公司在项目合作中固定收益的大小。随着声誉效应系数的增大，节能服务公司在项目合作中的固定收益会随之减少，特别是当声誉效应系数增大到一定水平时，节能服务公司甚至可以放弃其项目节能设备禀赋收益，全身心投入节能改造中从而获得项目收益。此时，节能服务公司的项目收益将主要从项目激励收益中产生。这也表明在考虑声誉效应的激励契约中，能源用户可以根据节能服务公司声誉转化情况来调整其在项目固定收益中的分享率，当节能服务公司在项目合作中的努力水平转化为企业声誉的转化率较高时，在激励契约设计时就可以适度降低其节能设备禀赋收益分享率。相反的，当节能服务公司的努力水平转化为企业声誉的转化率较低时，在激励契约设计时要适度提高其节能设备禀赋收益分享率，从而保证节能服务公司的节能改造积极性。

三、声誉效应对项目激励系数的影响

由式（4-27）知 $(\beta^{RE})^* = \dfrac{1+(1-\tau)\rho_{EU}\sigma^2}{1+(1-\tau)(\rho_{EU}+\rho_{ESCO})\sigma^2}$，对 $(\beta^{RE})^*$ 求关于参数

τ 的一阶导后解得 $\dfrac{\partial (\beta^{RE})^{*}}{\partial \tau}=\dfrac{\rho_{ESCO}\sigma^{2}}{[(\tau-1)(\rho_{EU}+\rho_{ESCO})\sigma^{2}-1]^{2}}>0$，对 $(\beta^{RE})^{*}$ 求关

于参数 τ 的二阶导后得 $\dfrac{\partial^{2}(\beta^{RE})^{*}}{\partial\tau^{2}}=\dfrac{2\sigma^{4}\rho_{ESCO}(\rho_{EU}+\rho_{ESCO})}{[(1-\tau)(\rho_{EU}+\rho_{ESCO})\sigma^{2}+1]^{3}}$，因为 $0<\tau<$

$1, \rho_{ESCO}>\rho_{EU}>0$，则 $\dfrac{\partial^{2}(\beta^{RE})^{*}}{\partial\tau^{2}}>0$，即节能服务公司的最优项目产出收益分享

率 $(\beta^{RE})^{*}$ 是关于声誉效应系数 τ 的严格递增的凹函数。该结果表明当在激
励契约中引入声誉效应时，声誉效应系数与节能服务公司的项目产出收益
分享率呈正相关，即声誉效应系数越大，在激励契约中节能服务公司的项
目激励系数就越大。该结果意味着在合同能源管理项目多期合作中，当节
能服务公司付出的节能改造努力转化为企业声誉的转化率越高、转化效果
越好时，在激励契约设计时就应该增加节能服务公司项目激励系数，使得
越积极努力的节能服务公司获得的项目收益越多，从而实现声誉效应对节
能服务公司的有效激励。

四、声誉效应对能源用户单期净收益的影响

由式（4-31）可知 $E({}^{d}\Pi_{EU}^{RE})^{*}=\dfrac{1+(1-\tau)\rho_{EU}\sigma^{2}[1-(1-\tau)\rho_{ESCO}\sigma^{2}]}{2(1-\tau)[1+(1-\tau)(\rho_{EU}+\rho_{ESCO})\sigma^{2}]}+$

$\varphi-\dfrac{\varpi(1-\delta)}{1-\delta^{t}}$，对该最优解求 τ 的一阶导可得 $\dfrac{\partial E({}^{d}\Pi_{EU}^{RE})^{*}}{\partial\tau}=$

$\dfrac{[(\tau-1)\rho_{EU}\sigma^{2}-1][(\tau-1)(\rho_{EU}+2\rho_{ESCO})\sigma^{2}-1]}{2(\tau-1)^{2}[(\tau-1)(\rho_{EU}+\rho_{ESCO})\sigma^{2}-1]^{2}}$。由前文假设知 $0<\tau<1, \rho_{ESCO}>$

$0, \rho_{EU}>0$，所以 $\dfrac{\partial E({}^{d}\Pi_{EU}^{RE})^{*}}{\partial\tau}>0$。进一步对 $E({}^{d}\Pi_{EU}^{RE})^{*}$ 求关于 τ 的二阶导后

得 $\dfrac{\partial^{2}E({}^{d}\Pi_{EU}^{RE})^{*}}{\partial\tau^{2}}=-\dfrac{(\tau-1)A\{(\tau-1)[\rho_{EU}\sigma^{2}(\tau-1)(\rho_{EU}+2\rho_{ESCO})\sigma^{2}-3A]\}-1}{(1-\tau)^{3}[1+(1-\tau)A]^{3}}$，

其中 $A=(\rho_{EU}+\rho_{ESCO})\sigma^{2}>0$，因为 $0<\tau<1, \rho_{EU}>0, \rho_{ESCO}>0$，所以 $\dfrac{\partial^{2}E({}^{d}\Pi_{EU}^{RE})^{*}}{\partial\tau^{2}}>$

0。由此可知，$E\left({}^{d}\Pi_{EU}^{RE}\right)^{*}$ 是关于 τ 的严格递增的凹函数。该结论表明将声誉效应写入激励契约可以有效提高能源用户在项目各单期期望净收益，且随着声誉效应系数的不断增大，能源用户在多期合作的各单期期望净收益也会逐步增大。而随着能源用户在各项目单期期望净收益的增大，相应地，其在整个合同能源管理项目多期合作中的总期望净收益也随之增大。该结论也再次证实了在合同能源管理项目多期合作中引入声誉效应的必要性和有效性。

本章小结

本章关注合同能源管理项目合作中的最优激励问题，以"委托—代理"理论为基础，将声誉效应引入激励契约中，设计了非对称信息下的激励契约。研究发现：

第一，在能源用户和节能服务公司的多期合作中，无论激励契约是否考虑声誉效应，节能服务公司在项目合作中的努力水平都与项目双方的风险规避度和项目收益产出方差负相关；节能服务公司在项目节能设备禀赋收益中的分享率都与其保留收入和自身风险规避度正相关，与贴现率、能源用户的风险规避度和项目收益产出方差负相关；节能服务公司的项目激励系数与自身风险规避度和项目收益产出方差负相关，与能源用户的风险规避度正相关；能源用户的项目单期期望净收益与贴现率和项目中节能设备禀赋正相关，与节能服务公司的保留收入、项目双方的风险规避度、项目收益产出方差负相关。

第二，当合同能源管理项目多期合作的激励契约设计中考虑声誉效应时，激励契约下的帕累托最优解都将受声誉效应的影响，具体表现为：声誉效应系数与节能服务公司的努力水平、项目激励系数以及能源用户项目各单期期望净收益均呈正相关，与节能服务公司的项目节能设备禀赋收益分享率呈负相关。

第三，通过对比分析发现将声誉效应写入激励契约可有效提高节能服务公司在各单期的努力水平，从而切实提高能源用户的项目净收益；将声誉效应写入激励契约时，可通过降低节能服务公司在项目节能设备禀赋收益的分享率，提高项目激励系数等实现对节能服务公司的最优激励；结合数值算例，研究还发现能源用户可以通过观测节能服务公司节能改造努力转化为企业声誉的转化率来调整激励契约设计。

第五章

基于合作双方参与行为的合同能源管理项目补惩问题研究

第一节 引 言

2016 年 1 月，在挪威首都奥斯陆一栋拥有 146 个房间的住宅公寓开展的历时 3 年的合同能源管理项目宣告失败，调查发现住户和节能服务公司在项目合作中的消极、懈怠参与行为是导致项目失败的最主要原因。[①] 与之相类似，Liu 等调查了东莞市中小企业万台注塑机电机能效提升的合同能源管理项目开展情况，调查结果显示项目双方在合作中的不配合、不积极参与等行为是导致很多合同能源管理项目无法正常开展，已开展的项目无法达到预期节能目标的主要原因。[②] Zhang 等在对中国建筑节能协会辖下的 272 个在建合同能源管理项目以及 12 个已完成合同能源管理项目进行调查后发现：大部分合同能源管理项目都会在运营过程中出现不同程度的节能效率下降或无法达到预期节能量的问题，而导致这一问题的主要原因

---

① WINTHER T, GURIGARD K. Energy performance contracting (EPC): a suitable mechanism for achieving energy savings in housing cooperatives? Results from a Norwegian pilot project [J]. Energy Efficiency, 2017, 10 (3): 577-596.

② LIU H M, HU M Y, ZHANG X Y. Energy Costs Hosting Model: The most suitable business model in the developing stage of Energy Performance Contracting [J]. Journal of Cleaner Production, 2018, 172: 2553-2566.

是节能服务公司在合同能源管理项目合作中的"懈怠""投机"行为，以及用户在合同能源管理项目合作中的不配合、消极行为。[①] Ruan 等对中国合同能源管理协会辖下的 205 个合同能源管理项目的节能表现进行了调查，结果发现能源用户对节能服务公司信任度的缺失导致项目双方在合作中产生"投机""搭便车"行为，从而最终造成很多合同能源管理项目合作关系破裂。[②]

以上国内外合同能源管理项目中因项目双方在合作中的"消极""懈怠""投机"等行为而导致项目失败或无法实现最优节能的案例表明在合同能源管理项目中，单纯依靠项目合作双方之间的合同条款，以及合作双方的"契约精神"并不总能有效约束项目双方的合作参与行为。因此，为了有效约束项目双方的合作参与行为，实现合同能源管理项目的最优节能，在项目实施过程中需要一个独立于项目合作双方之外且又与合同能源管理项目存在密切联系的政府来对项目双方的合作参与行为进行监管。事实上，政府监管最常见的手段和方式主要有两类：（1）奖励性政策。例如，节能补贴、税收优惠、低息贷款、技术扶持等。（2）惩罚性政策。例如，罚金、征收附加税、限制市场准入等。事实上，有研究已指出了合同能源管理项目中政府监管在保证项目节能效率、降低项目额外能耗等方面的必要性和有效性。

目前，各国政府对合同能源管理项目的监管主要倾向于以补贴为主的奖励性政策。例如，美国部分州政府对合同能源管理项目实施补贴或退

① ZHANG M S, WANG M J, JIN W, et al. Managing energy efficiency of building in China: A survey of energy performance contracting (EPC) in building sector [J]. Energy Policy, 2018, 114: 13-21.

② RUAN H Q, GAO X, MAO C X. Empirical study on annual energy-saving performance of energy performance contracting in China [J]. Sustainability, 2018, 10 (5): 1-25.

税;① 英国政府对积极开展合同能源管理项目的能耗企业进行专项补贴;② 德国政府设立节能补贴基金鼓励高能耗市政建筑及公共建筑开展合同能源管理形式的节能改造;③ 我国对合同能源管理项目实施中央和地方两级补贴。④ 相比之下,各国家和地区对合同能源管理项目实施的惩罚性政策相对较少且较为笼统。例如,我国的《合同能源管理财政奖励资金管理暂行办法》(国办发〔2010〕25 号)中并未对因非技术或设备原因或项目双方的"投机""消极""懈怠""不配合"等行为而导致的合同能源管理项目失败或无法达到预期节能目标等情况作明确规定。

相关心理学研究已表明独立于合作双方之外的第三方惩罚可以对合作双方潜在的"投机""搭便车"心理产生威慑并有效约束其"机会主义"行为,进而显著提高合作比率。⑤ 事实上,导致项目双方在合作中出现"消极""投机""搭便车"等行为的原因是多方面的,如信息不对称、合同设计缺陷、未来市场环境的不确定性、双方信任程度等。⑥ 基于"间接

---

① LARSEN P H, GOLDMAN C A, SATCHWELL A. Evolution of the U. S. energy service company industry: Market size and project performance from 1990−2008 [J]. Energy Policy, 2012, 50: 802−820.

② HANNON M J, FOXON T J, GALE W F. The co−evolutionary relationship between energy service companies and the UK energy system: implications for a low − carbon transition [J]. Energy Policy, 2013, 61 (10): 1031−1045.

③ POLZIN F, FLOTOW P V, NOLDEN C. What encourages local authorities to engage with energy performance contracting for retrofitting? Evidence from German municipalities [J]. Energy Policy, 2016, 94: 317−330.

④ XU P P, CHAN E H W, HENK J V, et al. Sustainable building energy efficiency retrofit for hotel buildings using EPC mechanism in China: analytic Network Process (ANP) approach [J]. Journal of Cleaner Production, 2015, 107 (16): 378−388.

⑤ KRASNOW M M, DELTON A W, COSMIDES L, et al. Looking under the hood of third−party punishment reveals design for personal benefit [J]. Psychological Science, 2016, 27 (3): 405−418.

⑥ TERJE K J. Project owner involvement for information and knowledge sharing in uncertainty management [J]. International Journal of Managing Projects in Business, 2010, 3 (4): 642 − 660; XIANG P, HUO X, SHEN L. Research on the phenomenon of asymmetric information in construction projects: a case of China [J]. International Journal of Project Management, 2015, 33 (3): 589−598.

互惠"（Indirect Reciprocity）理论，陈欣等的研究也都表明惩罚实质上是在向合作两方释放出不可"投机"、不可"搭便车"等信号，并以此对双方合作行为进行约束。① 因此，在合同能源管理项目中政府惩罚也会对项目双方的"消极""懈怠""投机"等行为或心理产生威慑，进而约束和鞭策项目双方"积极""认真"参与项目合作。

政府对合同能源管理项目双方合作参与行为的监管应该从奖励和惩罚两方面同时开展。事实上，已有很多学者对政府补惩问题进行了广泛研究，例如，Hammond 和 Beullens 分析了闭环供应链中奖励和惩罚参数对整个供应链均衡的影响；② 王文宾和达庆利在研究中探讨了政府补惩对供应链中不同主体决策的影响。③ 此外，李媛等结合三阶段非合作博弈模型探讨了政府碳税税率对企业减排行为的监管效果；④ 金帅等运用演化博弈探讨了政府监管对企业环境行为的影响；⑤ 刘伟等分析了互联网金融平台行为与政府金融市场监管行为之间的博弈及博弈均衡情况。⑥ 然而，通过文献梳理发现现有学者关于政府监管、补惩政策等方面的研究多集中于物流供应链领域，在合同能源管理领域的研究相对较少。此外，正如一些学者在政府补惩相关研究中指出的那样，补惩力度（监管力度）也是影响政府补惩政策有效性的一个重要指标。因此，如何在合同能源管理项目中通过政府补惩来实现对项目双方合作参与行为的有效监管，以及政府补惩的科

① 陈欣，赵国祥，叶浩生. 公共物品困境中惩罚的形式与作用 [J]. 心理科学进展，2014，22（1）：160-170.

② HAMMOND D, BEULLENS P. Closed-loop supply chain network equilibrium under legislation [J]. European Journal of Operational Research, 2007, 183（2）：895-908.

③ 王文宾，达庆利. 奖惩机制下闭环供应链的决策与协调 [J]. 中国管理科学，2011，19（1）：36-41.

④ 李媛，赵道政，祝晓光. 基于碳税的政府与企业行为博弈模型研究 [J]. 资源科学，2013，35（1）：125-131.

⑤ 金帅，张洋，杜建国. 动态惩罚机制下企业环境行为分析与规制策略研究 [J]. 中国管理科学，2015，23（S1）：637-644.

⑥ 刘伟，夏立秋，王一雷. 动态惩罚机制下互联网金融平台行为及监管策略的演化博弈分析 [J]. 系统工程理论与实践，2017，37（5）：1113-1122.

学、合理设计等都已成为合同能源管理项目政府监管所亟须解决问题。基于此，在以往相关研究的基础上，本章将从合作行为的视角出发探讨政府补偿对合同能源管理项目合作双方参与行为的影响，以及最优参与策略的选择，为政府补偿政策的制定和实施提供参考和借鉴。

第二节　问题描述及参数假设

一、问题描述

合同能源管理项目节能量除了与节能设备以及节能技术水平有关外，还与项目双方（能源用户和节能服务公司）的合作参与行为密切相关，这里用 1 表示能源用户，2 表示节能服务公司。假设项目的节能量 $Q(w_1,$ $w_2)=e+\varphi_1 w_1+\varphi_2 w_2$，其中 Q 表示项目的实际节能量；e 表示合同能源管理项目的基准节能量，即只要项目安装了指定技术标准的节能设备，项目运转就可产生节能量 e，且 $e>0$。例如，一个普通 5 瓦特的 EEFL 节能灯的照明亮度效果与一支 40 瓦特的普通灯的照明亮度效果相同，即其平均每小时可节约 0.035 度电。$w_1(w_1>0)$ 表示能源用户在项目中的合作参与努力水平，例如，严格按照技术标准操作节能设备，定时保养设备等；$\varphi_1(\varphi_1>0)$ 表示能源用户参与投入的节能量转化系数；$w_2(w_2>0)$ 表示节能服务公司在项目中的合作参与努力水平，如定期对节能设备进行检修，向能源用户提供技术支持等；$\varphi_2(\varphi_2>0)$ 表示节能服务公司参与投入的节能量转化系数。为简化计算分析过程，这里进一步假设 $\varphi_1=\varphi>0$，$\varphi_2=\eta\varphi(\eta>0)$，参数 η 反映了能源用户和节能服务公司在项目合作中的参与行为转化为项目节能量的差异，其中，当 $0<\eta<1$ 时，表明节能服务公司的项目合作参与行为转化为项目节能量的转化率低于能源用户；当 $\eta=1$ 时，表明节能服务公司和能源用户的项目合作参与行为转化为项目节能量

的转化率相同；当 $\eta > 1$ 时，表明节能服务公司的项目合作参与行为转化为项目节能量的转化率高于能源用户。

合同能源管理项目节能收益仅与项目节能量有关，且每单位节能量的市场价格为 $p(p > 0)$。为简化分析过程，这里将 p 标准化为1，需要指出的是即使不对价格 p 进行标准化处理也不影响本章的讨论分析结论，仅会增加计算分析的复杂性。由于合同能源管理项目收益由能源用户和节能服务公司共享，所以这里假设在合同能源管理项目中能源用户的节能收益分享比例为 $r(0 < r < 1)$，则节能服务公司的分享比例为 $1 - r$。项目双方的合作参与成本为 $C(w_i) = b(w_i)^2/2, i = 1, 2$，其中 $b(b > 0)$ 表示项目双方合作参与行为的成本转化系数（这里为简化分析过程将项目双方的合作参与行为成本转化系数统一为 b），反映了项目双方合作参与行为转化为项目节能量的难易程度，该成本函数是严格递增函数，且 $C'(w_i) > 0$，$C''(w_i) > 0$，一些学者在以往研究中均有相同或类似的假设。

在合同能源管理项目合作中，项目双方有可能在合作过程中积极认真参与，如严格按照技术标准使用、检修、保养节能设备等，也有可能在参与过程中投机、消极参与，如在使用过程中减少设备保养次数等。为了界定能源用户和节能服务公司在项目合作中的参与行为，政府制定项目合作参与行为标准 $\overline{w_i}(\overline{w_i} > 0)$，$i = 1, 2$，当 $w_i \geq \overline{w_i}$ 时，则认为参与者在项目合作中的参与行为是积极认真的；当 $w_i < \overline{w_i}$ 时，则认为参与者在项目合作中的参与行为存在投机或消极懈怠。例如，在一个节能灯的合同能源管理项目中，对能源用户来说，该参与标准可能是一天中去接触某个节能感应器的次数（接触次数越多，节能效果越好），假设该次数是4次，则当能源用户一天中去接触该节能感应器的次数大于或等于4次时，可认为该能源用户对项目的参与是积极认真的，当能源用户一天中接触该节能感应器的次数小于4次时，可认为该能源用户对项目的参与存在投机或消极懈怠。对于节能服务公司同样如此，我们可以设想该参与标准是节能服务公司一个月或一周到项目现场检查、检修节能设备、提供技术指导的次数等。

　　为了更好地激励项目双方的积极参与行为，约束项目双方的投机或消极懈怠参与行为，第三方（政府、行业协会等）会定期或不定期对合同能源管理项目中双方的合作参与行为进行检查或抽查。假设检查或抽查成本为0，且检查或抽查结果都可以准确反映项目双方真实的合作参与行为，不存在信息失真情况。政府会根据检查或抽查到的项目双方的合作参与行为是否"达标"来对项目双方进行补惩。其中，对于"达标"或超出参与标准的积极参与行为进行奖励，对于"未达标"的投机或消极懈怠的参与行为进行惩罚。具体表现为：对达到或超过行为标准的参与行为每超出一单位奖励或补贴 k_i，$k_i > 0$，$i = 1, 2$；对未达到行为标准的参与行为每差一单位罚金也为 k_i，$k_i > 0$，$i = 1, 2$，体现了奖罚对等原则。为简化建模的计算、分析过程，进一步令 $k_1 = k_2 = k > 0$。

二、模型参数

　　本章在建模和计算时所使用的参数设定情况如表5-1所示。

表5-1　模型参数及含义

参数	参数含义
e	合同能源管理项目的基准节能量（$e > 0$）
Q	合同能源管理项目总节能量
r	能源用户在合同能源管理项目中的节能收益分享率（$0 < r < 1$）
b	项目双方合作参与行为的努力成本系数（$b > 0$）
i	项目合作双方（$i = 1, 2$），其中1表示能源用户，2表示节能服务公司
Π_i	合同能源管理项目中能源用户或节能服务公司的项目收益
w_i	能源用户或节能服务公司在项目中的合作参与努力水平（$w_i > 0$）
$\overline{w_i}$	EPC项目合作参与行为标准（$\overline{w_i} > 0$）
φ	能源用户的项目合作参与行为节能量转化系数（$\varphi > 0$）
η	节能服务公司与能源用户间的项目合作参与行为节能量转化系数比（$\eta > 0$）
k	补惩力度（$k > 0$）

第三节 模 型

合同能源管理项目的节能量实质上由两部分构成：一部分为项目基准节能量，另一部分为项目双方合作参与行为产生的节能量，则项目的实际节能量可表示为：

$$Q(w_1, w_2) = e + \varphi w_1 + \eta \varphi w_2 = e + \varphi(w_1 + \eta w_2) \tag{5-1}$$

在补偿机制下合作双方的项目收益实质上也由两部分构成，一部分是项目节能收益，另一部分是政府对项目双方合作参与行为的补偿。由于这里已将单位能源价格标准化为 1，且能源用户在项目合作中的节能收益分享率为 r，则在补偿机制下能源用户的项目收益函数为：

$$\Pi_1 = r[e + \varphi(w_1 + \eta w_2)] - b(w_1)^2/2 + k(w_1 - \overline{w_1}) \tag{5-2}$$

式（5-2）中：$r[e + \varphi(w_1 + \eta w_2)]$ 表示能源用户的项目节能收益，$b(w_1)^2/2$ 表示能源用户的项目合作参与成本，$k(w_1 - \overline{w_1})$ 表示对能源用户合作参与行为的奖励或惩罚。其中，当 $w_1 = \overline{w_1}$ 时，$k(w_1 - \overline{w_1}) = 0$，表示能源用户按照项目合作参与行为标准参与合作，此时既不奖励也不惩罚；当 $w_1 > \overline{w_1}$ 时，$k(w_1 - \overline{w_1}) > 0$，表示对积极参与项目合作的能源用户的奖励；当 $0 < w_1 < \overline{w_1}$ 时，$k(w_1 - \overline{w_1}) < 0$，表示对在项目合作中投机或消极懈怠参与的能源用户的惩罚。在合同能源管理项目中，节能服务公司的项目收益分享率为 $1 - r$，因此补偿机制下节能服务公司的项目收益函数为：

$$\Pi_2 = (1 - r)[e + \varphi(w_1 + \eta w_2)] - b(w_2)^2/2 + k(w_2 - \overline{w_2}) \tag{5-3}$$

式（5-3）中：$(1 - r)[e + \varphi(w_1 + \eta w_2)]$ 表示节能服务公司在项目合作中获得的节能收益，$b(w_2)^2/2$ 表示节能服务公司在项目合作中付出的参与成本，$k(w_2 - \overline{w_2})$ 表示对节能服务公司合作参与行为的奖励或惩罚。按照合同能源管理项目合作参与行为标准，能源用户和节能服务公司的项目合作参与行为可以分为"积极"（positve）参与和"投机或消极懈怠"（negative）参与两类。相应地，基于项目双方不同参与行为选择可将项目双方的合作参与策略分为四种：（1）项目双方均投机或消极懈怠（NN 策略）；（2）能源用户投机或消极懈怠但节能服务公司积极（NP 策略）；（3）能源用户积极但节能服务公司投机或消极懈怠（PN 策略）；（4）项目双方均积极（PP 策略）。以下分别对这四种策略下合作双方的项目收益进行讨论，为区别项目双方的不同参与策略，以下采用上标简写形式来进行标注和区分。

一、项目双方均投机或消极懈怠（NN 策略）

当项目双方在合作中均选择投机或消极懈怠参与时，项目双方的合作参与约束条件为 $0 < w_1 < \overline{w_1}$，$0 < w_2 < \overline{w_2}$，则能源用户的项目收益目标函数为：

$$\begin{cases} \max(\Pi_1^{NN}) = \max_{w_1}\{r[e + \varphi(w_1 + \eta w_2)] - b(w_1)^2/2 + k(w_1 - \overline{w_1})\} \\ s.t.\, 0 < w_1 < \overline{w_1} \end{cases}$$

$$(5-4)$$

节能服务公司的项目收益目标函数为：

$$\begin{cases} \max(\Pi_2^{NN}) = \max_{w_2}\{(1 - r)[e + \varphi(w_1 + \eta w_2)] - b(w_2)^2/2 + k(w_2 - \overline{w_2})\} \\ s.t.\, 0 < w_2 < \overline{w_2} \end{cases}$$

$$(5-5)$$

式（5-4）和式（5-5）为约束条件下的非线性规划问题，考虑使用库恩—塔克条件，以下式（5-4）的求解为例对约束条件下的非线性规划问题进行求解分析。首先将式（5-4）写成以下形式：

$$\begin{cases} \max(\Pi_1^{NN}) = \max_{w_1}\{r[e + \varphi(w_1 + \eta w_2)] - b(w_1)^2/2 + k(w_1 - \overline{w_1})\} \\ g_1(w_1) = w_1 > 0 \\ g_2(w_1) = \overline{w_1} - w_1 > 0 \end{cases}$$

$$(5-6)$$

由式（5-6）可知，约束条件下的目标函数和约束函数的梯度分别为：

$$\begin{cases} \nabla\Pi_1^{NN} = r\varphi - bw_1 + k \\ \nabla g_1(w_1) = 1 \\ \nabla g_2(w_1) = -1 \end{cases}$$

$$(5-7)$$

在式（5-7）中引入两个广义拉格朗日乘子 λ_1^* 和 λ_2^*，且假设 K-T 点为 w_1^*，可知该问题的 K-T 条件为：

$$\begin{cases} r\varphi - bw_1^* + k - \lambda_1^* + \lambda_2^* = 0 \\ \lambda_1^* w_1^* = 0 \\ \lambda_2^*(\overline{w_1} - w_1^*) = 0 \\ \lambda_1^*, \ \lambda_2^* \geqslant 0 \end{cases}$$

$$(5-8)$$

求解式（5-8）需考虑以下几种情形：（1）令 $\lambda_1^* > 0$，$\lambda_2^* > 0$，得 $w_1^* = \overline{w_1} = 0$，因为 $w_1 \in (0, \overline{w_1})$，则该组解不在可行域内，不是 K-T 点；（2）令 $\lambda_1^* > 0$，$\lambda_2^* = 0$，解之得，因为 $w_1 \in (0, \overline{w_1})$，同样地，该解不在可行域内，也不是 K-T 点；（3）令 $\lambda_1^* = 0$，$\lambda_2^* > 0$，解之得 $w_1^* = \overline{w_1}$，同样地，该解不在可行域内，所以该解也不是 K-T 点；（4）令 $\lambda_1^* = 0$，$\lambda_2^* = 0$，解之，得 $w_1^* = (r\varphi + k)/b$，且此时 $(r\varphi + k)/b < \overline{w_1}$ 在可行域内是 K-T 点。同理可求解得 $w_2^* = [(1 - r)\eta\varphi + k]/b$，且 $[(1 - r)\eta\varphi + k]/b < \overline{w_2}$。

综上，当且仅当 $\overline{w_1} > (r\varphi + k)/b$ 且 $\overline{w_2} > [(1 - r)\eta\varphi + k]/b$ 时存在：

$$\begin{cases} w_1^* = (r\varphi + k)/b \\ w_2^* = [(1 - r)\eta\varphi + k]/b \end{cases}$$

$$(5-9)$$

将这两个最优解分别代入目标函数后可求解得（N，N）情景下能源用户和节能服务公司在合同能源管理项目中的最优收益：

$$
\begin{cases}
(\Pi_1^{NN})^* = (-2r^2\eta^2\varphi^2 + 2r\eta^2\varphi^2 + 2kr\eta\varphi + r^2\varphi^2 - 2bk\,\overline{w_1} + 2bre \\
\qquad\quad + 2kr\varphi + k^2)/2b \\
(\Pi_2^{NN})^* = (r^2\eta^2\varphi^2 - 2r\eta^2\varphi^2 - 2kr\eta\varphi - 2r^2\varphi^2 + \eta^2\varphi^2 - 2bk\,\overline{w_2} \\
\qquad\quad - 2bre - 2kr\varphi + 2k\eta\varphi + 2r\varphi^2 + 2be + k^2 + 2k\varphi)/2b
\end{cases}
$$

$$(5-10)$$

二、能源用户投机或消极懈怠但节能服务公司积极（NP 策略）

当能源用户在项目合作中投机或消极懈怠参与，但节能服务公司积极参与时，项目双方的合作参与约束条件为 $0 < w_1 < \overline{w_1}$，$w_2 \geqslant \overline{w_2}$，则能源用户的项目收益目标函数为：

$$
\begin{cases}
\max(\Pi_1^{NP}) = \max\limits_{w_1}\{r[e + \varphi(w_1 + \eta w_2)] - b(w_1)^2/2 + k(w_1 - \overline{w_1})\} \\
s.t.\, 0 < w_1 < \overline{w_1}
\end{cases}
$$

$$(5-11)$$

节能服务公司的项目收益目标函数为：

$$
\begin{cases}
\max(\Pi_2^{NP}) = \max\limits_{w_2}\{(1-r)[e + \varphi(w_1 + \eta w_2)] - b(w_2)^2/2 + k(w_2 - \overline{w_2})\} \\
s.t.\, w_2 \geqslant \overline{w_2}
\end{cases}
$$

$$(5-12)$$

按照前文相同的方法求解（求解过程不再赘述）可解得两种可能存在情况：

情况一：当 $\overline{w_1} > (r\varphi + k)/b$ 且 $\overline{w_2} \leqslant [(1-r)\eta\varphi + k]/b$ 时：

$$
\begin{cases}
(\Pi_1^{NP})^* = (-2r^2\eta^2\varphi^2 + 2r\eta^2\varphi^2 + 2kr\eta\varphi + r^2\varphi^2 - 2bk\overline{w_1} \\
\qquad\qquad + 2bre + 2kr\varphi + k^2)/2b \\
(\Pi_2^{NP})^* = (r^2\eta^2\varphi^2 - 2r\eta^2\varphi^2 - 2kr\eta\varphi - 2r^2\varphi^2 + \eta^2\varphi^2 - 2bk\overline{w_2} \\
\qquad\qquad - 2bre - 2kr\varphi + 2k\eta\varphi + 2r\varphi^2 + 2be + k^2 + 2k\varphi)/2b
\end{cases}
$$

$$(5-13)$$

情况二：当 $\overline{w_1} > (r\varphi + k)/b$ 且 $\overline{w_2} > [(1-r)\eta\varphi + k]/b$ 时：

$$
\begin{cases}
(\Pi_1^{NP})^* = (2br\eta\varphi\,\overline{w_2} + r^2\varphi^2 - 2bk\overline{w_1} + 2bre + 2kr\varphi + k^2)/2b \\
(\Pi_2^{NP})^* = [(1-r)2b\eta\varphi\,\overline{w_2} - b^2(\overline{w_2})2 - 2r^2\varphi^2 - 2bre - 2kr\varphi \\
\qquad\qquad + 2r\varphi^2 + 2be + 2k\varphi]/2b
\end{cases}
$$

$$(5-14)$$

三、能源用户积极但节能服务公司投机或消极懈怠（PN 策略）

当能源用户在项目合作中积极参与，但节能服务公司投机或消极懈怠时，项目双方的合作参与约束条件为 $w_1 \geqslant \overline{w_1}$，$0 < w_2 < \overline{w_2}$，则能源用户的项目收益目标函数为：

$$
\begin{cases}
\max(\Pi_1^{PN}) = \max\limits_{w_1}\{r[e + \varphi(w_1 + \eta w_2)] - b(w_1)^2/2 + k(w_1 - \overline{w_1})\} \\
s.t.\ w_1 \geqslant \overline{w_1}
\end{cases}
$$

$$(5-15)$$

节能服务公司的项目收益目标函数为：

$$
\begin{cases}
\max(\Pi_2^{PN}) = \max\limits_{w_2}\{(1-r)[e + \varphi(w_1 + \eta w_2)] - b(w_2)^2/2 \\
\qquad\qquad + k(w_2 - \overline{w_2})\} \\
s.t.\ 0 < w_2 < \overline{w_2}
\end{cases}
$$

$$(5-16)$$

按照前文相同的方法求解后得到两种可能存在情况：

情况一：当 $\overline{w_1} \leqslant (r\varphi + k)/b$ 且 $\overline{w_2} > [(1-r)\eta\varphi + k]/b$ 时：

$$
\begin{cases}
(\Pi_1^{PN})^* = (-2r^2\eta^2\varphi^2 + 2r\eta^2\varphi^2 + 2kr\eta\varphi + r^2\varphi^2 - 2bk\overline{w_1} \\
\qquad\qquad + 2bre + 2kr\varphi + k^2)/2b \\
(\Pi_2^{PN})^* = (r^2\eta^2\varphi^2 - 2r\eta^2\varphi^2 - 2kr\eta\varphi - 2r^2\varphi^2 + \eta^2\varphi^2 - 2bk\overline{w_2} \\
\qquad\qquad - 2bre - 2kr\varphi + 2k\eta\varphi + 2r\varphi^2 + 2be + k^2 + 2k\varphi)/2b
\end{cases}
\tag{5-17}
$$

情况二：当 $\overline{w_1} > (r\varphi + k)/b$ 且 $\overline{w_2} > [(1-r)\eta\varphi + k]/b$ 时：

$$
\begin{cases}
(\Pi_1^{PN})^* = [-2r^2\eta^2\varphi^2 + 2r\eta^2\varphi^2 - b^2(\overline{w_1})2 + 2br\varphi\overline{w_1} \\
\qquad\qquad + 2kr\eta\varphi + 2bre]/2b \\
(\Pi_2^{PN})^* = (r^2\eta^2\varphi^2 - 2r\eta^2\varphi^2 - 2br\varphi\overline{w_1} - 2kr\eta\varphi + \eta^2\varphi^2 \\
\qquad\qquad + 2b\varphi\overline{w_1} - 2bk\overline{w_2} - 2bre + 2k\eta\varphi + 2be + k^2)/2b
\end{cases}
\tag{5-18}
$$

四、项目双方均积极（PP 策略）

当能源用户和节能服务公司在项目合作中均积极参与时，项目双方的合作参与约束条件为 $w_1 \geqslant \overline{w_1}$，$w_2 \geqslant \overline{w_2}$。则能源用户的项目收益目标函数为：

$$
\begin{cases}
\max(\Pi_1^{PP}) = \max_{w_1}\{r[e + \varphi(w_1 + \eta w_2)] - b(w_1)^2/2 \\
\qquad\qquad + k(w_1 - \overline{w_1})\} \\
s.t.\ w_1 \geqslant \overline{w_1}
\end{cases}
\tag{5-19}
$$

节能服务公司的项目收益目标函数为：

$$
\begin{cases}
\max(\Pi_2^{PP}) = \max_{w_2}\{(1-r)[e + \varphi(w_1 + \eta w_2)] - b(w_2)^2/2 \\
\qquad\qquad + k(w_2 - \overline{w_2})\} \\
s.t.\ w_2 \geqslant \overline{w_2}
\end{cases}
\tag{5-20}
$$

按照前文相同的方法求解后得出四种可能存在情况：

情况一：当 $\overline{w_1} \leqslant (r\varphi + k)/b$ 且 $\overline{w_2} \leqslant [(1-r)\eta\varphi + k]/b$ 时：

$$
\begin{cases}
(\Pi_1^{PP})^* = (-2r^2\eta^2\varphi^2 + 2r\eta^2\varphi^2 + 2kr\eta\varphi + r^2\varphi^2 - 2bk\overline{w_1} + 2bre \\
\qquad\qquad + 2kr\varphi + k^2)/2b \\
(\Pi_2^{PP})^* = (r^2\eta^2\varphi^2 - 2r\eta^2\varphi^2 - 2kr\eta\varphi - 2r^2\varphi^2 + \eta^2\varphi^2 - 2bk\overline{w_2} \\
\qquad\qquad - 2bre - 2kr\varphi + 2k\eta\varphi + 2r\varphi^2 + 2be + k^2 + 2k\varphi)/2b
\end{cases}
$$

$$(5-21)$$

情况二：当 $\overline{w_1} \le (r\varphi + k)/b$ 且 $\overline{w_2} > [(1-r)\eta\varphi + k]/b$ 时：

$$
\begin{cases}
(\Pi_1^{PP})^* = (2br\eta\varphi\,\overline{w_2} + r^2\varphi^2 - 2bk\overline{w_1} + 2bre + 2kr\varphi + k^2)/2b \\
(\Pi_2^{PP})^* = [(1-r)2b\eta\varphi\,\overline{w_2} - b^2(\overline{w_2})2 - 2r^2\varphi^2 - 2bre - 2kr\varphi \\
\qquad\qquad + 2r\varphi^2 + 2be + 2k\varphi]/2b
\end{cases}
\quad (5-22)
$$

情况三：当 $\overline{w_1} > (r\varphi + k)/b$ 且 $\overline{w_2} \le [(1-r)\eta\varphi + k]/b$ 时：

$$
\begin{cases}
(\Pi_1^{PP})^* = [-2r^2\eta^2\varphi^2 + 2r\eta^2\varphi^2 - b^2(\overline{w_1})2 + 2br\varphi\,\overline{w_1} \\
\qquad\qquad + 2kr\eta\varphi + 2bre]/2b \\
(\Pi_2^{PP})^* = (r^2\eta^2\varphi^2 - 2r\eta^2\varphi^2 - 2br\varphi\,\overline{w_1} - 2kr\eta\varphi + \eta^2\varphi^2 \\
\qquad\qquad + 2b\varphi\,\overline{w_1} - 2bk\overline{w_2} - 2bre + 2k\eta\varphi + 2be + k^2)/2b
\end{cases}
$$

$$(5-23)$$

情况四：当 $\overline{w_1} > (r\varphi + k)/b$ 且 $\overline{w_2} > [(1-r)\eta\varphi + k]/b$ 时：

$$
\begin{cases}
(\Pi_1^{PP})^* = r[e + \varphi(\overline{w_1} + \eta\,\overline{w_2})] - b(\overline{w_1})^2/2 \\
(\Pi_2^{PP})^* = (1-r)[e + \varphi(\overline{w_1} + \eta\,\overline{w_2})] - b(\overline{w_2})^2/2
\end{cases}
\quad (5-24)
$$

综上，补惩机制下项目双方合作参与行为标准与参与策略关系见图 5-1。

由图 5-1 可知，在补惩机制下项目双方的合作参与策略与政府补惩力度以及合作参与行为标准密切相关，具体表现为：（1）当项目双方的合作参与行为标准均较低时（ $\overline{w_1} \le (r\varphi + k)/b$ 且 $\overline{w_2} \le [(1-r)\eta\varphi + k]/b$ ），即区域Ⅰ，项目双方均会选择积极参与项目合作。（2）当能源用户的合作参与行为标准较高（ $\overline{w_1} > (r\varphi + k)/b$ ），但节能服务公司的合作参与行为标准较低时（ $\overline{w_2} \le [(1-r)\eta\varphi + k]/b$ ），即区域Ⅱ，项目双方的合作参与策略存在两种可能：①能源用户和节能服务公司均积极参与，即（PP）

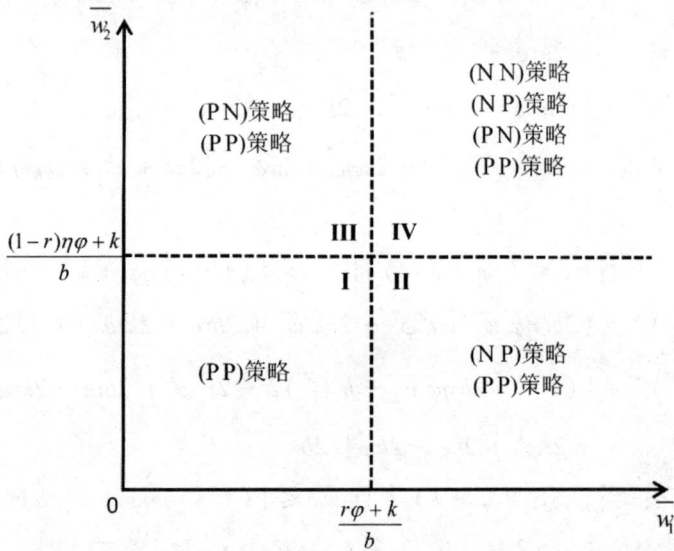

图5-1　补惩机制下 EPC 项目双方合作参与行为标准与参与策略

策略；②能源用户投机或消极懈怠参与而节能服务公司积极参与，即（NP）策略。（3）当能源用户的项目合作参与行为标准较低（ $\overline{w_1} \leqslant (r\varphi + k)/b$ ），但节能服务公司的项目合作参与行为标准较高时（ $\overline{w_2} > [(1 - r)\eta\varphi + k]/b$ ），即区域Ⅲ，项目双方的合作参与策略同样也存在两种可能：①能源用户和节能服务公司均积极参与，即（PP）策略；②能源用户积极参与而节能服务公司投机或消极懈怠参与，即（PN）策略。（4）当项目双方的合作参与行为标准均较高时（ $\overline{w_1} > (r\varphi + k)/b$ 且 $\overline{w_2} > [(1 - r)\eta\varphi + k]/b$ ），即区域Ⅳ，项目双方的合作参与策略存在四种可能：①能源用户和节能服务公司均积极参与，即（PP）策略；②能源用户和节能服务公司均投机或消极懈怠参与，即（NN）策略；③能源用户积极参与而节能服务公司投机或消极懈怠参与，即（PN）策略；④能源用户投机或消极懈怠参与而节能服务公司积极参与，即（NP）策略。

第四节　均衡分析

观察图 5-1 可发现在不同的项目合作参与行为标准下，项目双方存在不同的合作参与策略选择。尤其是当能源用户或节能服务公司中任何一方的项目合作参与行为标准较高时（区域Ⅱ、区域Ⅲ、区域Ⅳ），项目合作双方的参与策略存在两种或两种以上的可能。此时基于个人理性，项目双方会根据自身利润最大化来对参与策略进行选择，因此需对各区域进行局部均衡分析，并根据各区域的局部均衡结果确定项目双方在不同项目合作参与行为标准下的最优参与策略。由于在区域Ⅰ仅存在一种参与策略，因此无需再对其进行局部均衡分析。以下分别对存在两种以上参与策略的区域Ⅱ、区域Ⅲ、区域Ⅳ进行局部均衡分析。

一、区域Ⅱ的局部均衡分析

由图 5-1 可知在区域Ⅱ内 $\{\overline{w_1} > (r\varphi + k)/b$ 且 $\overline{w_2} \leqslant [(1 - r)\eta\varphi + k]/b\}$，项目双方存在两种参与策略：（N，P）策略和（P，P）策略。此时无论能源用户在项目合作中选择哪种参与行为（N 或 P），节能服务公司都选择 P，所以该区域内的均衡解仅需对能源用户在两种参与策略下的项目收益进行比较。由上一节的计算结果可知：

$(\Pi_1^{NP})^* = (- 2r^2\eta^2\varphi^2 + 2r\eta^2\varphi^2 + 2kr\eta\varphi + r^2\varphi^2 - 2bk\overline{w_1} + 2bre + 2kr\varphi + k^2)/2b$；

$(\Pi_1^{PP})^* = [- 2r^2\eta^2\varphi^2 + 2r\eta^2\varphi^2 - b^2(\overline{w_1})^2 + 2br\varphi\,\overline{w_1} + 2kr\eta\varphi + 2bre]/2b$。

令 $\Delta_1 = (\Pi_1^{PP})^* - (\Pi_1^{NP})^*$，解得 $\Delta_1 = - (k + r\varphi - b\overline{w_1})^2/2b \leqslant 0$，则 $(\Pi_1^{PP})^* \leqslant (\Pi_1^{NP})^*$。该结果表明，即使在实施补偿机制条件下，能源用户的项目合作参与行为仍取决于项目合作参与行为标准：当能源用户的项

目合作参与行为标准较高时，在项目合作中投机或消极懈怠（N）依然可以给能源用户带来比积极参与（P）更多的项目收益，所以能源用户宁愿接受处罚也会选择投机或消极懈怠参与项目合作。然而无论能源用户的参与行为如何，节能服务公司都会选择积极参与项目合作。因此，政府补惩机制下区域Ⅱ的均衡解为（NP）策略。该结论表明，即使在合同能源管理项目中对项目双方的合作参与行为实施补惩，但当能源用户的项目合作参与行为标准制定得较高时，积极参与项目合作仍无法给其带来更多的收益，因此能源用户积极参与的动力不足，从而导致其更乐意在项目合作中投机或消极懈怠。此时，需要做的不是提高或降低补惩力度，而是根据能源用户在项目合作中参与行为的实际情况，制定更合理更符合实际的参与行为标准，从而实现对能源用户的有效监管。

二、区域Ⅲ的局部均衡分析

由图 5-1 可知，在区域Ⅲ内 $\{\overline{w_1} \le (r\varphi + k)/b$ 且 $\overline{w_2} > [(1-r)\eta\varphi + k]/b\}$，项目双方存在两种参与策略选择：（PN）策略和（PP）策略，即此时无论节能服务公司选择哪种参与行为（N 或 P），能源用户都选择 P，所以仅需对节能服务公司在两种策略下的项目收益进行比较。由上一节的计算结果可知：

$$(\Pi_2^{PN})^* = (r^2\eta^2\varphi^2 - 2r\eta^2\varphi^2 - 2kr\eta\varphi - 2r^2\varphi^2 + \eta^2\varphi^2 - 2bk\overline{w_2}$$
$$- 2bre - 2kr\varphi + 2k\eta\varphi + 2r\varphi^2 + 2be + k^2 + 2k\varphi)/2b ;$$

$$(\Pi_2^{PP})^* = [(1-r)2b\eta\varphi\overline{w_2} - b^2(\overline{w_2})^2 - 2r^2\varphi^2 - 2bre - 2kr\varphi + 2r\varphi^2$$
$$+ 2be + 2k\varphi]/2b 。$$

令 $\Delta_2 = (\Pi_2^{PP})^* - (\Pi_2^{PN})^*$，解得 $\Delta_2 = -(r\eta\varphi + b\overline{w_2} - k - \eta\varphi)^2/2b \le 0$，则 $(\Pi_2^{PP})^* \le (\Pi_2^{PN})^*$。该结果表明，在补惩机制下合作参与行为标准仍直接影响节能服务公司的合作参与行为选择。当节能服务公司的合作参与行为标准较高时，因为在项目合作中投机或消极懈怠（N）可以给节能服务公司带来比积极参与（P）更多的项目收益，所以投机或消极懈怠参与项目合作依然是节能服务公司此时的最优选择，因此区域Ⅲ的均衡解为（PN）策略。该结论表明，当节能服务公司的项目合作参与行为标准较高时，积极参与需要其投入更多的时间、精力等，虽然对项目参与行为进行补惩，但因积极参与无法给其带来更多的收益，因此节能服务公司积极参与的动力将不足，从而导致其宁愿在此时接受惩罚也要选择在项目合作中投机或消极懈怠。同样地，此时通过调整补惩力度来实现对节能服务公司的激励或约束是无意义的。相反地，应根据节能服务公司的实际合作参与行为适度降低合作参与行为标准，从而实现对节能服务公司更有效的监管。

三、区域Ⅳ的局部均衡分析

由图 5-1 可知，在区域Ⅳ内 $\{\overline{w_1} > (r\varphi + k)/b$ 且 $\overline{w_2} > [(1 - r)\eta\varphi + k]/b\}$ 项目双方的合作参与策略有四类：（NN）策略、（NP）策略、（PN）策略、（PP）策略。与前文类似，将上一节有关项目合作双方参与策略的计算结果分别代入后，采用划线法来对区域Ⅳ的纳什均衡进行求解和对比分析可以得到补惩机制下区域Ⅳ内的纳什均衡解为（NN）策略。即在区域Ⅳ内，项目双方合作参与行为的均衡解是能源用户和节能服务公司均在项目合作中选择投机或消极懈怠参与。该结论表明，当项目双方的合作参与行为标准都较高时，在推行补惩机制的情况下，虽然积极参与可以获得补贴，投机或消极懈怠参与会被惩罚，但因积极参与获得的补贴和项目收益依然无法覆盖较高的参与成本，因此积极参与无法使项目双方获得更多的收益，所以项目双方都宁愿接受处罚也会选择投机或消极懈怠参与项目合作。此时补惩力度的调整无法实现对项目双方合作参与行为更有效的激励或约束，所以应关注如何适度降低项目双方在合同能源管理项目合作中的参与标准。

四、均衡结果及分析

综上区域Ⅱ、区域Ⅲ、区域Ⅳ的局部均衡分析结果可作图5-2。

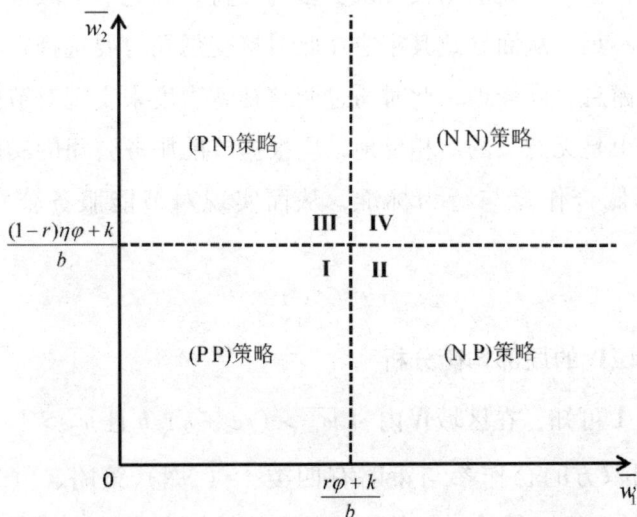

图 5-2　补惩机制下 EPC 项目合作参与行为标准与均衡策略

通过图 5-2 可发现，在补惩机制下项目双方的合作参与策略与项目合作参与行为标准密切相关，具体表现为：（1）当项目双方的合作参与行为标准都较低时（区域Ⅰ），项目双方都选择积极参与，即（PP）策略；（2）当能源用户的合作参与行为标准较高但节能服务公司的合作参与行为标准较低时（区域Ⅱ），能源用户会在项目合作中选择投机或消极懈怠而节能服务公司会选择积极参与，即（NP）策略；（3）当节能服务公司的合作参与行为标准较高但能源用户的合作参与行为标准较低时（区域Ⅲ），节能服务公司会在项目合作中选择投机或消极懈怠而能源用户会选择积极参与，即（PN）策略；（4）当项目双方的合作参与行为标准均较高时（区域Ⅳ），项目双方均会在项目合作中选择投机或消极懈怠，即（NN）策略。该结论表明，补惩机制和政府制定的项目合作参与行为标准共同影响项目双方的合作参与行为。对合同能源管理项目实施补偿的根本就是为了尽可能地激励项目双方在合作中均积极认真地参与项目合作，约束项目双方在项目合作中的投机或消极懈怠行为，即尽可能地增大区域Ⅰ的面积。以下通过数值算例来呈现政府补偿力度对 EPC 项目双方（PP）策略选择的影响。数值算例参数设置如下：$b=0.5$，$r=0.4$；$\eta=1$；$\varphi=1$；$\overline{w_1}=\overline{w_2}=2$；$k=(0,\ 0.2,\ 0.4,\ 0.6)$，由此作图 5-3。

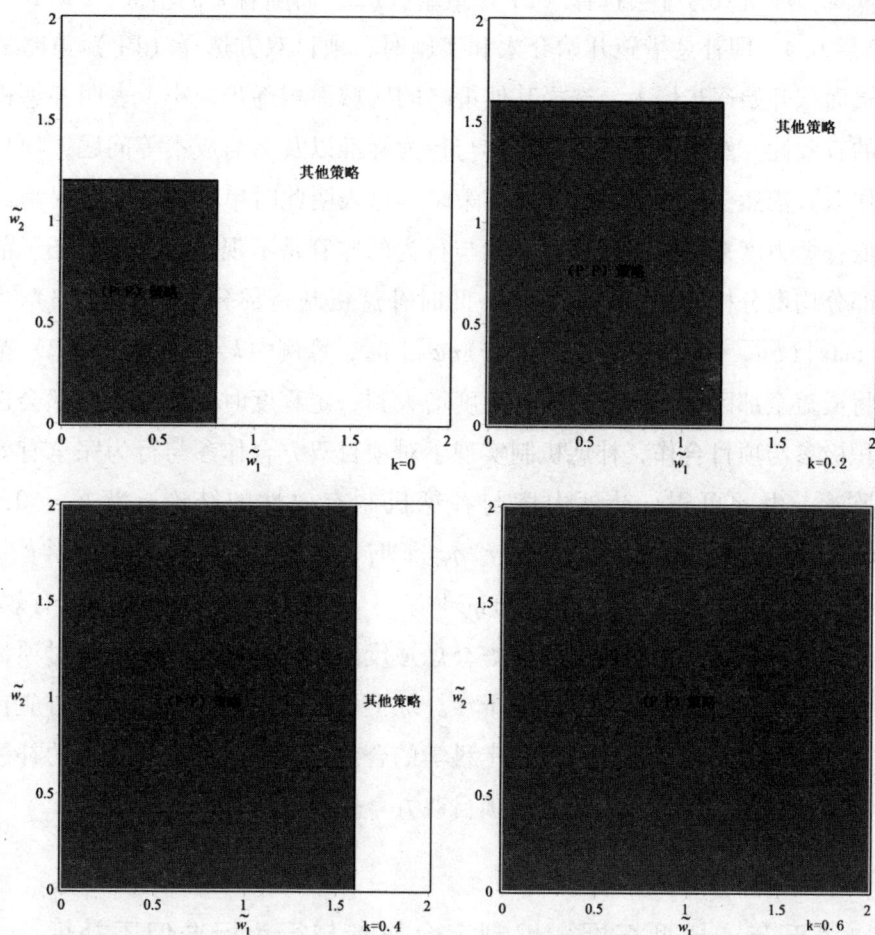

图 5-3　补偿力度与项目合作均衡策略

观察图 5-3 可以发现：（1）当 $k=0$ 时，即无补偿时，合同能源管理项目双方均选择积极参与项目合作，即（PP）策略的区域（灰色区域）面积相对较小，选择其他策略的区域面积相对较大，该区域的面积实质上意味着项目双方在合作参与过程中选择（PP）策略的可能性大小，面积越大则表明项目双方选择（PP）策略的概率或可能性就越大，反之亦然。该结果表明，在无补惩的条件下项目双方会根据项目合作参与行为标准来选择对自己最有利的合作参与行为，且仅当项目双方合作参与行为标准均较低时，项目双方才会选择（PP）策略；（2）而随着 k 的增大，k 从 $0 \rightarrow 0.2 \rightarrow 0.4$，即补惩措施开始介入和实施时，项目双方选择（PP）策略的区域面积开始逐步增大，选择其他策略的区域面积逐步减小，表明补惩机制的有效性。然而由于项目合作参与行为标准以及参与成本等问题，项目合作双方依然会选择其他合作参与策略，这表明此时单独依靠通过提高或降低补惩力度来实现对项目双方参与行为的监管是不现实的，也验证了前文部分均衡分析的相关研究结论，此时补惩机制是部分有效的；（3）当 $k = \max\{(b\overline{w_1} - r\varphi), [b\overline{w_2} - (1-r)\eta\varphi]\}$ 时，算例中 $k = 0.6$ 时，（PP）策略将覆盖全部区域，表明当补惩力度增大到一定程度时，项目双方都会选择积极参与项目合作，补惩机制实现了对项目双方合作参与行为完全有效的监管。由此可得，补惩力度与补惩机制有效性的结论：当 $k \in 0$，$\max\{(b\overline{w_1} - r\varphi), [b\overline{w_2} - (1-r)\eta\varphi]\}$ 时，补惩机制部分有效；当 $k \in \max\{(b\overline{w_1} - r\varphi), [b\overline{w_2} - (1-r)\eta\varphi]\}$，$+\infty$ 时，政府补惩机制完全有效，然而此时在设计补惩机制时需考虑补惩适度的问题，避免补惩机制对项目双方合作参与行为过多、过度的干涉。综上可知，在推行补惩政策时应首先为项目双方的合作参与行为设定科学的合作参与行为标准和合理的补惩力度，从而切实保证补惩政策对项目双方合作参与行为的有效性。

第五节 模型拓展：仅制定合作参与行为标准但不补惩

观察第四节图 5-3 可发现当 $k = 0$ 时，即仅制定项目合作参与行为标准但不再进行补偿时，项目双方依然存在选择（PP）策略的可能，即均积极参与项目合作。以下探讨在仅制定项目合作参与行为标准但不再补偿时项目双方合作参与策略选择问题。由前文可知当政府仅制定项目合作参与行为标准但不进行补偿（即 $k = 0$）时，合作双方的项目收益函数分别为：

$$\begin{cases} {}^0\Pi_1 = r[e + \varphi(w_1 + \eta w_2)] - b(w_1)2/2 \\ {}^0\Pi_2 = (1 - r)[e + \varphi(w_1 + \eta w_2)] - b(w_2)2/2 \end{cases} \tag{5-25}$$

这里用左上标"0"表示仅制定项目合作参与行为标准但不补偿时的情景。根据项目合作参与行为标准，同样地可将项目双方的合作参与行为分为"积极"（P）参与和"投机或消极懈怠"（N）参与两类。相应地可将项目双方的合作参与策略分为四种：（1）项目双方均投机或消极懈怠（NN 策略）；（2）能源用户投机或消极懈怠但节能服务公司积极（NP 策略）；（3）能源用户积极但节能服务公司投机或消极懈怠（PN 策略）；（4）项目双方均积极（PP 策略）。按照前文相同的求解思路和方法（这里不再赘述），通过求解可知在政府仅制定项目合作参与行为标准但不补偿时，合同能源管理项目双方在不同的合作参与行为标准下，其合作参与策略选择，以及局部均衡分析结果与有政府补偿时的情况基本一致。

以上结论表明，当仅制定合作参与行为标准但不再实施补偿时，项目双方的合作参与策略仍受项目合作参与行为标准的影响，具体表现为：（1）当项目双方的合作参与行为标准均较低时，即 $\overline{w_1} \leq r\varphi/b$ 且 $\overline{w_2} \leq (1 - r)\eta\varphi/b$ ，项目双方都将选择积极参与项目合作，即（PP）策略；（2）当能源用户的参与行为标准较高但节能服务公司的项目合作参与行为标准较低时，即 $\overline{w_1} > r\varphi/b$ 且 $\overline{w_2} \leq (1 - r)\eta\varphi/b$ ，能源用户将选择投机或消极懈怠参与而节能服务公司将选择积极参与，即（NP）策略；（3）当能源用户的参与行为标准较低，但节能服务公司的项目合作参与行为标准较高时，即 $\overline{w_1} \leq r\varphi/b$ 且 $\overline{w_2} > (1 - r)\eta\varphi/b$ ，能源用户将选择积极参与而节能服务公司将选择投机或消极懈怠参与项目合作，即（PN）策略；（4）当能源用户和节能服务公司的项目合作参与行为标准均较高时，即 $\overline{w_1} > r\varphi/b$ 且 $\overline{w_2} > (1-r)\eta\varphi/b$，项目双方都将在项目合作参与过程中选择投机或消极懈怠，即（NN）策略。

此外，研究还发现当仅制定参与标准但无补惩时，对能源用户而言，项目合作参与行为标准临界值 $r\varphi/b$ 将影响其项目合作参与行为，相应地，对于节能服务公司该临界值为 $(1-r)\eta\varphi/b$。而该情形下区域 I 的面积 S_I 直接反映了能源用户和节能服务公司均积极参与项目合作的概率或可能性，S_I 越大则项目双方在合作中均积极参与的可能性就越大，反之则越小。通过计算可知 $S_I = (r-r^2)\eta\varphi^2/b^2$。则 S_I 与参数 b 负相关，b 反映了项目双方参与行为转化为节能量的难易程度，即合同能源管理项目节能难度较大，项目双方的积极参与行为需要投入的成本就越大，相应的项目双方均积极参与项目合作的可能性就越低；S_I 与参数 φ 正相关，即项目双方的参与行为转化为项目节能量的转化率越高，项目双方均积极参与项目合作的可能性就越大。S_I 与参数 η 正相关，即节能服务公司与能源用户在项目合作中参与行为转化为项目节能量的转化率比越高，项目双方均积极参与项目合作的可能性就越大。此外，分别对 S_I 求 r 的一阶导和二阶导，则 $\partial S_I/\partial r = \eta\varphi^2(1-2r)/b^2$，$\partial^2 S_I/\partial r^2 = -2\eta\varphi^2/b^2 < 0$，进一步令一阶导等于 0 后可求解得 $r^* = 0.5$，即表明当能源用户和节能服务公司在合同能源管理项目中的节能收益分享比例相等时（$r = 1 - r = 0.5$），项目双方均选择积极参与项目合作的概率达到最大值。综上可知，在合同能源管理项目中，当仅制定项目合作参与行为标准但不再补惩时，降低项目合作双方参与行为转化为节能量的难度，提高项目双方参与行为转化为项目节能量的转化率，且尽可能地在项目合作中平均分配项目收益等措施都可以增大项目双方选择积极参与项目合作的概率或可能性。

本章小结

本章基于对项目双方的合作参与行为的分析，探讨了合同能源管理项目合作中的补偿问题。研究发现：

第一，当通过补偿机制来对合同能源管理项目合作双方的参与行为进行约束时，项目双方的合作参与行为受补偿力度和合作参与行为标准双重影响，具体表现为：（1）当项目双方的合作参与行为标准均较低时，项目双方都将积极参与项目合作；（2）当项目双方中一方的合作参与行为标准较高，而另一方的合作参与行为标准较低时，参与标准较高的一方将选择在项目合作中投机或消极懈怠，而参与标准较低的一方将选择积极参与项目合作；（3）当项目双方的合作参与行为标准均较高时，项目合作双方都将在项目合作中选择投机或消极懈怠。

第二，补偿力度也直接影响项目双方合作参与策略的选择，随着补偿力度不断加大，项目双方均选择积极参与项目合作的概率就会随之不断加大，当补偿力度增加到一定程度时，可实现项目双方在合同能源管理项目合作中只选择积极参与，而不再选择投机或消极懈怠参与，从而实现补偿机制对项目双方合作参与行为的完美监管。

第三，当仅设定项目合作参与行为标准但不再实施补偿时，依然可实现对项目双方合作参与行为的有效约束。此时，项目双方的合作参与行为将与合作参与行为标准密切相关，且项目双方参与策略的选择与实施补偿措施时一致。通过降低项目合作双方参与行为转化为项目节能量的难度，提高项目双方参与行为转化为项目节能量的转化率，且尽可能地在项目合作中平均分配项目收益等措施，仍可以增大项目双方选择积极参与项目合作的概率或可能性。

第六章

合同能源管理项目补贴分配问题研究

第一节 引 言

在当前倡导节能降耗的大环境下，为了推广合同能源管理在各行业节能减排方面的应用，很多国家和地区对合同能源管理产业实施补贴政策。以我国为例，财政部、国家发展和改革委员会在 2010 年 6 月颁布《合同能源管理财政奖励资金管理暂行办法》（国办发〔2010〕25 号），文件中明确对达到奖励（补贴）标准的合同能源管理项目实行中央和地方两级补贴，分别为 240 元和 60 元每吨标准煤。同年 12 月，财政部和国家税务总局联合发布关于节能产业的税收优惠文件《关于促进节能服务产业发展增值税、营业税和企业所得税政策问题的通知》（财税〔2010〕110 号），文件中明确了合同能源管理项目参与企业所得税的"三免三减半"政策。随后国家税务总局和发改委又在 2013 年 12 月联合发布了第 77 号《关于落实节能服务企业合同能源管理项目企业所得税优惠政策有关征收管理问题的公告》（简称 77 号文件），再次明确符合政策条件的节能效益分享型合同能源管理项目可享受财税〔2010〕110 号文件规定的企业所得税"三免三减半"优惠政策。

然而，在合同能源管理项目中，节能服务公司为了获取政府补贴，往往偏向于设定一个高于节能补贴标准的节能量。随着节能设备的老化、损耗与折旧，节能收益分享期结束后，项目很可能会出现节能量难以保障、节能设备更换费用高、后期维护成本高等现实难题，从而损害能源用户的切身利益。因此，为了保障自身利益，能源用户不仅会与节能服务公司约定节能收益，还会试图参与共享政府所提供的节能补贴。但根据我国当前的补贴政策，合同能源管理项目的全部补贴均会给予节能服务公司，这可能会导致能源用户在项目合作中懈怠、消极、不配合等，最终影响合同能源管理项目的顺利实施。

因此，政府在制定合同能源管理项目补贴政策时应充分考虑补贴对象、补贴方式、补贴分配机制等的合理性，以实现节能补贴的合理分配。现有研究并未完全解决上述问题。例如，Lobel 虽然探讨了节能市场中的消费者补贴问题，但是并未关注厂商的补贴分享问题；① Chen 等重点分析了补贴对厂商的影响，却忽略了补贴对消费者的影响；② Lu 和 Shao 关注如何通过政府补贴调整绿色低碳产品的产量和价格，更倾向于分析市场行为而不是市场参与主体行为；③ 也有部分学者关注了补贴政策相关的市场主体行为，如 Krass 等通过构建斯塔格尔伯格博弈模型分析了社会福利最大化条件下的企业补贴和消费者价格折扣问题；④ Zhou 和 Huang 的研究虽强调补贴形式（如固定比例补贴、折扣补贴），但缺乏对补贴对象的关注。此外，他们关注的传统节能市场与本研究所探讨的契约式、非用户直接购

① LOBEL R. Pricing and incentive design in applications of green technology subsidies and revenue management [M]. Cambridge：Massachusetts Institute of Technology，2012：78-79.

② CHEN S H. Driving factors of external funding effects on academic innovation performance in university-industry-government linkages [J]. Centimetric，2013，94（3）：1077-1098.

③ LU Z J，SHAO S. Impacts of government subsidies on pricing and performance level choice in Energy Performance Contracting：A two-step optimal decision model [J]. Applied Energy，2016，184：1176-1183.

④ KRASS D，NEDOREZOV T，OVCHINNIKOV A. Environmental taxes and the choice of green technology [J]. Production and Operation Management，2013，22（4）：1035-1055.

买式的合同能源管理市场存在较大差别。①

在合同能源管理项目中，项目双方会为争取节能补贴进行博弈。已有学者针对政府补贴下利益主体间的博弈开展了一些研究。例如，张国兴等通过构建政府和投资商之间的"委托—代理"模型分析了影响政府补贴策略的主要因素；② 生延超利用三阶段博弈模型研究了政府介入的创新产品和创新投入补贴；③ 方海燕和达庆利通过三阶段双寡头模型④、张国兴等通过信号博弈模型分别探讨了补贴政策下的企业行为、企业与政府行为。⑤ 上述研究关注不同行业政府补贴下的主体博弈问题，但缺乏针对我国合同能源管理项目节能补贴分配问题的深入研究，这也为本章的开展提供了可能。

第二节 问题描述

在当前我国的合同能源管理项目中，政府仅对节能效益分享型合同能源管理项目进行补贴，尚未针对其他形式的合同能源管理项目（如节能收益担保型、节能成本信贷型、融资租赁型等）提供补贴。因此本研究所界定的合同能源管理项目适合于本章所关注问题的研究范畴。假设项目中节能服务公司和能源用户均为完全理性主体，即项目主体的决策都以实现自身利益最大化为目标且都知道如何最大化自身利益。同前文一致，假设合

---

① ZHOU W H, HUANG W X. Contract designs for energy-saving product development in a monopoly [J]. European Journal of Operational Research, 2016, 250: 902-913.

② 张国兴，郭菊娥，席酉民，等. 政府对秸秆替代煤发电的补贴策略研究 [J]. 管理评论，2008 (5): 33-36.

③ 生延超. 创新投入补贴还是创新产品补贴：技术联盟的政府策略选择 [J]. 中国管理科学，2008, 16 (6): 184-192.

④ 方海燕，达庆利. 基于差异产品的政府最优 R&D 补贴策略研究 [J]. 中国管理科学，2009, 17 (3): 166-172.

⑤ 张国兴，张绪涛，程素杰，等. 节能减排补贴政策下的企业与政府信号博弈模型 [J]. 中国管理科学，2013, 21 (4): 129-136.

同能源管理项目中能源用户不承担任何投入，节能服务公司承担全部节能改造投入。因为本章主要关注政府补贴在项目双方之间的分配问题，所以暂不考虑项目双方风险偏好对各自收益以及补贴分配的影响，即假设能源用户和节能服务公司均为风险中性。节能服务公司的节能改造成本函数为 $C(e) = be^2/2$，其中，b 为节能服务公司节能改造的努力（成本转化）系数，且 $b > 0$，e 为项目节能量水平且 $e > 0$。该成本函数反映了节能服务公司在项目合作中为提高项目节能量而开展的各类投入（例如，节能设备采购成本、人力资源成本、设备管理维护成本等）。假设合同能源管理项目合作中能源用户的收益分享比例为 $\alpha(0 < \alpha < 1)$，则节能服务公司的收益分享比例为 $1 - \alpha$。

合同能源管理项目是否能获得补贴主要取决于合同能源管理项目的节能量。政府对达到节能量标准的合同能源管理项目进行补贴，这里假定政府设定的项目补贴节能量标准为 $\underline{e}$，$\underline{e} > 0$，只有合同能源管理项目节能量达到或超过该标准时，政府才会给予补贴。例如，财政部、国家发展和改革委员会在 2010 年颁布的《合同能源管理财政奖励资金管理暂行办法》中，明确规定了对于普通（工业）合同能源管理项目，单个项目年节能量应在 100（500）吨标准煤以上（含）才可获得节能补贴（奖励）。假设达到节能量标准的合同能源管理项目每单位节能量可获得补贴 s，$s > 0$。例如，在《合同能源管理财政奖励资金管理暂行办法》中明确了中央和地方财政对合同能源管理项目的补贴（奖励）标准分别为 240 元和 60 元每吨标准煤。在我国当前的合同能源管理相关文件中，政府对达到节能量标准的合同能源管理项目，按照能源用户和节能服务公司所签订合同中的年节能量一次性给予项目每单位节能量特定数额的补贴（或奖励）。这里需要指出的是本章模型中的补贴参数实质上是为了简化建模计算过程而将实际政策中的一次性补贴平均分摊到整个项目收益分享期，仅是补贴数额的变化，对补贴总额不产生任何影响。例如，假设一个年节能量为 200 吨标准煤的合同能源管理项目，政府按照每吨标准煤补贴 300 元的标准（可看作

S1 = 300)一次性给予该项目补贴,则该项目的补贴总额为 S = 60000 元,假设该项目中节能服务公司参与的项目收益分享期为 6 年,而合同能源管理项目实质上仅在第一年获得了 60000 元的一次性补贴,其余分享期内的5 年再无任何补贴。在本章模型中的补贴可看作政府按照 50 元/吨标准煤的标准(可看作 S2 = 50)给予该项目 6 年持续的节能补贴,这样该项目的补贴总额依然是 S = 60000 元。即本章模型中的补贴 S 是可以根据实际的补贴进行调整,不会影响项目的最终补贴数额。另外需要注意的是一次性补贴与分批补贴的差异需要另行文进行更深入的探讨,这里不作过多阐述。

假设合同能源管理项目中能源用户的补贴分享率为 $\beta(0 \leq \beta \leq 1)$,则节能服务公司的补贴分享率为 $1 - \beta$,这里 β 和 $1 - \beta$ 也分别代表能源用户与节能服务公司对政府补贴的讨价还价能力。因此,基于能源用户和节能服务公司的讨价还价能力,当合同能源管理项目达到补贴标准时又分为三种情形:(1)当 $\beta = 0$ 时,政府补贴全部补给节能服务公司;(2)当 $\beta = 1$ 时,政府补贴全部补给能源用户;(3)当 $0 < \beta < 1$ 时,政府补贴由节能服务公司和能源用户共享。汇总上述三种情形和无政府补贴时的情形后可得到合同能源管理项目的四种政府补贴分配情景(详见表 6-1)。

表 6-1 合同能源管理项目的四种政府补贴分配情景

	节能服务公司(ESCO)	
能源用户 (EU)	(N, N)	(N, S)
	(S, N)	(S, S)

注:S 表示有补贴,N 表示无补贴。

第三节 模型及分析

合同能源管理项目中的政府补贴分配问题可以视作"委托—代理"问题,其中委托方为能源用户,代理方为节能服务公司。合同能源管理项目

收益 Π 由项目节能量水平 e 和一个随机变量 θ（θ 代表外生不确定因素，如货币政策、价格波动、供需关系、用户偏好、不可抗力因素等，且 θ 为均值等于 0、方差等于 σ^2 的正态分布随机变量）决定。则合同能源管理项目收益函数为：

$$\Pi = e + \theta \tag{6-1}$$

由前文假设可知节能服务公司的成本函数为：

$$C(e) = be^2/2 \tag{6-2}$$

能源用户的收益函数为：

$$\Pi_{EU} = \alpha\Pi \tag{6-3}$$

节能服务公司的收益函数为：

$$\Pi_{ESCO} = (1 - \alpha)\Pi - C(e) \tag{6-4}$$

将式（6-1）、式（6-2）分别代入式（6-3）、式（6-4）后可得：

$$\begin{cases} \Pi_{EU} = \alpha(e + \theta) \\ \Pi_{ESCO} = (1 - \alpha)(e + \theta) - be^2/2 \end{cases} \tag{6-5}$$

因为假定了能源用户和节能服务公司均为风险中性，所以可知能源用户和节能服务公司的项目收益分别为：

$$\begin{cases} \Pi_{EU} = \alpha e \\ \Pi_{ESCO} = (1 - \alpha)e - be^2/2 \end{cases} \tag{6-6}$$

"委托—代理"理论的核心是选择满足代理人参与约束（Participation constraints）和激励相容约束（Incentive compatibility constraints）的激励合同，最大化自身期望效用的过程。合同能源管理项目收益取决于节能服务公司的努力水平，要实现更高的项目收益，节能服务公司就需要付出更高的努力水平。以下对表 6-1 中的四种政府补贴分配情景进行分别讨论。

一、项目合作双方均不补贴——（N，N）情景

当合同能源管理项目节能量未达到补贴标准时，该项目不会获得补贴。例如，在我国财政部、国家发展和改革委员会在 2010 年颁布的《合

同能源管理财政奖励资金管理暂行办法》中明确规定了对于普通（工业）合同能源管理项目，单个项目年节能量应在 100（500）吨标准煤以上（含）才可获得节能补贴（奖励）。相应地，能源用户和节能服务公司获得的补贴均为 0，即补贴分配情景为（N，N）。为区别不同补贴分配情景，这里用下标形式进行标注。则（N，N）情景下能源用户和节能服务公司之间的合同能源管理项目合作问题可用如下公式表示：

$$\max E(\Pi_{EU}) = \max_{\alpha}(\alpha e) \qquad \text{（目标函数）}$$

$$(1-\alpha)e - be^2/2 \geqslant \varpi \qquad \text{s. t.（IR）}$$

$$\max E(\Pi_{ESCO}) = \max_{e}[(1-\alpha)e - be^2/2] \qquad \text{s. t.（IC）}$$

其中，IR 是节能服务公司的项目合作参与约束条件，ϖ 是节能服务公司的保留收入，表示节能服务公司不参与此项目而参与其他类似项目时所能获得最大项目期望收益，即若在项目中获得的收益低于该保留收入，节能服务公司将不会参与该合同能源管理项目，该条件保证了节能服务公司的努力积极性。IC 是激励兼容约束条件，表示节能服务公司的收益最大化。对于约束条件 IC，因为在该情景下限定了节能服务公司的努力水平范围（$0 < e < \underline{e}$），所以该条件下的节能服务公司收益最大化问题属于约束条件下的非线性规划问题，因此考虑使用库恩—塔克条件进行求解，则节能服务公司在（N，N）情景下的收益最大化问题为：

$$\begin{cases} \max \Pi_{ESCO}(e) = \max_{e}[(1-\alpha)e - be^2/2] \\ 0 < e < \underline{e} \end{cases} \qquad (6-7)$$

求解该约束条件下的非线性规划问题，首先需将式（6-7）写成以下形式：

$$\begin{cases} \max \Pi_{ESCO}(e) = \max_{e}[(1-\alpha)e - be^2/2] \\ g_1(e) = e > 0 \\ g_2(e) = \underline{e} - e > 0 \end{cases} \qquad (6-8)$$

则由式（6-8）可知，约束条件下的目标函数和约束函数的梯度分

别为:

$$\begin{cases} \nabla\Pi_{ESCO}(e) = 1 - \alpha - be \\ \nabla g_1(e) = 1 \\ \nabla g_2(e) = -1 \end{cases} \tag{6-9}$$

对第一个和第二个约束条件分别引入广义拉格朗日乘子 λ_1^* 和 λ_2^*，设 K-T 点为 e^*，则可写出该问题的 K-T 条件:

$$\begin{cases} 1 - \alpha - be^* - \lambda_1^* + \lambda_2^* = 0 \\ \lambda_1^* e^* = 0 \\ \lambda_2^* (\underline{e} - e^*) = 0 \\ \lambda_1^*, \ \lambda_2^* \geqslant 0 \end{cases} \tag{6-10}$$

为解式 (6-10) 方程组，需考虑以下几种情形: (1) 令 $\lambda_1^* > 0$，$\lambda_2^* > 0$，解之得 $e_{NN}^* = 0$ 且 $e_{NN}^* = \underline{e}$，因为 $\underline{e} \neq 0$，所以该情形下无解; (2) 令 $\lambda_1^* > 0$，$\lambda_2^* = 0$，解之得 $e_{NN}^* = 0$，因为 $e_{NN}^* \in (0, \underline{e})$，所以该解不在可行域内，不是 K-T 点; (3) 令 $\lambda_1^* = 0$，$\lambda_2^* > 0$，解之得 $e_{NN}^* = \underline{e}$，这里因为 $e_{NN}^* \in (0, \underline{e})$，所以该解不在可行域内，不是 K-T 点; (4) 令 $\lambda_1^* = 0$，$\lambda_2^* = 0$，解之得 $e_{NN}^* = (1 - \alpha)/b$。为保证函数有意义，这里进一步假设 $(1 - \alpha)/b < \underline{e}$，则可知最优解 $e_{NN}^* = (1 - \alpha)/b$ 在可行域内是 K-T 点。将该最优解代入目标函数和约束条件后可求解得 (N，N) 情景下能源用户和节能服务公司的最优收益:

$$\begin{cases} \Pi_{EU}(e_{NN}^*) = \alpha(1 - \alpha)/b \\ \Pi_{ESCO}(e_{NN}^*) = (1 - \alpha)2/2b \end{cases} \tag{6-11}$$

因此，当项目节能量未达到补贴标准时，即 (N，N) 情景，合同能源管理项目的最优节能量 $e_{NN}^* = (1 - \alpha)/b$，且该最优节能量小于补贴标准 $\underline{e}$，相应的能源用户的最优收益为 $\alpha(1 - \alpha)/b$，节能服务公司的最优收益为 $(1 - \alpha)^2/2b$。

二、仅补贴节能服务公司——（N，S）情景

在我国有关合同能源管理项目补贴的各类相关政策中（如《合同能源管理财政奖励资金管理暂行办法》），当项目节能量达到政府规定的项目补贴节能量标准时即可获得政府补贴，且所有的补贴均给予节能服务公司，即（N，S）情景。因此，该情景下能源用户获得的补贴为0，节能服务公司获得的补贴为 s 。则该情景下能源用户的合同能源管理项目期望收益为：

$$E(\Pi_{EU}) = \alpha e \tag{6-12}$$

节能服务公司的合同能源管理项目期望收益为：

$$E(\Pi_{ESCO}) = (1 - \alpha)e - be^2/2 + se \tag{6-13}$$

该情景下能源用户和节能服务公司之间的合作问题可用如下公式表示：

$$\max E(\Pi_{EU}) = \max_{\alpha}(\alpha e) \qquad （目标函数）$$

$$(1 - \alpha)e - be^2/2 + se \geqslant \varpi \qquad s.t.　(IR)$$

$$\max E(\Pi_{ESCO}) = \max_{e}[(1 - \alpha)e - be^2/2 + se] \qquad s.t.　(IC)$$

对于约束条件 IC，因为在该情景下限定了节能服务公司的努力水平范围（ $e \geqslant \underline{e}$ ），所以该情景下的节能服务公司收益最大化问题仍属于约束条件下的非线性规划问题，因此同样考虑使用 K-T 条件进行求解，则节能服务公司在（N，S）情景下的最优问题为：

$$\begin{cases} \max \Pi_{ESCO}(e) = \max_{e}[(1 - \alpha)e - be^2/2 + se] \\ e \geqslant \underline{e} \end{cases} \tag{6-14}$$

对该约束条件下的非线性规划问题的求解方法和步骤同上，这里不再赘述，通过求解可得该情景下的项目最优节能量以及项目合作双方的最优收益：

（1）当 $\underline{e} < (1 - \alpha + s)/b$ 时，$\begin{cases} e_{NS}^* = (1 - \alpha + s)/b \\ \Pi_{EU}(e_{NS}^*) = \alpha(1 - \alpha + s)/b \\ \Pi_{ESCO}(e_{NS}^*) = (1 - \alpha + s)^2/2b \end{cases}$

（2）当 $\underline{e} \geq (1 - \alpha + s)/b$ 时，$\begin{cases} e_{NS}^* = \underline{e} \\ \Pi_{EU}(e_{NS}^*) = \alpha\underline{e} \\ \Pi_{ESCO}(e_{NS}^*) = (1 - \alpha + s)\underline{e} - b\underline{e}^2/2 \end{cases}$

综上，当合同能源管理项目的节能量达到补贴标准且全部补贴给予节能服务公司时，合同能源管理项目的最优节能量以及能源用户和节能服务公司的收益与项目补贴节能量标准相关：（1）当项目补贴节能量标准低于 $(1 - \alpha + s)/b$ 时，合同能源管理项目的最优节能量为 $(1 - \alpha + s)/b$，相应的能源用户的最优收益为 $\alpha(1 - \alpha + s)/b$，节能服务公司的最优收益为 $(1 - \alpha + s)^2/2b$；（2）当政府规定的项目补贴节能量标准等于或高于 $(1 - \alpha + s)/b$ 时，项目最优节能量为 $\underline{e}$，能源用户的最优收益为 $\alpha\underline{e}$，节能服务公司的最优收益为 $(1 - \alpha + s)\underline{e} - b\underline{e}^2/2$。

三、仅补贴能源用户——（S，N）情景

有别于我国合同能源管理项目补贴全部补给节能服务公司的补贴分配方式，世界上其他一些国家或地区在进行合同能源管理项目管理补贴时，其补贴对象是能源用户。例如，在日本，当能源用户开展合同能源管理形式的节能改造且项目节能量达标时，政府将给予能源用户补贴，即（S，N）情景。该情景下能源用户获得的补贴为 s，节能服务公司获得的补贴为 0。则该情景下能源用户的项目期望收益为：

$$E(\Pi_{EU}) = (\alpha + s)e \tag{6-15}$$

节能服务公司的项目期望收益为：

$$E(\Pi_{ESCO}) = (1 - \alpha)e - be^2/2 \tag{6-16}$$

则该情景下项目双方的合作问题可用如下公式表示：

$$\max E(\Pi_{EU}) = \max_{\alpha}\left[\,(\alpha + s)e\,\right]　　　　（目标函数）$$

$$(1 - \alpha)e - be^2/2 \geqslant \varpi　　　　　　　　s.t.　（IR）$$

$$\max E(\Pi_{ESCO}) = \max_{e}\left[\,(1 - \alpha)e - be^2/2\,\right]　　s.t.　（IC）$$

同样地，对于约束条件 IC，因为在该情景下限定了节能服务公司的努力水平范围（$e \geqslant \underline{e}$），所以该条件下的节能服务公司的收益最大化问题仍属于约束条件下的非线性规划问题，因此需要考虑使用 K-T 条件进行求解，则节能服务公司在（S，N）情景下的最优问题为：

$$\begin{cases} \max \Pi_{ESCO}(e) = \max_{e}\left[\,(1 - \alpha)e - be^2/2\,\right] \\ e \geqslant \underline{e} \end{cases} \tag{6-17}$$

该约束条件下的非线性规划问题的求解方法和步骤同上，这里不再赘述。特别地，这里需要注意的是目标函数存在两组最优解 $e_{SN}^* = (1 - \alpha)/b$ 或 $e_{SN}^* = \underline{e}$。由前文假设可知 $(1 - \alpha)/b < \underline{e}$。而在（S，N）情景下节能服务公司的努力水平需满足 $e \geqslant \underline{e}$，则在该取值区间内，当且仅当 $e_{SN}^* = \underline{e}$ 时，$\Pi_{ESCO}(e)$ 取最大值，即（S，N）情景下合同能源管理项目最优节能量 $e_{SN}^* = \underline{e}$，相应的能源用户和节能服务公司在合同能源管理项目中的最优收益为：

$$\begin{cases} \Pi_{EU}(e_{SN}^*) = (\alpha + s)\underline{e} \\ \Pi_{ESCO}(e_{SN}^*) = (1 - \alpha)\underline{e} - b\underline{e}^2/2 \end{cases} \tag{6-18}$$

综上，当合同能源管理项目节能量达到补贴标准且补贴全部给予能源用户时，合同能源管理项目的最优节能量为 $\underline{e}$，能源用户的最优收益为 $(\alpha + s)\underline{e}$，节能服务公司的最优收益为 $(1 - \alpha)\underline{e} - b\underline{e}^2/2$。

四、补贴由项目合作双方共享——（S，S）情景

在美国、澳大利亚、英国、意大利等开展合同能源管理较早的一些发达国家或地区，政府仅对达到节能量标准的合同能源管理项目进行补贴，而不再指定补贴对象。此时，政府补贴通常由能源用户和节能服务公司共

享，即（S，S）情景。由前可知，该情景下能源用户的补贴分享率为 $\beta(0 < \beta < 1)$，节能服务公司的补贴分享率为 $1 - \beta$。则该情景下能源用户的项目期望收益为：

$$E(\Pi_{EU}) = (\alpha + \beta s)e \tag{6-19}$$

节能服务公司的项目期望收益为：

$$E(\Pi_{ESCO}) = [1 - \alpha + (1 - \beta)s]e - be^2/2 \tag{6-20}$$

该情景下项目双方的合作问题可用如下公式表示：

$$\max E(\Pi_{EU}) = \max_{\alpha}[(\alpha + \beta s)e] \qquad (目标函数)$$

$$[1 - \alpha + (1 - \beta)s]e - be^2/2 \geqslant \varpi \qquad \text{s.t.} \quad (IR)$$

$$\max E(\Pi_{ESCO}) = \max_{e}\{[1 - \alpha + (1 - \beta)]e - be^2/2\} \qquad \text{s.t.} \quad (IC)$$

同样地，对于约束条件 IC，因为在该情景下限定了节能服务公司的努力水平范围（ $e \geqslant \underline{e}$ ），所以该情景下的节能服务公司收益最大化问题仍属于约束条件下的非线性规划问题，因此同样考虑使用 K-T 条件进行求解，则节能服务公司在（S，S）情景下的最优问题为：

$$\begin{cases} \max \Pi_{ESCO}(e) = \max_{e}\{[1 - \alpha + (1 - \beta)]e - be^2/2\} \\ e \geqslant \underline{e} \end{cases} \tag{6-21}$$

该约束条件下的非线性规划问题的求解方法和步骤同上，这里不再赘述。通过求解可得该情景下的项目最优节能量，以及项目合作双方的最优收益：

（1）当 $\underline{e} < [1-\alpha+(1-\beta)s]/b$ 时，$\begin{cases} e_{SS}^* = [1-\alpha+(1-\beta)s]/b \\ \Pi_{EU}(e_{SS}^*) = (\alpha+\beta s)[1-\alpha+(1-\beta)s]/b \\ \Pi_{ESCO}(e_{SS}^*) = [1-\alpha+(1-\beta)s]^2/2b \end{cases}$

（2）当 $\underline{e} \geqslant [1-\alpha+(1-\beta)s]/b$ 时，$\begin{cases} e_{SS}^* = \underline{e} \\ \Pi_{EU}(e_{SS}^*) = (\alpha+\beta s)\underline{e} \\ \Pi_{ESCO}(e_{SS}^*) = [1-\alpha+(1-\beta)s]\underline{e}-b\underline{e}^2/2 \end{cases}$

综上，当项目节能量达到补贴标准且政府补贴由能源用户和节能服务公司共享时，合同能源管理项目的最优节能量，以及能源用户和节能服务公司的最优收益均与项目补贴节能量标准密切相关：（1）当项目补贴节能量标准低于 $[1-\alpha+(1-\beta)s]/b$ 时，项目最优节能量为 $[1-\alpha+(1-\beta)s]/b$，能源用户的最优收益为 $(\alpha+\beta s)[1-\alpha+(1-\beta)s]/b$，节能服务公司的最优收益为 $[1-\alpha+(1-\beta)s]^2/2b$；（2）当项目补贴节能量标准等于或高于 $[1-\alpha+(1-\beta)s]/b$ 时，项目的最优节能量为 $\underline{e}$，能源用户的最优收益为 $(\alpha+\beta s)\underline{e}$，节能服务公司的最优收益为 $[1-\alpha+(1-\beta)s]\underline{e}-b\underline{e}^2/2$。

第四节　对比分析

一、合同能源管理项目最优节能量

由前文第三节的计算分析结果可知不同情景下合同能源管理项目的最优节能量：

（1）当项目节能量达不到补贴标准时，$e_{NN}^* = (1-\alpha)/b$

（2）当项目节能量达到补贴标准且补贴全部补给节能服务公司时：

①当 $\underline{e} < (1-\alpha+s)/b$ 时，$e_{NS}^* = (1-\alpha+s)/b$.

②当 $\underline{e} \geqslant (1-\alpha+s)/b$ 时，$e_{NS}^* = \underline{e}$

（3）当项目节能量达到补贴标准且补贴全部补给能源用户时，$e_{SN}^* = \underline{e}$

（4）当项目节能量达到补贴标准且补贴由项目合作双方共享时：

①当 $\underline{e} < [1-\alpha+(1-\beta)s]/b$ 时，$e_{SS}^* = [1-\alpha+(1-\beta)s]/b$

②当 $\underline{e} \geqslant [1-\alpha+(1-\beta)s]/b$ 时，$e_{SS}^* = \underline{e}$

通过作差来比较不同补贴分配情景下合同能源管理项目的最优节能量大小关系。通过前文计算分析可知 $(1-\alpha)/b < \underline{e}$，所以 $e_{NN}^* < e_{SN}^*$。因为 $b > 0,\ 0 < \alpha < 1,\ 0 < \beta < 1,\ s > 0$，所以 $(1-\alpha+s)/b > [1-\alpha+(1-$

$\beta)s]/b$。以下通过数值算例来更清晰的呈现不同补贴分配情景下项目最优节能量的关系，算例参数为：$b=0.2$；$\alpha=0.3$；$\beta=0.4$；$s=0.6$。除特殊说明外本章所有数值仿真均采用该组算例参数。

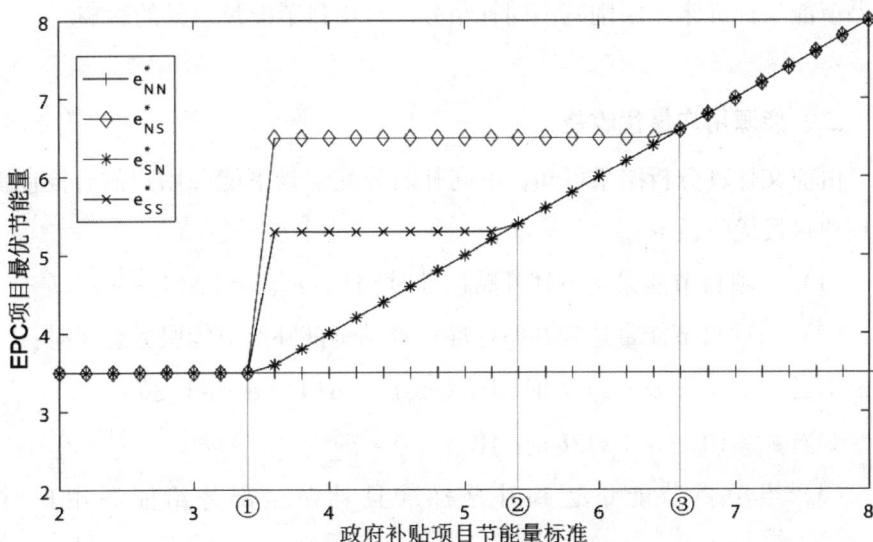

图 6-1 不同补贴分配情景下项目最优节能量与补贴节能量标准关系

图 6-1 中：点①的横坐标为 $(1-\alpha)/b$；点②的横坐标为 $[1-\alpha+(1-\beta)s]/b$；点③的横坐标为 $(1-\alpha+s)/b$（后同）。由图 6-1 可知：（1）当项目节能量未达到补贴标准时，其最优节能量小于任何达到补贴标准时的最优节能量，表明政府补贴的有效性；（2）当项目节能量达到补贴标准时，不同补贴分配情景下的项目最优节能量受项目补贴节能量标准 $\underline{e}$ 影响，具体表现为：①当补贴节能量标准较低时（①$\leqslant \underline{e} \leqslant$②），补贴全部补给节能服务公司时项目节能量最大且为一个稳定值；项目双方共享补贴时项目节能量次之且也为一个稳定值；补贴全部补给能源用户时项目节能量最小。②当项目补贴节能量标准适中时（②$\leqslant \underline{e} \leqslant$③），补贴全部补给节能服务公司时的项目节能量最大且为一个稳定值；项目双方共享补贴时和补贴全部补给能源用户时项目节能量无差异，且此时项目节能量会随补贴节

能量标准的提高而不断增加。③当项目补贴节能量标准较高时（$\underline{e} \geq$ ③）三种不同补贴分配情景下项目节能量无差异，且会随补贴节能量标准的提高而不断增加。综上可知，政府在制定补贴政策时，可通过适度提高项目补贴节能量标准来不断削减不同补贴分配对项目节能量差异的影响。

二、能源用户最优收益

由前文计算分析结果可知，不同补贴分配情景下能源用户的合同能源管理项目最优收益为：

（1）当项目节能量达不到补贴标准时，$\Pi_{EU}(e_{NN}^*) = [\alpha(1-\alpha)]/b$

（2）当项目节能量达到补贴标准且补贴全部补给节能服务公司时：

①当$\underline{e} < (1-\alpha+s)/b$时，$\Pi_{EU}(e_{NS}^*) = [\alpha(1-\alpha+s)]/b$

②当$\underline{e} \geq (1-\alpha+s)/b$时，$\Pi_{EU}(e_{NS}^*) = \alpha\underline{e}$

（3）当项目节能量达到补贴标准且补贴全部补给能源用户时，$\Pi_{EU}(e_{SN}^*) = (\alpha+s)\underline{e}$

（4）当项目节能量达到补贴标准且补贴由项目合作双方共享时：

①当$\underline{e} < [1-\alpha+(1-\beta)s]/b$时，$\Pi_{EU}(e_{SS}^*) = (\alpha+\beta s)[1-\alpha+(1-\beta)s]/b$

②当$\underline{e} \geq [1-\alpha+(1-\beta)s]/b$时，$\Pi_{EU}(e_{SS}^*) = (\alpha+\beta s)\underline{e}$

为方便讨论分析，这里用下标形式表示能源用户在不同政府补贴分配情景下的最优情况，例如，Π_{NN}^*表示能源用户在（N，N）情景下的最优收益。由前文算例参数可绘制图6-2。

观察图6-2可发现：（1）当项目节能量没有达到补贴标准时，能源用户在合同能源管理项目中所获得的最优收益小于任何项目节能量达到补贴标准时的能源用户所获得最优收益，表明政府补贴的有效性。（2）当项目节能量达到补贴标准时，不同补贴分配情景直接影响能源用户的项目收益，且当补贴全部补给能源用户时其项目收益最大；当补贴由项目双方共享时，其项目收益次之；当补贴全部分配给节能服务公司时，其项目收益

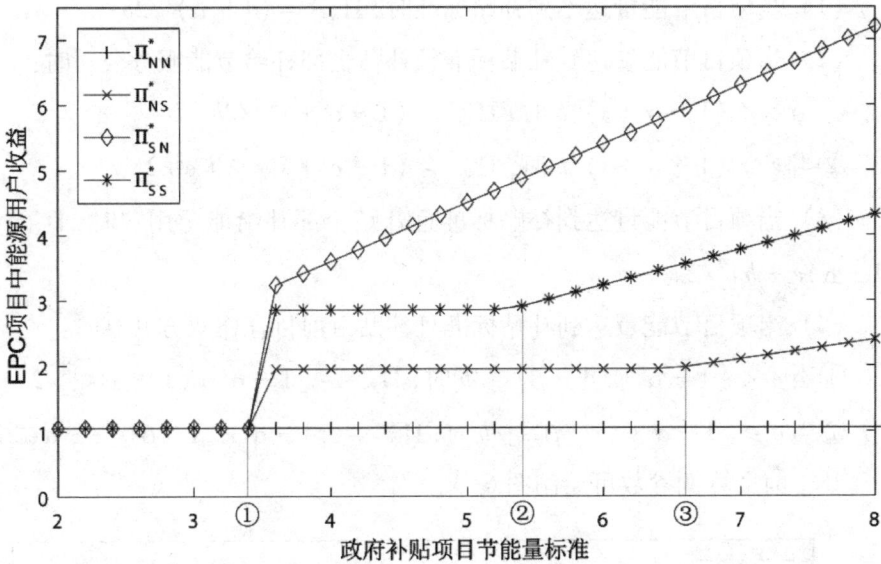

图 6-2　不同补贴分配情景下能源用户最优收益与补贴节能量标准关系

最小。此外，通过图 6-2 还可以发现，当补贴全部补给能源用户时，其项目收益会随着补贴节能量标准提高而不断增加；而补贴由项目双方共享或全部补给节能服务公司时，随着补贴节能量标准的不断提高，能源用户的项目收益不会立即增加，而会先保持某一稳定值（ $\underline{e} \geqslant ②$，$\underline{e} \geqslant ③$），而后随着节能量标准提高到某一特定值后再不断增加。综上可知，对能源用户来说，当合同能源管理项目节能量达到补贴标准时，即使不参与补贴分配也会给其带来更多的项目收益，而参与分配补贴的比例越大其所获得项目收益就越多。因此，能源用户势必会在项目节能量达到补贴标准时积极参与补贴分配。

三、节能服务公司最优收益

由前文计算结果可知不同补贴分配情景下节能服务公司的合同能源管理项目最优收益（这里用上标 ＊＊ 表示节能服务公司在不同补贴分配情景下的最优收益）：

（1）当项目节能量达不到补贴标准时，$\Pi_{NN}^{**} = (1-\alpha)^2/2b$

（2）当项目节能量达到补贴标准且补贴全部补给节能服务公司时：

①当 $\underline{e} < (1-\alpha+s)/b$ 时，$\Pi_{NS}^{**} = (1-\alpha+s)^2/2b$

②当 $\underline{e} \geqslant (1-\alpha+s)/b$ 时，$\Pi_{NS}^{**} = (1-\alpha+s)\underline{e} - b\underline{e}^2/2$

（3）当项目节能量达到补贴标准且补贴全部补给能源用户时，$\Pi_{SN}^{**} = (1-\alpha)\underline{e} - b\underline{e}^2/2$。

（4）当项目节能量达到补贴标准且补贴由项目合作双方共享时：

①当 $\underline{e} < [1-\alpha+(1-\beta)s]/b$ 时，$\Pi_{SS}^{**} = [1-\alpha+(1-\beta)s]^2/2b$

②当 $\underline{e} \geqslant [1-\alpha+(1-\beta)s]/b$ 时，$\Pi_{SS}^{**} = [1-\alpha+(1-\beta)s]\underline{e} - b\underline{e}^2/2$

基于前文算例参数可绘制图6-3。

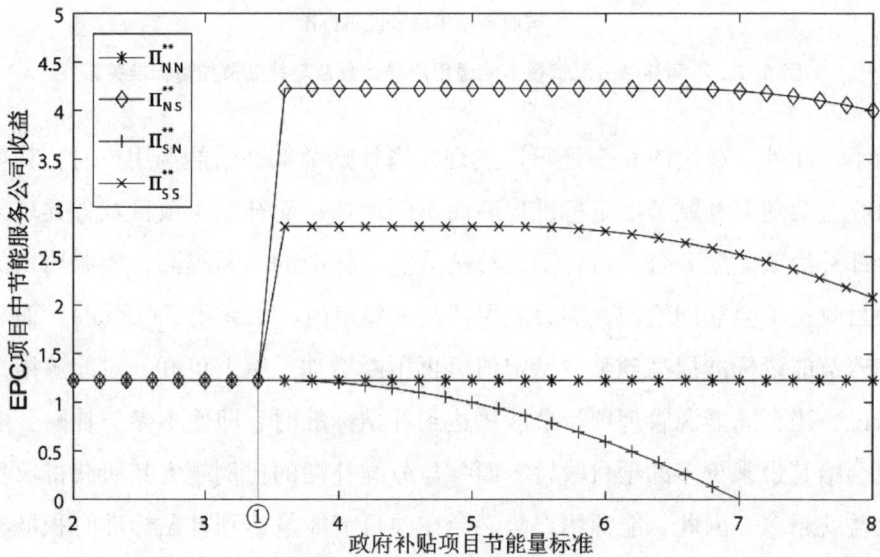

图6-3 不同补贴分配情景下节能服务公司项目
最优收益与补贴节能量标准关系

由图6-3可发现：（1）当项目节能量达到补贴标准时，政府补贴全部补给节能服务公司时其项目收益最大且会随着补贴节能量标准的不断提高而先稳定后减小；补贴由项目双方共享时其项目收益次之，且同样会随着补贴节能量标准的不断提高而先稳定后减小；补贴全部补给能源用户时，其项目收益最小，且会随着补贴节能量标准的不断提高而逐步减小。节能服务公司在不同补贴分配情景下的项目收益变化趋势主要是因为随着补贴节能量标准的不断提高，节能服务公司势必会在项目合作中付出更高的努力水平，从而使项目节能量达到补贴标准。而补贴节能量标准越高，节能服务公司在项目中付出的努力水平就越高，从而导致其努力成本就越大。而当补贴节能量标准提高到一定水平以上时，节能服务公司努力成本的增大幅度将超过其项目收益的增大幅度，从而导致其项目收益开始逐步减小。(2) 当项目节能量达到补贴标准且补贴全部补给能源用户时，节能服务公司获得的项目收益将小于无补贴时的收益。此时，节能服务公司必会在项目合作中通过消极懈怠来将项目节能量控制在补贴节能量标准以下，从而导致合同能源管理项目无法实现最优节能。此外，通过图6-3还可以发现随着补贴节能量标准的不断提高，节能服务公司获得的项目收益与无补贴时收益的差距将越来越大。而当补贴节能量标准提高到一定水平以上时（本算例中该标准为7），节能服务公司获得项目收益将小于等于0，即节能服务公司无法在合同能源管理项目中获利，从而导致合同能源管理项目合作的终结，这将与补贴的初衷相违背。因此，当政府试图通过补贴来提高合同能源管理项目的节能表现时，政府补贴的分配应主要考虑以下两种形式：仅补贴节能服务公司或由项目双方共享补贴。而对节能服务公司来说，为了实现自身项目收益最大化，其必会在项目节能量达到补贴标准时积极争取独享补贴。

综上可知，当政府补贴的导向目标是最大化项目节能量时，政府补贴应全部补给节能服务公司；而从长远发展和兼顾公平的视角来看，政府补贴由项目双方共享是最佳分配策略；当政府补贴是为了鼓励更多能源用户采用合同能源管理模式开展节能活动时，补贴全部补给能源用户是最优选择，但此时项目整体节能表现将无法达到最优；政府可以通过适度提高补贴节能量标准来提高项目节能表现，但补贴节能量标准提高的幅度必须适度。

第五节 考虑节能服务公司的公平感知

当合同能源管理项目节能量达到补贴标准时，作为项目代理方，也是在项目中负责前期投资、节能设备采购、项目运营管理等一系列节能服务的提供者，节能服务公司会对自己是否获得补贴，以及获得补贴的多少与能源用户（委托方）进行对比，当获得的补贴比能源用户多时其便会产生"自豪感"，这种"自豪感"会促使其更加积极地投入项目合作中；而当获得的补贴比能源用户少时便会产生"嫉妒感""挫败感"，从而打消其在项目合作中的积极性，节能服务公司的这种对比行为即公平感知。Fehr和 Schmidt 在 F-S 模型中指出合作参与者具有公平偏好，且该偏好效用主要来自三方面：绝对收入效用、自豪偏好效用和嫉妒偏好效用，其中绝对收入效用主要是参与人在合作中获得绝对净收入；自豪偏好效用为正效用，嫉妒偏好效用为负效用。[①] 以下基于 F-S 公平偏好感知，对项目获得补贴时的三种补贴分配情景作进一步讨论。基于 F-S 公平偏好感知，政府补贴下合同能源管理项目中节能服务公司的期望收益函数可修正为：

$$E(\Pi_{ESCO}^{f}) = (1-\alpha)e - be^2/2 + (1-\beta)se + f_1\max\{[(1-\beta)se-\beta se],$$
$$0\} - f_2\max\{[\beta se - (1-\beta)se], 0\} \tag{6-22}$$

式（6-22）中上标 f 表示考虑节能服务公司的公平感知，$(1-\alpha)e - be^2/2 + (1-\beta)se$ 表示节能服务公司获得的绝对净收益；f_1 表示节能服务公司的自豪感知偏好系数；$\max\{[(1-\beta)se-\beta se], 0\} = \max[(1-2\beta)se, 0]$ 表示自豪感偏好效用；f_2 表示节能服务公司的嫉妒感知偏好系数；$\max\{[\beta se - (1-\beta)se], 0\} = \max[(2\beta-1)se, 0]$ 表示嫉妒偏好效用。为简化分析过程，令 $f_1 = f_2 = f \geq 0$ 表示节能服务公司的公平感知强度。特别

---

① FEHR E, GACHTER S. Fairness and retaliation-The economics of reciprocity [J]. Journal of Economic Perspectives, 2000, 14: 159-181.

是当 $f=0$ 时节能服务公司无公平感知偏好，即重新回归到前文所探讨分析的情况。

一、仅补贴节能服务公司——（N，S）情景

当合同能源管理项目节能量达到补贴标准且补贴全部补给节能服务公司，即 $\beta=0$ 时，由式（6-22）可得节能服务公司的期望收益为：

$$E(\Pi_{ESCO}^{f})=(1-\alpha)e-be^2/2+se+fse \qquad (6-23)$$

则此时能源用户和节能服务公司之间委托代理问题可用如下公式表示：

$$\max E(\Pi_{EU}^{f})=\max_{\alpha}(\alpha e) \qquad （目标函数）$$

$$(1-\alpha)e-be^2/2+se+fse \geqslant \varpi \qquad s.t. （IR）$$

$$\max E(\Pi_{ESCO}^{f})=\max_{e}[(1-\alpha)e-be^2/2+se+fse] \qquad s.t. （IC）$$

同样地，按照前文类似的求解方法可解得：

（1）当 $\underline{e}<[1-\alpha+(1+f)s]/b$ 时，
$$\begin{cases}(e_{NS}^{f})^*=[1-\alpha+(1+f)s]/b \\ \Pi_{EU}^*(e_{NS}^{f})=\alpha[1-\alpha+(1+f)s]/b \\ \Pi_{ESCO}^*(e_{NS}^{f})=[1-\alpha+(1+f)s]^2/2b\end{cases}$$

（2）当 $\underline{e}\geqslant[1-\alpha+(1+f)s]/b$ 时，
$$\begin{cases}(e_{NS}^{f})^*=\underline{e} \\ \Pi_{EU}^*(e_{NS}^{f})=\alpha\underline{e} \\ \Pi_{ESCO}^*(e_{NS}^{f})=[1-\alpha+(1+f)s]\underline{e}-b\underline{e}^2/2\end{cases}$$

通过对比节能服务公司有无公平感知条件下（N，S）情景的各最优解可以发现：（1）当考虑节能服务公司的公平感知时，补贴节能量标准可以得到适度地提高且提高幅度与节能服务公司的公平感知程度呈正相关，这就使得政府补贴政策变得更加有效。例如，在不考虑节能服务公司公平感知时，假设项目节能量达到 100 吨标准煤时，政府就要给予补贴，而考虑了节能服务公司公平感知后，同样的补贴政策，项目节能量补贴标准可以提高到 110 吨标准煤或更多。（2）当考虑节能服务公司的公平感知时，

将补贴全部补给节能服务公司将使节能服务公司产生极大的自豪感。在同等条件下，这种自豪感将提升整个项目的节能量、项目合作双方的项目收益，且随着节能服务公司公平感知程度的增大，项目节能量以及项目合作双方的项目收益也将进一步增大。

二、仅补贴能源用户——（S，N）情景

当合同能源管理项目节能量达到补贴标准且补贴全部补给能源用户，即 $\beta = 1$ 时，可知节能服务公司的期望收益为：

$$E(\Pi^f_{ESCO}) = (1 - \alpha)e - be^2/2 - fse \qquad (6\text{-}24)$$

此时能源用户和节能服务公司之间委托代理问题可用如下公式表示：

$$\max E(\Pi^f_{EU}) = \max_\alpha (\alpha e + se) \qquad （目标函数）$$

$$(1 - \alpha)e - be^2/2 - fse \geqslant \varpi \qquad \text{s.t.（IR）}$$

$$\max E(\Pi^f_{ESCO}) = \max_e \left[(1 - \alpha)e - be^2/2 - fse \right] \qquad \text{s.t.（IC）}$$

同样地，按照前文类似的求解方法可解得：

$$\begin{cases} (e^f_{SN})^* = \underline{e} \\ \Pi^*_{EU}(e^f_{SN}) = (\alpha + s)\underline{e} \\ \Pi^*_{ESCO}(e^f_{SN}) = (1 - \alpha)\underline{e} - b\underline{e}^2/2 - fs\underline{e} \end{cases} \qquad (6\text{-}25)$$

通过比较节能服务公司有无公平感知条件下（S，N）情景的各最优解，可以发现，当项目节能量达到补贴标准但补贴全部补给能源用户时，节能服务公司通过对其与能源用户获得的补贴进行对比后会产生"嫉妒"负效用，从而削减其获得的收益效用。此外，虽然能源用户的项目收益不受影响，但从长远的角度来看，由节能服务公司公平感知而引发的"嫉妒"负效应会影响其在今后项目合作中的积极性，甚至影响其与能源用户之间的合作关系。

三、补贴由项目合作双方共享——（S，S）情景

当合同能源管理项目节能量达到补贴标准且补贴由能源用户和节能服

务公司共享时，即 $0 < \beta < 1$ 时，节能服务公司的期望收益为：

$$E(\Pi_{ESCO}^{f}) = (1 - \alpha)e - be^2/2 + (1 - \beta)se + f\max\big[(1 - 2\beta)se, 0\big]$$
$$- f\max\big[(2\beta - 1)se, 0\big] \tag{6-26}$$

观察式（6-26）可以发现此时节能服务公司的期望收益同时受公平感知所带来的"自豪感"效用 $f\max\big[(1 - 2\beta)se, 0\big]$ 和"嫉妒"效用 $f\max\big[(2\beta - 1)se, 0\big]$ 的影响。由假设可知 $f > 0$，$s > 0$，$e > 0$，则该两部分效用的取值受参数 β 的影响且存在临界值 $\beta = 0.5$，因为 $0 < \beta < 1$，所以存在：

(1) 当 $\beta = 0.5$ 时，$\begin{cases} f\max\big[(1 - 2\beta)se, 0\big] = 0 \\ f\max\big[(2\beta - 1)se, 0\big] = 0 \end{cases}$

(2) 当 $0 < \beta < 0.5$ 时，$\begin{cases} f\max\big[(1 - 2\beta)se, 0\big] = f(1 - 2\beta)se \\ f\max\big[(2\beta - 1)se, 0\big] = 0 \end{cases}$

(3) 当 $0.5 < \beta < 1$ 时，$\begin{cases} f\max\big[(1 - 2\beta)se, 0\big] = 0 \\ f\max\big[(2\beta - 1)se, 0\big] = f(2\beta - 1)se \end{cases}$

综上，式（6-26）可以转换为：

$$\begin{cases} E(\Pi_{ESCO}^{f}) = (1-\alpha)e - be^2/2 + (1-\beta)se + f(1-2\beta)se, & \forall 0 < \beta < 0.5 \\ E(\Pi_{ESCO}^{f}) = (1-\alpha)e - be^2/2 + (1-\beta)se, & \forall \beta = 0.5 \\ E(\Pi_{ESCO}^{f}) = (1-\alpha)e - be^2/2 + (1-\beta)se - f(2\beta-1)se, & \forall 0.5 < \beta < 1 \end{cases}$$
$$\tag{6-27}$$

由式（6-27）可知，当 $0 < \beta < 0.5$ 时，即能源用户获得的补贴小于节能服务公司获得的补贴时，基于 F-S 公平感知偏好，节能服务公司会从补贴分配中获得自豪感，此时能源用户和节能服务公司之间合作可用如下公式表示：

$$\max E(\Pi_{EU}^{f}) = \max_{\alpha}(\alpha e + \beta se) \qquad\qquad （目标函数）$$

$$(1 - \alpha)e - be^2/2 + (1 - \beta)se + f(1 - 2\beta)se \geqslant \varpi \qquad\qquad s.t.\ (IR)$$

$$\max E(\Pi_{ESCO}^{f}) = \max_{e}\big[(1 - \alpha)e - be^2/2 + (1 - \beta)se + f(1 - 2\beta)se\big]$$

$$s.t.\ (IC)$$

153

同样地，按照前文类似的求解方法可解得：

（1）当 $\underline{e} < [1 - \alpha + (1 - \beta)s + fs(1 - 2\beta)]/b$ 时：

$$
\begin{cases}
(e_{SS}^f)^* = [1 - \alpha + (1 - \beta)s + fs(1 - 2\beta)]/b \\
\Pi_{EU}^*(e_{SS}^f) = (\alpha + \beta s)[1 - \alpha + (1 - \beta)s + fs(1 - 2\beta)]/b \\
\Pi_{ESCO}^*(e_{SS}^f) = [1 - \alpha + (1 - \beta)s + fs(1 - 2\beta)]2/2b
\end{cases}
$$

（2）当 $\underline{e} \geq [1 - \alpha + (1 - \beta)s + fs(1 - 2\beta)]/b$ 时：

$$
\begin{cases}
(e_{ss}^f)^* = \underline{e} \\
\Pi_{EU}^*(e_{SS}^f) = (\alpha + \beta s)\underline{e} \\
\Pi_{ESCO}^*(e_{ss}^f) = [1 - \alpha + (1 - \beta)s + f(1 - 2\beta)s]\underline{e} - b\underline{e}^2/2
\end{cases}
$$

当 $\beta = 0.5$ 时，即能源用户和节能服务公司获得的补贴相同时，基于F-S公平感知偏好理论，节能服务公司会觉得补贴的分配是公平的，其不会产生自豪偏好效用或嫉妒偏好效用，此时项目合作各均衡解与前文一致，这里不再赘述。

当 $0.5 < \beta < 1$ 时，即能源用户获得的补贴大于节能服务公司获得的补贴时，基于F-S公平感知偏好理论，节能服务公司会因为获得的补贴少于能源用户而产生嫉妒负效用，此时，能源用户和节能服务公司之间合作可用如下公式表示：

$$
\max E(\Pi_{EU}^f) = \max_\alpha(\alpha e + \beta se) \qquad\qquad （目标函数）
$$

$$
(1 - \alpha)e - be^2/2 + (1 - \beta)se - f(2\beta - 1)se \geq \varpi \qquad \text{s. t.} （IR）
$$

$$
\max E(\Pi_{ESCO}^f) = \max_e[(1 - \alpha)e - be^2/2 + (1 - \beta)se - f(2\beta - 1)se]
$$

$$
\text{s. t.} （IC）
$$

同样地，按照前文类似的求解计算方法可解得：

（1）当 $\underline{e} < [1 - \alpha + (1 - \beta)s - fs(2\beta - 1)]/b$ 时，

$$
\begin{cases}
(e_{SS}^f)^* = [1 - \alpha + (1 - \beta)s - fs(2\beta - 1)]/b \\
\Pi_{EU}^*(e_{SS}^f) = (\alpha + \beta s)[1 - \alpha + (1 - \beta)s - fs(2\beta - 1)]/b \\
\Pi_{ESCO}^*(e_{SS}^f) = [1 - \alpha + (1 - \beta)s - fs(2\beta - 1)]2/2b
\end{cases}
$$

(2) 当 $\underline{e} \geqslant [1 - \alpha + (1 - \beta)s - fs(2\beta - 1)]/b$ 时，

$$\begin{cases} (e^f_{SS})^* = \underline{e} \\ \Pi^*_{EU}(e^f_{SS}) = (\alpha + \beta s)\underline{e} \\ \Pi^*_{ESCO}(e^f_{SS}) = [1 - \alpha + (1 - \beta)s - f(2\beta - 1)s]\underline{e} - b\underline{e}^2/2 \end{cases}$$

对比节能服务公司有无公平感知条件下（S，S）情景的各最优解可以发现，当补贴由项目双方共享时，节能服务公司的公平感知会影响整个项目节能量以及项目双方收益。一方面，当节能服务公司发现自己获得的补贴大于能源用户获得补贴时（$0 < \beta < 0.5$），其会产生"自豪感"，相应地与同等条件下无公平感知时相比，整个项目节能量以及项目双方收益都会得到提高；另一方面、当节能服务公司发现自己获得的补贴小于能源用户获得补贴时（$0.5 < \beta < 1$），其便会产生负的"嫉妒"效用，相应地与同等条件下无公平感知时相比，整个项目节能量以及项目双方收益都会被削减。而当节能服务公司发现自己获得的补贴和能源用户获得的补贴一样时（$\beta = 0.5$），其既不会产生"自豪感"，也不会产生负的"嫉妒"效用。

综上可知，当考虑节能服务公司的公平感知效用时，这种公平感知效用会对项目的节能量、项目合作双方收益等产生影响。具体表现为：当合同能源管理项目节能量达到补贴标准时，节能服务公司除了对自己是否获得政府补贴以及获得补贴多少进行感知外，还会对自己与能源用户之间获得的补贴进行比较。当节能服务公司发现自己获得的补贴大于能源用户获得补贴时，其会产生"自豪感"正效用，这种正效用将提高整个项目节能量以及项目双方收益；当节能服务公司发现自己获得的补贴小于能源用户获得的补贴时，其便会产生"嫉妒"负效用，这种负效用将削减整个项目节能量以及项目双方收益。

本章小结

本章通过构建"委托—代理"模型，比较了不同补贴分配情景下合同能源管理项目的最优节能量以及项目双方最优收益。研究发现：

第一，对政府而言，当政府补贴的导向目标是最大化项目节能量时，补贴应全部补给节能服务公司；从长远发展和兼顾公平的视角来看，补贴由项目双方共享是最佳分配策略；当政府补贴是为了鼓励能源用户采用合同能源管理模式开展节能活动时，补贴全部补给能源用户是最优选择。此外，政府可以通过适度提高补贴节能量标准来提高项目节能表现，但补贴节能量标准提高的幅度必须适度。

第二，在合同能源管理项目最优节能量表现方面，补贴可以提高合同能源管理项目节能量。当项目节能量达到补贴标准时，不同补贴分配情景下项目最优节能量受补贴节能量标准的影响：（1）当补贴节能量标准较低时，补贴全部补给节能服务公司时可使项目节能量达到最大，其次为补贴由项目双方共享时，当补贴全部补给能源用户时项目节能量最小；（2）当补贴节能量标准适中时，补贴全部补给节能服务公司时项目节能量最大，项目双方共享补贴时和补贴全部补给能源用户时项目节能量无差异；（3）当补贴节能量标准较高时，三种不同补贴分配情况下项目节能量无差异。即无论补贴节能量标准如何，将补贴全部补给节能服务公司时都可以使项目节能量最大。

第三，在能源用户收益方面，补贴可以提高能源用户的项目收益；当项目节能量达到补贴标准时，不同补贴分配情景直接影响能源用户的项目收益：当补贴全部补给能源用户时，其项目收益最大；当补贴由项目双方共享时，其项目收益次之；当补贴全部补给节能服务公司时，其项目收益最小；当补贴全部补给能源用户时，其项目收益会随着节能量标准的提高而不断增加；而补贴由项目双方共享或全部分配给节能服务公司时，随着补贴节能量标准的不断提高，能源用户的项目收益会先保持某一稳定值而后不断增加。

第四，在节能服务公司收益方面，补贴并不总能提高节能服务公司的项目收益，仅当项目节能量达到补贴标准且补贴全部补给节能服务公司或补贴由项目双方共享时，补贴才会提高节能服务公司的项目收益，且随着补贴节能量标准的提高，其项目收益会先稳定而后降低；当项目节能量达到补贴标准但补贴全部补给能源用户时，节能服务公司获得的收益将小于无补贴的情形；随着补贴节能量标准的提高，节能服务公司的项目收益将不断降低直至无法获利。在考虑节能服务公司公平感知偏好后发现，当节能服务公司的补贴分配比例大于50%时，其会产生"自豪感"正效用，从而提高整个项目节能量以及项目双方收益；当节能服务公司的补贴分配比例小于50%时，其会产生"嫉妒"负效用，从而削减整个项目节能量以及项目双方收益；当节能服务公司的补贴分配比例等于50%时，其既不会产生"自豪感"正效用，也不会产生"嫉妒"负效用。

第七章

基于演化博弈的合同能源管理项目
监管问题研究

第一节 引 言

随着合同能源管理模式的逐步推进，一些项目合作问题也逐渐暴露出来，如 Liu 等在对我国东莞市中小企业万台注塑机电机能效提升的合同能源管理项目的调查中发现，能源用户和节能服务公司在项目合作中的不配合、不积极等参与行为是导致很多正在开展合同能源管理项目无法顺利实施，以及很多已经实施合同能源管理项目无法达到预定的节能目标的主要原因；[①] Zhang 等对中国建筑节能协会辖下的 272 个在建合同能源管理项目以及 12 个已完成合同能源管理项目的调查发现节能服务公司在合同能源管理项目合作中的懈怠、消极行为，以及用户在合同能源管理项目合作中的不配合、随意行为是导致项目运营中出现节能效率下降或无法达到预期节能量的主要原因；[②] Ruan 等在对中国合同能源管理协会辖下的 205 个合

---

① LIU H M, HU M Y, ZHANG X Y. Energy Costs Hosting Model：The most suitable business model in the developing stage of Energy Performance Contracting ［J］. Journal of Cleaner Production, 2018, 172：2553-2566.

② ZHANG M S, WANG M J, JIN W, et al. Managing energy efficiency of building in China：A survey of energy performance contracting (EPC) in building sector ［J］. Energy Policy, 2018, 114：13-21.

同能源管理项目的调查中也发现能源用户对节能服务公司信任度的缺失造成项目双方在合作中产生"投机""搭便车"行为,从而最终导致合同能源管理项目无法实现最优节能。①

在合同能源管理项目实施过程中,单纯依靠合作双方间的合同约束,或合作双方的"契约精神"已无法保障项目实现最优节能。因此,在合同能源管理项目实施过程中需要引入第三方(政府)来对项目合作进行监管。当前各国家或地区对合同能源管理项目更多的是鼓励性政策,如免税、优先审批、补贴等。然而,惩罚性政策相对较少且较为笼统。例如,我国的《合同能源管理财政奖励资金管理暂行办法》(国办发〔2010〕25号)文件中提到"对弄虚作假、骗取财政奖励资金的节能服务公司,除追缴扣回财政奖励资金外,将取消其财政奖励资金申报资格",且文件对合同能源管理项目无法达到节能量的情况,以及非技术或设备原因导致的合同能源管理项目合作失效情况等并无明确惩罚规定。

实质上,心理学领域的研究表明独立于合作双方之外的第三方惩罚可以对合作双方潜在的"投机""搭便车"心理产生威慑,并有效约束其"机会主义"行为,从而显著提高合作比率。此外,一些社会学的研究也表明在第三方惩罚机制中,虽然第三方不参与游戏,但其扮演的角色是游戏监管者,且能够根据自己观察到的游戏双方的贡献行为,并相对客观地对贡献较少或者无贡献者给予惩罚,从而约束游戏双方行为。此外,如前所述,基于"间接互惠"(Indirect Reciprocity)理论的研究也表明第三方惩罚实质上在向合作中的两方释放出不可违规,不可"搭便车"等信号,且该信号具有极强的威慑性。因此,在合同能源管理项目合作中,以政府为主导的第三方惩罚将对合同能源管理项目合作双方的"消极""投机"等心理产生威慑,从而约束和鞭策项目双方"积极""认真"地参与项目合作。

---

① RUAN H Q, GAO X, MAO C X. Empirical study on annual energy-saving performance of energy performance contracting in China [J]. Sustainability, 2018, 10 (5): 1-25.

　　研究表明造成项目双方合作中"消极""投机""搭便车"等行为的原因是多方面的，如信息不对称、合同设计缺陷、未来市场环境的不确定性、双方信任程度等。因此，为了更清晰和深入地探讨各类合作关系、合作行为以及惩罚机制的实效性，学者们常将博弈论作为最主要的分析工具和手段。例如，李媛等从政府碳税的角度结合三阶段非合作博弈模型探讨了政府碳税税率对企业减排行为和消费者满意度的影响；[①] 金帅等运用演化博弈理论探讨和分析了政府在环境监管过程中实施动态惩罚机制时企业环境行为的演化过程；[②] 刘伟等也从演化博弈的视角分析了互联网金融平台行为与金融市场监管行为之间的博弈，并通过对比分析了动态惩罚机制和固定惩罚机制两种情况下互联网金融平台行为策略和金融市场监管策略的博弈演化及博弈均衡情况；[③] 此外，杨松等也基于演化博弈模型探讨了惩罚机制下农产品供应商和生产商的农产品质量安全投入方面的博弈过程，以及惩罚机制对双方农产品质量安全投入行为的影响，等等。[④] 由此可见，博弈论尤其是演化博弈理论非常适合于分析惩罚机制下项目双方的合作参与行为与博弈过程。

　　现有关于监管机制的研究多集中于惩罚形式或方法，忽略了对惩罚力度方面的考虑。实质上，Krasnow 等和 Delton 和 Krasnow 均在研究中指出惩罚力度是影响惩罚机制是否有效的一个重要指标：当惩罚力度过大时，惩罚机制将削弱项目合作双方的参与积极性；当惩罚力度过小时，惩罚机

---

① 李媛，赵道政，祝晓光. 基于碳税的政府与企业行为博弈模型研究 [J]. 资源科学，2013，35（1）：125-131.

② 金帅，张洋，杜建国. 动态惩罚机制下企业环境行为分析与规制策略研究 [J]. 中国管理科学，2015，23（S1）：637-644.

③ 刘伟，夏立秋，王一雷. 动态惩罚机制下互联网金融平台行为及监管策略的演化博弈分析 [J]. 系统工程理论与实践，2017，37（5）：1113-1122.

④ 杨松，庄晋财，王爱峰. 惩罚机制下农产品质量安全投入演化博弈分析 [J]. 中国管理科学，2019，27（8）：181-190.

制将失去威慑力，进而导致监管失效。① 因此，如何在引入监管机制的同时兼顾对监管力度、监管有效性等方面考量成为政府监管所亟须解决问题。

第二节 问题描述

如前文所述，在合同能源管理项目合作参与选择中，节能服务公司可以选择"积极"参与，如向能源用户提供详细的节能技术服务、合同能源管理项目后期维护服务等；也可以选择"消极"参与，如在合同能源管理项目中以消极、懈怠的态度对待能源用户的节能技术咨询等。因为合同能源管理项目的实施需要对能源用户现有的能源设备或设施进行改造，从而会对能源用户当前的用能带来不便，同时节能技术的应用或节能设备的安装也会对能源用户现有用能习惯、舒适度等个人用能体验产生影响。因此，能源用户在合同能源管理项目合作中也存在两种参与选择：（1）"积极"参与，即积极配合节能服务公司开展各项节能改造，严格按照节能技术规范使用节能设备和设施；（2）"消极"参与，即消极配合节能服务公司开展节能改造，不按规定使用节能设备或设施。假设在合同能源管理项目中合作双方均为有限理性，双方都会为项目合作中各自的节能收益以及相应的付出成本等展开博弈，且存在信息不对称，且能源用户选择"积极"参与的概率为 $x(0 \leqslant x \leqslant 1)$，节能服务公司选择"积极"参与的概率为 $y(0 \leqslant y \leqslant 1)$。当能源用户（节能服务公司）的数量足够大时，$x(y)$ 则表示能源用户群体（节能服务公司群体）在合同能源管理项目合作中选择

---

① DELTON A W, KRASNOW M M. The psychology of deterrence explains why group membership matters for third-party punishment [J]. Evolution and Human Behavior, 2017, 38 (6): 734-743; KRASNOW M M, DELTON A W, COSMIDES L, et al. Looking under the hood of third-party punishment reveals design for personal benefit [J]. Psychological Science, 2016, 27 (3): 405-418.

"积极"参与的比例。

假设一个合同能源管理项目设计的节能量为 $e(e > 0)$，且仅当项目双方都积极参与合作时，该项目才能达到节能量 e。然而，由于项目双方都知道项目中的节能改造设备或节能技术会比原来的设备和技术更节能，所以双方都有可能在项目合作过程中出现消极、懈怠、投机等行为，例如，不按照标准程序操作、故意延长设备空转时间、未按规定时间检修、保养节能设施设备等。而一旦能源用户或节能服务公司中的任何一方在项目合作中出现消极、懈怠、投机等行为时，节能设备将会因出现空转、过度使用等无效能耗从而导致项目无法达到节能量 e。进一步的假设当节能服务公司"消极"参与项目合作时项目的节能量呈现系数为 $\alpha(0 < \alpha < 1)$；当能源用户"消极"参与项目合作时项目的节能量呈现系数为 $\beta(0 < \beta < 1)$，且 α 和 β 为两个互不影响的独立变量。而在合同能源管理项目中，项目节能收益 Π 仅与节能量 e 相关，为简化分析过程，将单位能源价格标准化为 1，则节能量 e 的合同能源管理项目的节能收益为 $\Pi = e$。合同能源管理项目中节能收益由能源用户和节能服务公司共享，假设能源用户的节能收益分享率为 $r(0 < r < 1)$，则节能服务公司的节能收益分享率为 $1 - r$。当能源用户"消极"参与项目合作时，其需要付出一定的参与成本，而当能源用户"积极"参与合同能源管理项目合作时，其需要在"消极"参与成本的基础上额外付出一定的成本，节能服务公司亦是如此。为简化分析过程，这里进一步将项目双方"消极"参与合同能源管理项目合作时的参与成本都标准化为 0，将能源用户"积极"参与项目合作时需要付出的参与成本假设为 $c(c > 0)$；将节能服务公司"积极"参与项目合作时需要付出的参与成本假设为 $C(C > 0)$。需要说明的是，这里即使没有对能源用户和节能服务公司的项目合作参与成本进行标准化处理，也不会影响后文的模型分析及讨论结果，仅会增加数学计算分析的复杂性。

为了消除合同能源管理项目双方的"消极"行为，引导项目双方都"积极"参与项目合作，实现最优节能，政府指派相关部门（如质监局、能源局等）对项目节能量以及项目合作双方在项目中的合作参与行为（例如，节能设备规范操作、节能设备日常检修、节能设备安装后技术支持、节能量日常统计、合同能源管理项目问题处理及时性等）进行监测，并根据监测记录和监测结果来界定能源用户（节能服务公司）在项目合作中是"积极"还是"消极"。这里假定监测界定结果可以准确无误地反映能源用户（节能服务公司）在项目合作中的参与行为（积极/消极），不存在监测结果失真现象，且政府以及项目合作双方都无需承担监测费用；最后，政府根据监测到的项目节能量，以及项目双方的合作参与行为，对"消极"参与项目合作的能源用户（节能服务公司）给予惩罚 $k(K)$，其中 $k > 0$，$K > 0$。为了保证政府惩罚不过多干扰项目合作双方的参与行为，这里假设 $k < c$，$K < C$。

第三节 模型及分析

一、模型

由假设可知监管机制下能源用户和节能服务公司之间的博弈支付矩阵为：

表7-1 监管机制下合同能源管理项目合作双方博弈的支付矩阵

		节能服务公司	
		积极	消极
能源用户	积极	$r\Pi - c$，$(1-r)\Pi - C$	$r\alpha\Pi - c$，$(1-r)\alpha\Pi - K$
	消极	$r\beta\Pi - k$，$(1-r)\beta\Pi - C$	$r\alpha\beta\Pi - k$，$(1-r)\alpha\beta\Pi - K$

由于项目双方的有限理性和合作参与信息的不确定性，其很难一次就做出理性的选择，而是需要通过不断的观察、学习后，反复调整自身的合作参与行为，因此在演化博弈理论中常用复制动态方程来描述整个演化过

程。因此，结合表7-1中的博弈支付矩阵可得能源用户在合同能源管理项目合作中选择"积极"参与的复制动态方程为：

$$F(x) = \frac{dx}{dt} = x(1-x)\big[yr(1-\alpha)(1-\beta)\Pi + r\alpha(1-\beta)\Pi - c + k\big]$$

(7-1)

节能服务公司选择"积极"参与的复制动态方程：

$$F(y) = \frac{dy}{dt} = y(1-y)\big[x(1-r)(1-\alpha)(1-\beta)\Pi$$
$$+ (1-r)(1-\alpha)\beta\Pi - C - K\big]$$

(7-2)

由式（7-1）和式（7-2）可以得到政府惩罚机制下合同能源管理项目双方合作参与行为演化的二维复制动态系统：

$$\begin{cases} F(x) = x(1-x)\big[yr(1-\alpha)(1-\beta)\Pi + r\alpha(1-\beta)\Pi - c + k\big] \\ F(y) = y(1-y)\big[x(1-r)(1-\alpha)(1-\beta)\Pi \\ \qquad\qquad + (1-r)(1-\alpha)\beta\Pi - C + K\big] \end{cases}$$

(7-3)

对式（7-3）复制动态方程组求解可得到系统的纯策略均衡点（0，0），（0，1），（1，0），（1，1）以及混合策略均衡点（x^*，y^*）。系统的5个均衡点中：（0，0）表示能源用户选择"积极"参与的概率为0且节能服务公司选择"积极"策略的概率也为0，该均衡点下项目双方的合作参与策略为（消极，消极）；（0，1）表示能源用户选择"积极"参与的概率为0且节能服务公司选择"积极"参与的概率为1，该均衡点下项目双方的合作参与策略为（消极，积极）；（1，0）表示能源用户选择"积极"参与的概率为1且节能服务公司选择"积极"策略的概率为0，该均衡点下项目双方的合作参与策略为（积极，消极）；（1，1）表示能源用户选择"积极"参与的概率为1且节能服务公司选择"积极"策略的概率为1，该均衡点下双方的合作参与策略为（积极，积极）；（x^*，y^*）表示能源用户选择"积极"参与的概率为x^*，且节能服务公司选择"积极"参与的概率

为 y^*，其中：$x^* = \dfrac{C - K - \beta(1-r)(1-\alpha)\Pi}{(1-r)(1-\alpha)(1-\beta)\Pi}$，$y^* = \dfrac{c - k - r(1-\beta)\alpha\Pi}{r(1-\alpha)(1-\beta)\Pi}$。

由于复制动态方程求解得到的均衡点并不一定是复制动力系统的演化稳定策略（Evolutionary Stable Strategy，简称 ESS），因此需要对各系统的各均衡点的稳定性进行判断。根据 Friedman 的研究，均衡点的稳定性可以通过对复制动力系统对应雅克比（Jacobian）矩阵的分析得到，复制动力系统的雅克比矩阵为：

$$J = \begin{bmatrix} \dfrac{\partial F(x)}{\partial x} & \dfrac{\partial F(x)}{\partial y} \\[3mm] \dfrac{\partial F(y)}{\partial x} & \dfrac{\partial F(y)}{\partial y} \end{bmatrix} = \begin{bmatrix} a_{11} & a_{12} \\ a_{21} & a_{22} \end{bmatrix} \tag{7-4}$$

由此可得复制动态系统的雅克比矩阵为：

$$J = \begin{bmatrix} \begin{array}{l}(1-2x)\big[yr(1-\alpha)(1-\beta)\Pi + \\ \quad r(1-\beta)\alpha\Pi - c + k\big]\end{array} & x(1-x)r(1-\alpha)(1-\beta)\Pi \\[4mm] y(1-y)(1-r)(1-\alpha)(1-\beta)\Pi & \begin{array}{l}(1-2y)\big[x(1-r)(1-\alpha)(1-\beta)\Pi \\ \quad + \beta(1-r)(1-\alpha)\Pi - C + K\big]\end{array} \end{bmatrix}$$

$$\tag{7-5}$$

则雅克比矩阵 J 对应行列式值为：

$$\begin{aligned}\det(J) &= (1-2x)\big[yr(1-\alpha)(1-\beta)\Pi + r\alpha(1-\beta)\Pi - c + k\big] \\ &\quad \times (1-2y)\big[x(1-r)(1-\alpha)(1-\beta)\Pi + (1-r)(1-\alpha)\beta\Pi \\ &\quad - C + K\big] - x(1-x)r(1-\alpha)(1-\beta)\Pi \\ &\quad \times y(1-y)(1-r)(1-\alpha)(1-\beta)\Pi \end{aligned} \tag{7-6}$$

雅克比矩阵 J 的迹为：

$$\begin{aligned}\mathrm{tr}(J) &= (1-2x)\big[yr(1-\alpha)(1-\beta)\Pi + r\alpha(1-\beta)\Pi - c + k\big] \\ &\quad + (1-2y)\big[x(1-r)(1-\alpha)(1-\beta)\Pi \\ &\quad + (1-r)(1-\alpha)\beta\Pi - C + K\big] \end{aligned} \tag{7-7}$$

将系统 1 的均衡点 $(0, 0)$，$(0, 1)$，$(1, 0)$，$(1, 1)$ 以及混合策略均衡点 (x^*, y^*) 代入式（7-6）和式（7-7）后，可解得复制动态系统

各均衡点雅克比矩阵对应行列式值 $\det(J)$ 以及雅克比矩阵 J 的迹 $\operatorname{tr}(J)$，具体结果详见表 7-2。

表 7-2　复制动态系统各均衡点雅克比矩阵对应行列式和迹

均衡点	$\det(J)$	$\operatorname{tr}(J)$
$(0, 0)$	$[r(1-\beta)\alpha\Pi + k - c][\beta(1-r)(1-\alpha)\Pi + K - C]$	$[r(1-\beta)\alpha\Pi + k - c] + [\beta(1-r)(1-\alpha)\Pi + K - C]$
$(0, 1)$	$[c-k-r(1-\beta)\Pi][\beta(1-r)(1-\alpha)\Pi + K - C]$	$[r(1-\beta)\Pi + k - c] + [C - K - \beta(1-r)(1-\alpha)\Pi]$
$(1, 0)$	$[c-k-r(1-\beta)\alpha\Pi][(1-r)(1-\alpha)\Pi + K - C]$	$[c - k - r(1-\beta)\alpha\Pi] + [(1-r)(1-\alpha)\Pi + K - C]$
$(1, 1)$	$[r(1-\beta)\Pi + k - c][(1-r)(1-\alpha)\Pi + K - C]$	$[c - k - r(1-\beta)\Pi] + [C - K - (1-r)(1-\alpha)\Pi]$
(x^*, y^*)	Ψ	0

注：$\Psi = -\dfrac{[C-K-\beta(1-r)(1-\alpha)\Pi][C-K-(1-r)(1-\alpha)\Pi][c-k-r(1-\beta)\alpha\Pi][c-k-r(1-\beta)\Pi]}{r(1-r)(1-\alpha)^2(1-\beta)^2\Pi^2}$。

二、均衡分析

根据 Lyapunov 稳定性定理，当复制动力系统的均衡点同时满足

（1）$\det(J) = \begin{vmatrix} a_{11} & a_{12} \\ a_{21} & a_{22} \end{vmatrix} > 0$；（2）$\operatorname{tr}(J) = a_{11} + a_{22} < 0$ 时，表明该均衡点是稳定的，即该点代表的策略为系统的演化稳定策略，由此可对不同情景下系统的稳定性进行判断。

情形 1：当 $k < c - r(1-\beta)\Pi$ 且 $K < C - (1-r)(1-\alpha)\Pi$ 时，根据 Lyapunov 稳定性定理，系统存在唯一的演化稳定点 $(0, 0)$，且 $(0, 1)$，$(1, 0)$，$(1, 1)$ 都不是稳定点，且系统最终都会向均衡点 $(0, 0)$ 演化，系统的局部稳定性分析结果见表 7-3。

表 7-3　情形 1 下的局部稳定性分析

均衡点	det(J)	tr(J)	局部稳定性
(0, 0)	+	−	ESS
(0, 1)	−	不确定	不稳定
(1, 0)	−	不确定	不稳定
(1, 1)	+	+	不稳定

情形 2：当 $k > c - r\alpha(1-\beta)\Pi$ 且 $K > C - (1-r)(1-\alpha)\beta\Pi$ 时，系统存在唯一的演化稳定点 (1, 1)，且 (0, 0)，(1, 0)，(0, 1) 都不是稳定点，且系统最终都会向均衡点 (1, 1) 演化，系统的局部稳定性分析结果见表 7-4。

表 7-4　情形 2 下的局部稳定性分析

均衡点	det(J)	tr(J)	局部稳定性
(0, 0)	+	+	不稳定
(0, 1)	−	不确定	不稳定
(1, 0)	−	不确定	不稳定
(1, 1)	+	−	ESS

情形 3：当 $k < c - r(1-\beta)\Pi$ 且 $K > C - (1-r)(1-\alpha)\beta\Pi$ 时，相应的局部稳定性如表 7-5 所示，仅存在唯一的演化稳定点 (0, 1)，且 (0, 0)，(1, 0)，(1, 1) 都不是稳定点，即不管系统处于什么状态，最后都会演化至均衡点 (0, 1)。

表 7-5　情形 3 下的局部稳定性分析

均衡点	det(J)	tr(J)	局部稳定性
(0, 0)	−	不确定	不稳定
(0, 1)	+	−	ESS
(1, 0)	+	+	不稳定
(1, 1)	−	不确定	不确定

情形4：当 $k > c - r\alpha(1-\beta)\Pi$ 且 $K < C - (1-r)(1-\alpha)\Pi$ 时，相应的局部稳定性如表7-6所示，仅存在唯一的演化稳定点 $(1, 0)$，且 $(0, 0)$，$(0, 1)$，$(1, 1)$ 都不是稳定点，即不管系统处于什么状态，最后都会演化至均衡点 $(1, 0)$。

表7-6　情形4下的局部稳定性分析

均衡点	$\det(J_2)$	$\text{tr}(J_2)$	局部稳定性
$(0, 0)$	−	不确定	不稳定
$(0, 1)$	+	+	不稳定
$(1, 0)$	+	−	ESS
$(1, 1)$	−	不确定	不稳定

情形5：当 $c - r(1-\beta)\Pi < k < c - r\alpha(1-\beta)\Pi$ 且 $C - (1-r)(1-\alpha)\Pi < K < C - (1-r)(1-\alpha)\beta\Pi$ 时，系统存在多重均衡，相应的局部稳定性如表7-7所示，$(0, 0)$ 和 $(1, 1)$ 都是系统演化的稳定点，$(1, 0)$ 和 $(0, 1)$ 都不是稳定点且系统初始状态将影响其演化趋势和最终结果。

表7-7　情形5下的局部稳定性分析

均衡点	$\det(J_2)$	$\text{tr}(J_2)$	局部稳定性
$(0, 0)$	+	−	ESS
$(0, 1)$	+	+	不稳定
$(1, 0)$	+	+	不稳定
$(1, 1)$	+	−	ESS
(x^{**}, y^{**})	−	0	鞍点

情景5下的均衡分析结果表明当能源用户（节能服务公司）"积极"参与项目合作所需付出的成本处于一定范围时，能源用户（节能服务公司）选择"积极"参与既有可能获得更多收益，也有可能无法获得更多收益。所以能源用户（节能服务公司）可能选择"积极"参与也有可能选择"消极"参与，即该情景下合同能源管理项目有可能实现最优节能，也

有可能无法实现最优节能。情景 5 下系统的博弈演化过程如图 7-1 所示：
当能源用户和节能服务公司在系统演化的初始状态落在区域 OADC 中时，
最终稳定均衡点是（0，0），即（消极，消极）策略，合同能源管理项目
将无法实现最优节能；当能源用户和节能服务公司在系统演化的初始状态
落在区域 BADC 中时，最终稳定均衡点是（1，1），即（积极，积极）策
略，合同能源管理项目将实现最优节能。区域 OADC 和区域 BADC 的面积
直接反映了系统演化后项目双方在合同能源管理项目合作参与中的均衡策
略分别为（消极，消极）策略和（积极，积极）策略的概率。

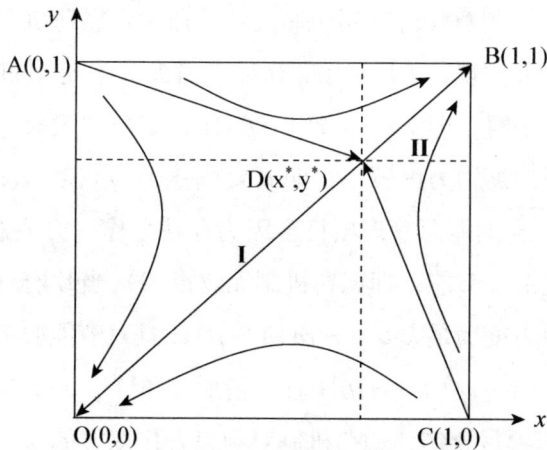

图 7-1　情景 5 下系统的演化相位图

由图 7-1 可知，当系统演化收敛于点 O（0，0）时，意味着在合同能源
管理项目合作中能源用户和节能服务公司均选择"消极"参与，从而导致
项目无法实现最优节能。因此，要实现项目最优节能，需要项目双方的合
作博弈演化最大可能收敛于点 B（1，1），即要求鞍点 D（x^*，y^*）尽可能
向左下方移动，减小区域 OADC 的面积（区域 I），增大区域 BADC 的面
积（区域 II）。以下用符号 M 表示区域面积，当 $M_I > M_{II}$ 时，表示项目合
作中（消极，消极）策略发生的概率更大些，相应的项目实现最优节能的
概率更小些；当 $M_I < M_{II}$ 时，表示项目合作中（积极，积极）策略发生的

概率更大些，相应的项目实现最优节能的概率更大些；当 $M_I = M_{II}$ 时，表示项目合作中（消极，消极）策略和（积极，积极）策略发生的概率相同，即项目可能实现最优节能，也可能无法实现最优节能。

三、监管力度与监管有效性分析

如前所述，政府对合同能源管理项目实施惩罚机制最主要的目的是引导和约束能源用户和节能服务公司"积极"参与项目合作，从而实现最优节能。若在惩罚机制下项目合作双方仍出现一方（或双方）在项目合作中的"消极"行为，则意味着惩罚机制失效。通过对惩罚机制下的系统均衡分析进一步判断可发现：（1）当政府对"消极"参与项目合作的能源用户的惩罚力度较小时，即 $k < c - r(1-\beta)\Pi$，或对"消极"参与项目合作的节能服务公司的惩罚力度较小，即 $K < C - (1-r)(1-\alpha)\Pi$（情形1、情形3和情形4），合同能源管理项目会因为存在合作一方或双方的"消极"行为而无法实现最优节能，即惩罚机制无效；（2）当政府对在项目合作中能源用户的惩罚力度满足 $k > c - r\alpha(1-\beta)\Pi$ 且对节能服务公司的惩罚力度满足 $K > C - (1-r)(1-\alpha)\beta\Pi$ 时（情形2和情形5），项目合作双方都会"积极"参与项目合作，惩罚机制对项目合作双方的参与行为的监管才是有效的。情形2表明只要政府惩罚力度足够大就可以督促和促使节能服务公司和能源用户"积极"参与项目合作，进而实现最优节能。然而，在实际中，惩罚力度不可能无限大，因为过多的惩罚将打消能源用户或节能服务公司开展合同能源管理项目合作的积极性，一旦政府惩罚使双方无利可图，双方将停止合作，进而影响整个合同能源管理行业的发展。因此情形2在实际中通常表现为过度惩罚（或惩罚过度），这将导致惩罚机制无法长期、持续开展。相应地，情形5将对于"消极"参与合同能源管理项目合作双方的惩罚力度限定在一定的范围，即 $c - r(1-\beta)\Pi < k < c - r\alpha(1-\beta)\Pi$，$C - (1-r)(1-\alpha)\Pi < K < C - (1-r)(1-\alpha)\beta\Pi$，此时惩罚机制既实现了政府对项目合作双方的监管，又保证了项目双方的合作积

极性，因此情形 5 下的惩罚机制最为有效。综上可得：不同惩罚力度对"消极"参与项目合作的能源用户而言：

$$\begin{cases} 惩罚无效,当:k<c-r(1-\beta)\Pi \\ 惩罚有效,\begin{cases} 过度惩罚,当:k>c-r\alpha(1-\beta)\Pi \\ 适度惩罚,当:c-r(1-\beta)\Pi<k<c-r\alpha(1-\beta)\Pi \end{cases} \end{cases}$$

不同惩罚力度对于"消极"参与项目合作的节能服务公司而言：

$$\begin{cases} 惩罚无效,当:K<C-(1-r)(1-\alpha)\Pi \\ 惩罚有效,\begin{cases} 过度惩罚,当:K>C-(1-r)(1-\alpha)\beta\Pi \\ 适度惩罚,当:C-(1-r)(1-\alpha)\Pi<K<C-(1-r)(1-\alpha)\beta\Pi \end{cases} \end{cases}$$

综上，整理可得政府对合同能源管理项目合作中能源用户和节能服务公司的"消极"参与行为的惩罚力度与惩罚效果示意图（图 7-2）。

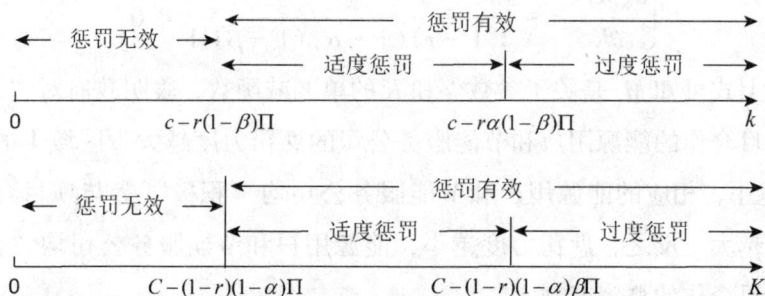

图 7-2 惩罚力度与惩罚效果示意图

四、监管力度对项目双方合作参与行为的影响

由以上讨论分析结果可知当政府惩罚力度过大时（过度惩罚），虽然可以约束项目双方的合作参与行为，但也限制了能源用户和节能服务公司开展合同能源管理项目的积极性，且从长远发展来看，过度惩罚将影响和限制合同能源管理产业的正常发展。因此，在适度惩罚的前提下实现对合同能源管理项目合作双方参与行为的有效激励和约束才是探讨政府惩罚机制有效性的关键。因此，以下重点探讨政府适度惩罚时（情形 5）系统的演化趋势（项目合作双方参与行为），以及影响不同演化趋势的因素。情

形 5 下的系统演化相位图与图 6-1 类似，即存在两个均衡稳定点 $O(0, 0)$ 和 $B(1, 1)$，当系统演化收敛于 $O(0, 0)$ 点时，意味着合同能源管理项目因合作双方的"消极"参与行为无法实现最优节能，即惩罚机制失效。因此，有效的惩罚机制需要将项目双方合作参与策略的演化最大可能的收敛于 $B(1, 1)$ 点，即要求鞍点 (x^{**}, y^{**}) 尽可能向左下方移动，减小区域 Ⅰ 的面积。由鞍点 (x^{**}, y^{**}) 可计算适度惩罚时区域 Ⅰ 的面积 M_I 为：

$$M_I = \frac{1}{2} \Big[\frac{C - K - \beta(1 - r)(1 - \alpha)\Pi}{(1 - r)(1 - \alpha)(1 - \beta)\Pi} + \frac{c - k - r(1 - \beta)\alpha\Pi}{r(1 - \alpha)(1 - \beta)\Pi} \Big]$$

区域 Ⅰ 的面积 M_I 对参数 k 和 K 分别求偏导，则：

$$\begin{cases} \dfrac{\partial(M_I)}{\partial k} = -\dfrac{1}{2r(1 - \alpha)(1 - \beta)\Pi} < 0 \\[3mm] \dfrac{\partial(M_I)}{\partial K} = -\dfrac{1}{2(1 - r)(1 - \alpha)(1 - \beta)\Pi} < 0 \end{cases}$$

由上式可知 M_I 是关于参数 k 和 K 的单调减函数，表明政府对"消极"参与项目合作的能源用户和节能服务公司的惩罚力度越大，区域 Ⅰ 的面积 M_I 就越小，相应的能源用户和节能服务公司均"积极"参与项目合作的概率就越大。反之，惩罚力度越小，能源用户和节能服务公司均"消极"参与项目合作的概率就越大。

第四节　数值仿真分析

在合同能源管理项目双方的合作参与演化博弈系统中，均衡点 $(0, 0)$ 意味着能源用户和节能服务公司均将"消极"参与项目合作，从而导致合同能源管理项目无法实现最优节能；均衡点 $(1, 1)$ 意味着能源用户和节能服务公司均将"积极"参与项目合作，进而促使合同能源管理项目实现最优节能。因此，均衡点 $(1, 1)$ 是开展合同能源管理项目以及惩罚机制所期望的结果，而均衡点 $(0, 0)$ 是开展合同能源管理项目最不期望的结果。此外，（0，0）和（1，1）这两个均衡点也是多重均衡时系统中同时存在的两种策略。因此，以下对能源用户和节能服务公司在项目合作参与行为演化博弈过程中的这两种策略进行数值仿真和对比分析。

一、无监管机制下的系统演化分析

当 $K = 0$，$k = 0$ 时，即无政府监管机制，假设合同能源管理项目设计的节能收益 $\Pi = 1000$，项目合作中能源用户的节能收益分享率 $r = 0.2$；当节能服务公司"消极"参与时项目节能收益的呈现率 $\alpha = 0.8$，当能源用户"消极"参与时项目节能收益的呈现率 $\beta = 0.7$；能源用户"积极"参与项目合作时所需付出的成本 $c = 65$，节能服务公司"积极"参与项目合作时所需付出的成本 $C = 165$；能源用户在项目合作中选择"积极"参与的初始概率 x_0 分别取 0.3、0.5 和 0.8，节能服务公司选择"积极"参与的初始概率 y_0 分别取 0.3、0.5 和 0.8，系统演化过程如图 7-3、图 7-4 所示。

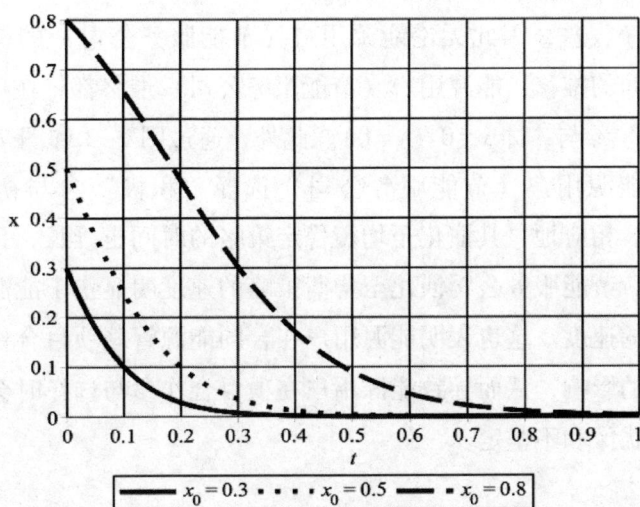

图 7-3　无监管机制下能源用户的项目合作参与行为演化过程

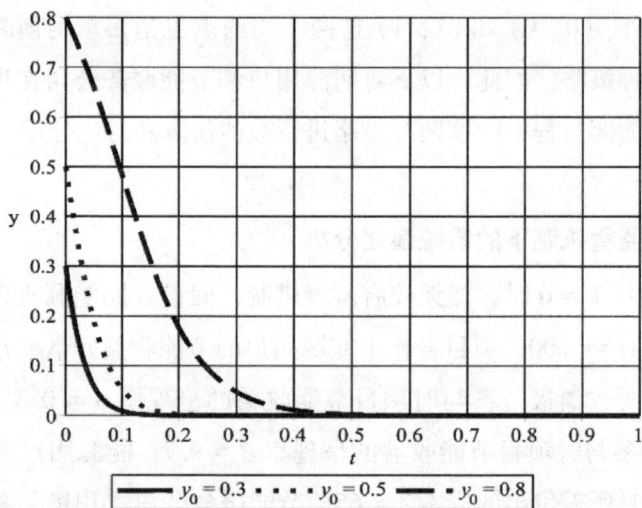

图7-4 无监管机制下节能服务公司的项目合作参与行为演化过程

由图7-3、图7-4可知，在无惩罚机制下，由于假设参数中能源用户（节能服务公司）"积极"参与项目合作时所获得收益小于其付出的成本，即能源用户（节能服务公司）"消极"参与项目合作可以获得比"积极"参与更多的净收益，因此无论能源用户（节能服务公司）的初始状态如何，随着时间的推移，能源用户（节能服务公司）最终都将在项目合作中选择"消极"参与，即 $x=0$（$y=0$）。此外，通过图7-3和图7-4也可以看出，随着能源用户（节能服务公司）选择"积极"参与初始概率 x_0（y_0）增大，相应地，其演化至均衡稳定策略的时间也延长，且在相同的初始概率下，节能服务公司演化至均衡策略的速度明显快于能源用户演化至均衡策略的速度。这也表明能源用户在合同能源管理项目合作中会受更多方面因素的影响，从而导致能源用户在项目合作参与选择时会比节能服务公司更加犹豫和不坚定。

二、监管机制下的系统演化分析

（一）过度惩罚

根据情形2假设过度惩罚时政府对"消极"参与项目合作的能源用户

的惩罚力度 $k = 20$；对"消极"参与项目合作的节能服务公司的惩罚力度 $K = 60$；其他各参数的设置不变，即 $\Pi = 1000$，$r = 0.2$，$\alpha = 0.8$，$\beta = 0.7$，$c = 65$，$C = 165$，能源用户选择"积极"参与的初始概率 x_0 分别取 0.3、0.5 和 0.8，节能服务公司选择"积极"参与的初始概率 y_0 分别取 0.3，0.5 和 0.8，系统演化过程如图 7-5、图 7-6 所示。

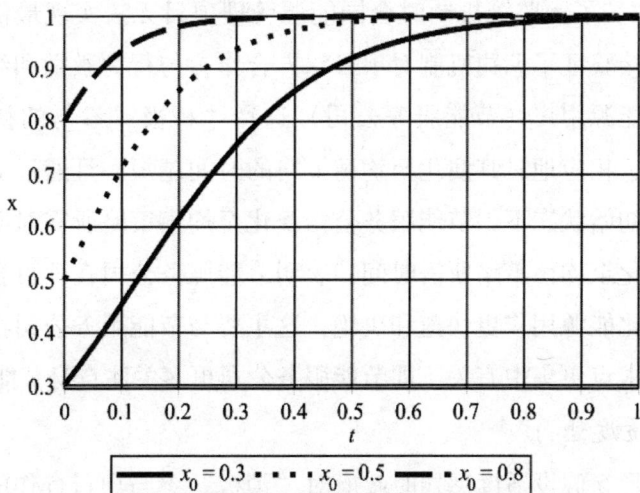

图 7-5 过度惩罚时能源用户的项目合作参与行为演化过程

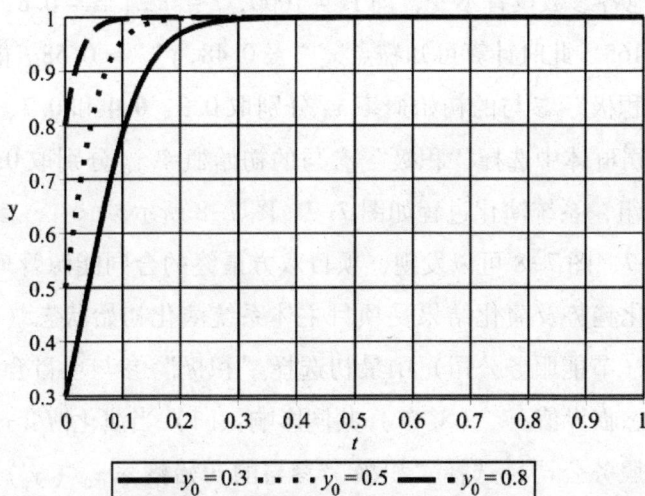

图 7-6 过度惩罚时节能服务公司的项目合作参与行为演化过程

由图 7-5 和图 7-6 可知，当政府对能源用户（节能服务公司）给予过度惩罚时，因为政府的相对过高的惩罚使得能源用户（节能服务公司）在项目合作中选择"消极"参与时所需付出的成本显著提高，即 $0 \to k$（$0 \to K$），进而使得"积极"参与变得比"消极"参与更"有利可图"，因此能源用户（节能服务公司）的合作参与行为将会从"消极"转变为"积极"，从而扭转了无监管机制时合同能源管理项目无法实现最优节能的局面，这也直接验证了惩罚机制对项目双方合作参与行为激励和约束的有效性。此外，能源用户（节能服务公司）选择"积极"参与的初始概率 x_0（y_0）越大，相应地，其演化至均衡策略的时间越短。且通过对比可以发现在相同的初始状态下，节能服务公司演化至均衡策略所需时间明显小于能源用户演化至均衡策略所需时间，表明节能服务公司在项目合作中的参与决策明显比能源用户更快速和决绝，这主要与节能服务公司在项目合作中的利益诉求点更集中有关，即节能服务公司更多关注自身节能收益。

（二）适度惩罚

根据情形 5 假设适度惩罚时政府对"消极"参与项目合作的能源用户的惩罚力度 $k = 10$；对"消极"参与项目合作的节能服务公司的惩罚力度 $K = 30$，其他各参数设置不变，即 $\Pi = 1000$，$r = 0.2$，$\alpha = 0.8$，$\beta = 0.7$，$c = 65$，$C = 165$。此时计算可知鞍点 $x^{**} \approx 0.48$，$y^{**} \approx 0.58$。能源用户群体中选择"积极"参与的初始概率 x_0 分别取 0.3、0.4 和 0.7、0.8 两组，节能服务公司群体中选择"积极"参与的初始概率 y_0 分别取 0.3、0.4 和 0.7、0.8 两组，系统演化过程如图 7-7、图 7-8 所示。

由图 7-7、图 7-8 可以发现，项目双方最终的合同能源管理项目合作参与行为演化趋势及演化结果受项目主体系统演化初始状态（x_0 或 y_0），即能源用户（节能服务公司）中最初选择"积极"参与项目合作的概率，以及初始状态临界值 x^{**}（y^{**}）共同影响：（1）当演化博弈过程中能源用户（节能服务公司）选择"积极"参与的初始概率 x_0（y_0）大于临界值 x^{**}（y^{**}）时，即 $x_0 > x^{**} \approx 0.48$（$y_0 > y^{**} \approx 0.58$），经过系统演

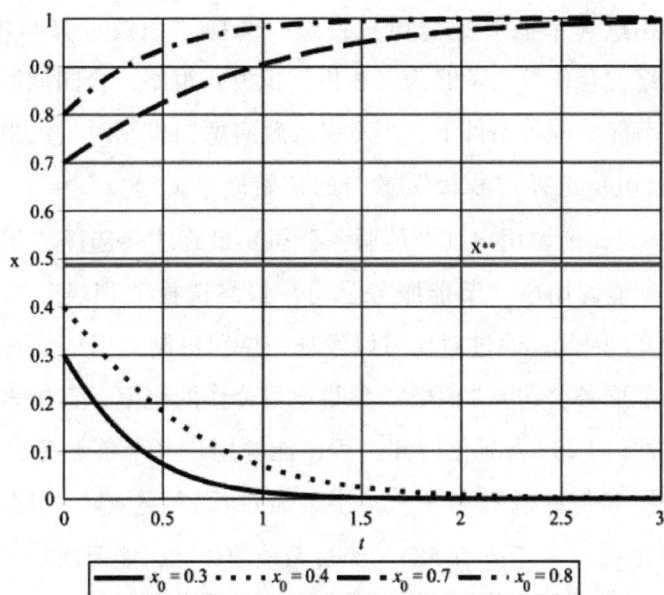

图 7-7 适度惩罚时能源用户的项目合作参与行为演化过程

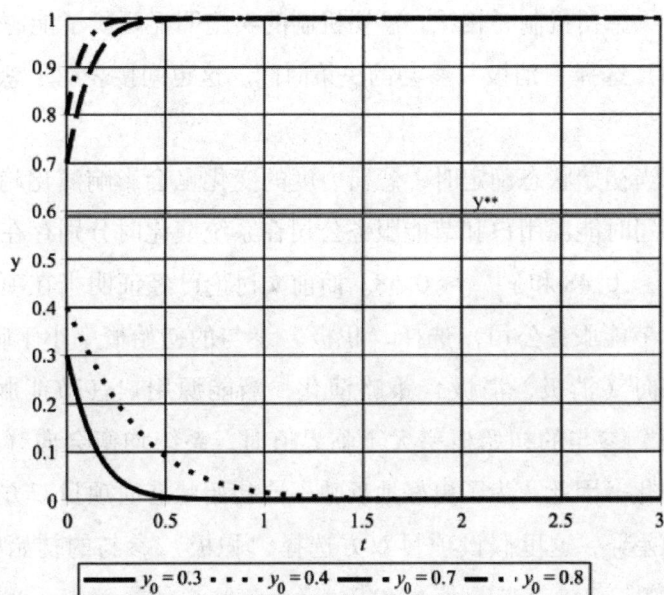

图 7-8 适度惩罚时节能服务公司的项目合作参与行为演化过程

化后，能源用户（节能服务公司）将最终选择"积极"参与项目合作，项目双方最终的合作参与策略为（积极，积极）策略，合同能源管理项目可实现最优节能。同等条件下，当不引入政府惩罚机制时，仅当能源用户（节能服务公司）选择"积极"参与的初始概率 $x_0 > x^* \approx 1.10$（$y_0 > y^* \approx 1.42$）时，能源用户（节能服务公司）最终才会选择"积极"参与项目合作，即能源用户（节能服务公司）最终选择"积极"参与项目合作的概率为0。因此，通过对比可以发现，惩罚机制的引入显著提升了能源用户（节能服务公司）"积极"参与项目合作的概率，直接表明了惩罚机制的有效性；（2）当演化博弈过程中能源用户（节能服务公司）最初选择"积极"参与的概率 x_0（y_0）小于临界值 x^{**}（y^{**}）时，即 $x_0 < x^{**} \approx 0.48$（$y_0 < y^{**} \approx 0.58$），经过系统演化后，能源用户（节能服务公司）将最终选择"消极"参与项目合作，项目双方最终的合作参与策略为（消极，消极）策略，合同能源管理项目无法实现最优节能。但在同等条件下，与无惩罚机制时相比，惩罚机制的实施明显延长了能源用户（节能服务公司）选择"消极"参与的决策时间，这也间接表明了惩罚机制的有效性。

此外，当初始状态确定时，惩罚力度的变化也会影响演化趋势，由于政府适度惩罚时能源用户和节能服务公司在系统演化时分别存在初始状态临界值 $x^{**} \approx 0.48$ 和 $y^{**} \approx 0.58$。而前文讨论已经证明当在项目合作中能源用户（节能服务公司）选择"积极"参与的初始概率小于临界值时，系统均衡将向（消极，消极）策略演化；当能源用户（节能服务公司）选择"积极"参与的初始概率大于临界值时，系统均衡会向（积极，积极）策略演化。因此，为了更好地反映不同初始状态时项目双方合作参与行为演化的差异，这里假设项目双方选择"积极"参与的初始概率（x_0 和 y_0）分取 0.3（小于临界值）和 0.8（大于临界值）两组，政府对"消极"参与的能源用户的惩罚力度 $k = [9, 10, 11]$，对"消极"参与的节能服务公司的惩罚力度 $K = [28, 30, 32]$，其他参数不变：

$\Pi = 1000$，$r = 0.2$，$\alpha = 0.8$，$\beta = 0.7$，$c = 65$，$C = 165$。

当 x_0 和 y_0 均取 0.3 时，系统演化过程如图 7-9、图 7-10 所示。

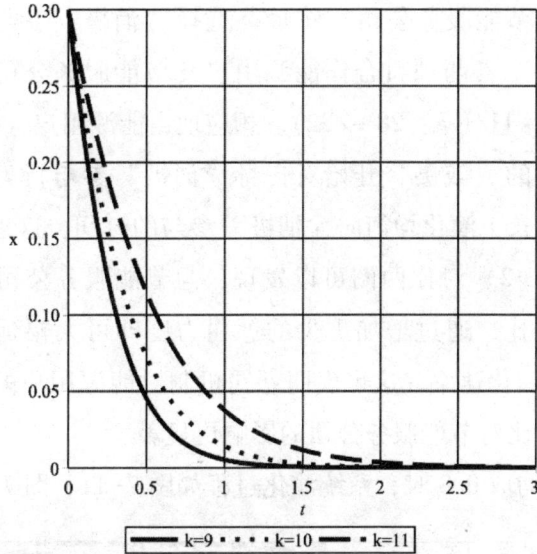

图 7-9 不同惩罚力度下能源用户的项目合作参与行为演化过程

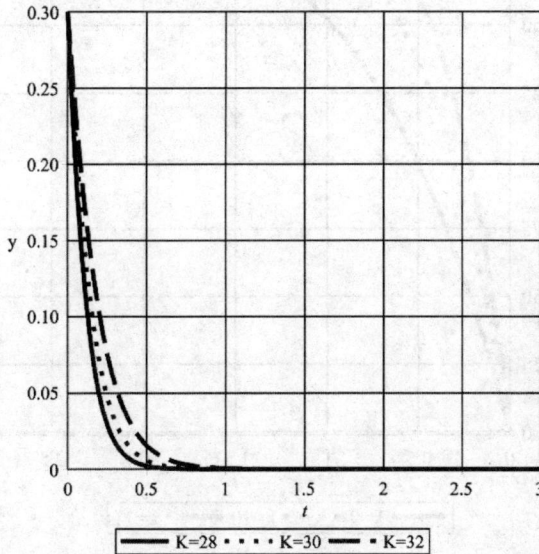

图 7-10 不同惩罚力度下节能服务公司的项目合作参与行为演化过程

由图 7-9 和图 7-10 可以发现：（1）当能源用户（节能服务公司）在项目合作中选择"积极"参与的初始概率小于临界值时，经过系统演化后，能源用户（节能服务公司）将最终选择"消极"参与项目合作。随着政府对"消极"参与项目合作能源用户（节能服务公司）惩罚力度的增加，即 k：$9 \to 11$（K：$28 \to 32$），相应地，能源用户（节能服务公司）将迫于政府惩罚的"威慑"开始对自身"消极"参与行为的利弊进行重新考量，从而延长了演化均衡向"消极"参与的时间，这也表明政府惩罚机制的有效性；（2）对比两图可以发现，与节能服务公司向"消极"参与的演化速率相比，通过增加更少的惩罚力度即可大幅延缓能源用户向"消极"策略的演化速率，这也表明惩罚机制对能源用户的项目合作参与行为选择的影响比对节能服务公司的影响更显著。

当 x_0 和 y_0 均取 0.8 时，系统演化过程如图 7-11、图 7-12 所示。

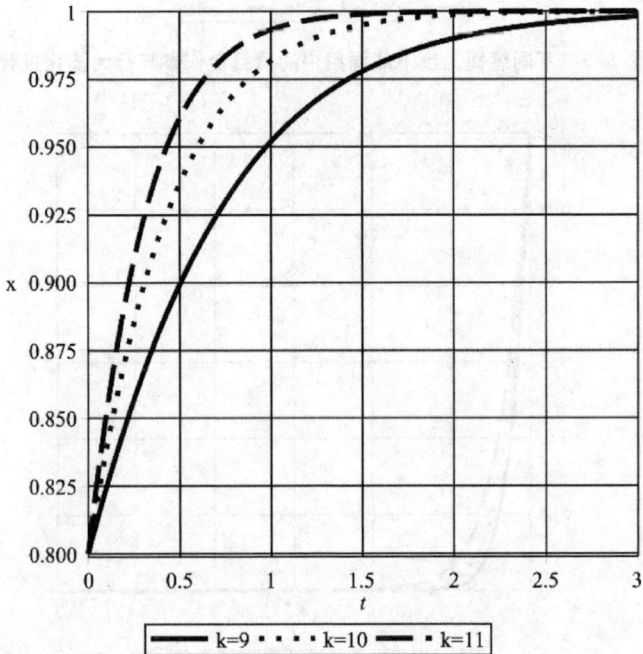

图 7-11　不同惩罚力度下能源用户的项目合作参与行为演化过程

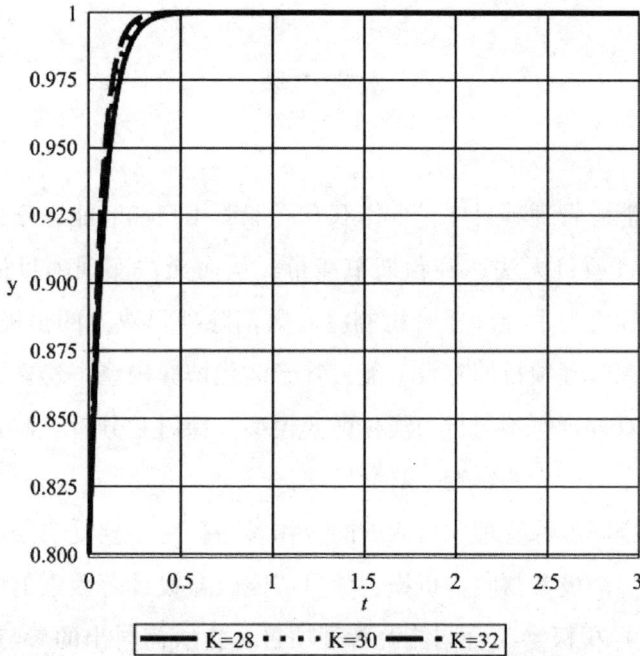

图 7-12 不同惩罚力度下节能服务公司的项目合作参与行为演化过程

由图 7-11 和图 7-12 可以发现：当能源用户（节能服务公司）在项目合作中选择"积极"参与的初始概率大于临界值时，经过系统演化后，能源用户（节能服务公司）将最终选择"积极"参与项目合作。此时，政府对"消极"参与项目合作能源用户（节能服务公司）惩罚力度的增加，$k：9 \to 11$（$K：28 \to 32$）进一步加快了能源用户（节能服务公司）选择"积极"参与的决策过程，进而缩短了其向"积极"参与演化的时间；（2）对比两图可以发现，政府惩罚力度的变动对节能服务公司向"积极"参与演化趋势的影响不显著，而对能源用户向"积极"参与演化趋势的影响较为显著，即通过增加更少的惩罚力度即可大幅缩短能源用户向"积极"策略的演化进程，表明惩罚机制对能源用户参与行为的选择比对节能服务公司的影响更显著。

本章小结

在合同能源管理项目中，合作双方（能源用户和节能服务公司）的消极参与将导致项目无法达到预期节能量，从而无法实现项目最优节能效果。建立以政府为主导的监管机制将有效消除项目双方的消极参与行为，实现合同能源管理项目的有效节能。基于演化博弈模型，建立了引入监管机制的项目双方合作参与行为演化博弈模型，探讨和分析了监管机制对项目双方合作参与行为的影响。研究发现：

第一，合同能源管理项目双方的合作参与行为主要受参与成本、节能收益分享率、消极参与收益折损、项目节能收益设计等因素的影响。具体表现为：（1）积极参与合同能源管理项目合作所需付出的参与成本越高，项目双方消极参与合同能源管理项目的概率就越大；（2）项目节能收益（节能量）设计的越高，项目双方消极参与合同能源管理项目合作的概率就越小；（3）存在一个最优的节能收益分享率可以保证项目双方均积极参与项目的概率最大；（4）此外，项目双方消极参与合作时项目节能收益折损情况也会影响项目双方的合作参与行为。

第二，监管机制可以有效约束合同能源管理项目双方在项目合作中的消极参与行为，但监管机制并不总是有效的，监管机制的有效性与惩罚力度密切相关。基于惩罚力度大小，监管机制可以分为无效惩罚和有效惩罚，且有效惩罚又可根据惩罚力度大小分为过度惩罚和适度惩罚。

第三，在适度惩罚的条件下：（1）项目双方的初始状态影响其演化趋势，且存在一组初始状态临界值使得：①当能源用户（节能服务公司）在项目合作初始阶段选择"积极"参与的概率大于临界值时，能源用户（节能服务公司）最终将向"积极参与"项目合作的趋势演化，且通过与无监管机制的对比可以发现，监管机制的引入显著提升了能源用户（节能服务公司）"积极"参与项目合作的概率，表明惩罚机制的有效性；②当能源用户（节能服务公司）在项目合作初始阶段选择"积极"参与的概率小于临界值时，监管机制的实施虽无法扭转能源用户（节能服务公司）最终向"消极"参与的演化趋势，但与同等条件下的无监管机制相比，监管机制的实施明显延长了系统演化时间，这也表明了监管机制的有效性。（2）监管机制对能源用户的项目合作参与行为的影响较为显著，而对节能服务公司的项目合作参与行为选择的影响不显著。（3）当项目双方在系统中的初始状态相同时，惩罚力度的变动对节能服务公司演化趋势的影响不显著，而对能源用户演化趋势的影响较为显著，这也表明惩罚力度的变动对能源用户的项目合作参与行为的影响更大。

第八章

基于信号传递博弈的节能补贴造假问题研究

第一节　引　言

为有效推进合同能源管理项目的实施，各级政府会定期或不定期地颁布各类补贴政策或节能优惠政策，从而有效推动能源用户或用能企业积极主动推进合同能源管理产业的发展。如"节能产品惠民工程"，该工程是国家发展改革委、工信部、财政部联合发布的，旨在推进国家节能减排战略，主要通过政府补贴方式对高效节能产品进行推广应用。推广实施的范畴主要涉及照明产品、新能源汽车、节能家电、电机、风机、变压器等 3 大类 15 个品种，自 2007 年以来，国家已累计安排中央财政补贴资金超过 400 亿元。[①] 然而，在节能政策推广实施的过程中，却屡屡爆出企业为获得高额补贴，而出现"造假""骗补"等现象。根据 2013 年 6 月 21 日审计署公布的审计数据，2011 年至 2012 年，8 家家电企业在高效节能空调推广过程中，通过虚报节能空调安装数量、产品能效数据造假等方式套取中央财政补贴超过 9000 万元。此外，《证券时报》2012 年 11 月 23 日报道，在太阳能热水器"节能产品惠民工程"实施中，皇明太阳能股份有限公司负责人公开质疑江苏日出东方太阳能股份有限公司存在骗补行为，并直指

---

① 数据来源：世纪新能源网（www. ne21. com）。

该领域的 40 亿中央补贴申请、发放和质检等多环节存在漏洞。

合同能源管理项目中节能补贴造假问题的出现，一方面造假企业违规获得不当得利，从而损害了消费者利益，也造成了国家资金的流失；另一方面企业通过造假获得补贴，也使得企业间的竞争变得不公平，破坏市场公平竞争的秩序，使得那些真正参与惠民工程的企业受损。因此，找出节能补贴机制中潜在"漏洞"，探寻"漏洞"修复的可行途径，实现节能补贴资源的优化配置是"节能产品惠民工程"在实施之后所需要总结和解决的问题。学界关于政府补贴的研究源于阿瑟·赛西尔·庇古（Arthur Cecil Pigou）的《福利经济学》，在该论著中，他提出外部不经济是导致社会福利最大化无法实现的主要原因，并指出政府应当通过补贴或税收的方式来干预；[1] Girman 等的研究发现，政府补贴在帮助企业渡过财务危机和应用新技术方面是有效的；[2] Martin 等通过构建优化模型，验证了政府补贴在帮助企业规避环境成本风险，推行新型能源技术上的经济可行性；[3] 而 Hutchinson 关于新型能源的研究结果进一步表明，补贴可以对生产结构产生影响。[4] 国内学者方面，杨媚茹等通过实证调查，研究了政府补贴政策对消费者节能环保汽车购买行为的影响；[5] 魏玮和何旭波则通过动态可计算一般均衡技术，从宏观角度对政府部门节能减排的均衡结果进行模拟和比较，探讨了政府补贴与经济可持续增长的内在联系；[6] 张国兴等借助随

① PIGOU A C. The Economics of Welfare [M]. London：Macmillan，1920：8-9.

② GIRMAN S, GONG H, STROBL E, et al. Creating jobs through public subsidies：an empirical analysis [J]. Labor Economics，2008，15（6）：1179-1199.

③ MARTIN R , WANG C, DU P F. The promotion of sustainable development in China through the optimization of a tax/subsidy plan among HFC and power generation CDM projects [J]. Energy Policy，2007，35（9）：4529-4544.

④ HUTCHINSON E, KENNEDY P W, MARTINEZ C. Subsidies for the production of cleaner energy：when do they cause emissions to rise? [J]. Journal of economic analysis & policy，2010，10（1）：1-11.

⑤ 杨媚茹，谭德庆，毕丽杰. 补贴政策下节能环保汽车购买行为实证研究 [J]. 西南交通大学学报（社会科学版），2013，14（5）：120-126.

⑥ 魏玮，何旭波. 节能减排、研发补贴与可持续增长：基于动态可计算一般均衡的情景分析 [J]. 经济管理，2013，35（11）：1-12.

机微分方程理论，探讨了政府补贴的最优边界问题;① 张保银等则通过对绿色管理的研究发现政府应该重点补贴那些在努力提升环境效益方面企业;② 此外还有学者分别从补贴因子③、补贴额度④等方面对政府补贴进行研究。

薛立强和杨书文的研究中第一次切实关注了我国"节能家电补贴推广"的相关问题，其在研究中以组织理论和治理理论的结合为视角，探讨了节能补贴政策执行中的薄弱环节和作用机制，并探讨了政策执行的"断裂带"相关问题。⑤ 然而，薛立强和杨书文关于政府补贴推广的研究更多的是从理论方面和政策方面的解读和探讨，并未对相关节能补贴的具体运作机制、企业节能补贴造假问题进行更深一步的分析。事实上，在政府相关的补贴机制的实施过程中，部分企业通过造假违规获取政府节能补贴的行为实质上可以看作企业与政府间围绕节能补贴展开的一系列博弈。事实上，博弈论已被广泛用于分析政府补贴机制问题。例如，张国兴等通过"委托—代理"博弈模型，探讨了节能发电领域影响政府补贴策略的相关因素;⑥ 也有学者结合三阶段博弈模型分析了政府创新投入补贴和产品补贴的最有效方式;郑艳芳等通过构建"政府—企业—消费者"三阶段博弈模型研究了政府节能补贴政策对绿色产品设计的作用机理，并设计了基于政府目标的最优节能补贴合同;⑦ 方海燕等采用三阶段博弈模型对双寡头

① 张国兴，张绪涛，汪应洛，等. 节能减排政府补贴的最优边界问题研究 [J]. 管理科学学报，2014，17（11）：129-138.

② 张保银，汪波，吴煜. 基于循环经济模式的政府激励与监督问题 [J]. 中国管理科学，2006（1）：136-141.

③ 李白冰. 税收和财政补贴与企业行为 [J]. 北京理工大学学报，1995（10）：29-33.

④ 鲁文龙，陈宏民. 技术合作博弈中的政府补贴政策研究 [J]. 系统工程学报，2003（5）：426-430.

⑤ 薛立强，杨书文. 论政策执行的"断裂带"及其作用机制：以"节能家电补贴推广政策"为例 [J]. 公共管理学报，2016，13（1）：55-64.

⑥ 张国兴，郭菊娥，席酉民，等. 政府对秸秆替代煤发电的补贴策略研究 [J]. 管理评论，2008（5）：33-36.

⑦ 郑艳芳，周文慧，黄伟祥. 绿色耐用产品的节能补贴合同设计 [J]. 管理科学学报，2016，19（3）：1-14，33.

市场中的政府最优补贴问题进行探讨等。① 然而，现有学者关于政府补贴政策下博弈主体行为的研究多涉及能源、发电、新技术、新产品等领域。

在涉及合同能源管理项目的节能补贴机制中，企业向政府提出节能补贴申请，政府只能根据企业发出的节能补贴申请信号，做出补贴与否的判断。随后，企业根据政府释放出的信号来对自己的补贴申请进行调整。因此，企业和政府间就节能补贴所展开的博弈行为属于不完全信息动态博弈，即信号传递博弈。② 现有研究中，张国兴等③和梁冬寒等④的研究均基于信号传递博弈展开，其研究思路和研究方法也与本文最为相似，即采用信号传递博弈模型对政府补贴政策下的行业主体与政府间的博弈行为进行分析。不同的是张国兴等的研究关注了能源领域，梁冬寒等的研究关注了医疗领域，这两个领域与本章所关注的节能家电领域仍有本质区别。基于此，本章拟采用信号传递博弈理论和方法对我国合同能源管理项目中涉及的政府节能补贴机制进行探讨，着重关注该机制在推行过程中出现的企业节能补贴造假问题，并提出对策建议，为政府实现节能补贴资源的优化配置，及以后相关补贴政策的制定和推行提供参考和借鉴。

第二节　节能补贴政策中的信号传递博弈

在政府颁布的各类补贴政策下，政府与企业的博弈策略选择相互影

---

① 方海燕，达庆利. 基于差异产品的政府最优 R&D 补贴策略研究 [J]. 中国管理科学，2009，17（3）：166-172.

② 信号传递博弈：指由行动有先后顺序的两个或多个博弈方组成的动态博弈，后行动方根据先行动方的行为选择自己的行动，是一类具有信息传递机制的动态贝叶斯博弈的总称。张维迎. 博弈论与信息经济学 [M]. 上海：上海人民出版社，2004：189-192.

③ 张国兴，张绪涛，程素杰，等. 节能减排补贴政策下的企业与政府信号博弈模型 [J]. 中国管理科学，2013，21（4）：129-136.

④ 梁冬寒，丰雷，李刚，等. 基于信号博弈模型的公立医院利益补偿机制 [J]. 管理学报，2009，6（2）：182-186.

响，一方的策略选择会影响另一方对策略的判断和选择。[①] 如在"节能产品惠民工程"补贴机制中，企业对自身"节能产品惠民工程"参与（以下简称"惠民参与"）程度的真实情况是具有完全信息的，而政府对此具有不完全信息，即企业为信息优势的博弈方，政府为信息的劣势方，政府只能根据企业的补贴申请信息和"贝叶斯法则"对企业惠民参与的程度做出判断。[②] 因此，节能补贴政策中企业与政府间的博弈行为是一种特殊的不完全动态信息博弈（信号传递博弈）。在政府节能补贴政策的信号传递博弈中，企业为信号发出方，政府为信号接收方，整个信号传递过程为：首先，由博弈方"自然"从信号发出方（企业）的类型中随机选出某一类型；其次，企业根据"自然"的选择进一步选择自己的行动策略；最后，政府观察企业的选择策略，并根据观察到的企业行动策略，应用"贝叶斯法则"进行修正，得到有关企业参与程度的后验概率，据此选择自己的行动策略。[③]

一、模型参数设置

第一，企业类型（节能参与程度）$f = \{f_L, f_H\}$，其中，f_L 表示低节能参与（此类企业中真正参与国家补贴政策、补贴工程的产品数量较少，企业没有真正在产品能耗改进、节能指数提升、产品价格优惠、产品下乡等方面投入充足的时间、资金、人力等），f_H 表示高节能参与（此类企业中切实参与国家各类补贴工程、补贴项目的产品数量较多，企业在产品能耗改进、节能指数提升、产品价格优惠、产品下乡等方面投入大量的时间、资金、人力等）。

① 张维迎. 博弈论与信息经济学 [M]. 上海：上海人民出版社，2004：189-192.
② 张国兴，张绪涛，程素杰，等. 节能减排补贴政策下的企业与政府信号博弈模型 [J]. 中国管理科学，2013，21（4）：129-136.
③ 梁冬寒，丰雷，李刚，等. 基于信号博弈模型的公立医院利益补偿机制 [J]. 管理学报，2009，6（2）：182-186.

第二，企业的行动空间 $A^f = \{A_L,\ A_h\}$ ，其中 A_L 表示企业申请低补贴（低补贴是指低节能参与企业实际所需补贴额度）, A_H 表示企业申请高补贴（高补贴是指高节能参与企业实际所需补贴额度）。

第三，政府的行动空间 $A^g = \{S,\ N\}$ ，其中 S 表示补贴， N 表示拒绝。

第四，补贴类型 $S = \{S_L,\ S_H\}$ ，其中 S_L 表示低补贴， S_H 表示高补贴。

第五，政府对高节能参与企业和低节能参与企业提供补贴产生的社会效用分别为： V_H 和 V_L ，且满足： $V_H > S_H > V_L > S_L$ ， $V_H - S_H > V_L - S_L > 0$ 。

第六，低节能参与企业和高节能参与企业可以自由选择向政府申请高补贴或低补贴，但低节能参与企业选择申请高补贴时需要额外付出成本 C （高节能参与企业选择申请高补贴时也需要付出少量成本，为简化分析，将其标准化为0）, C 表示"造假成本"，即低节能参与企业将其伪造为高节能参与时需要付出的成本。

第七，政府对企业提交的补贴申请进行审核，通过则全额发放，不通过则拒绝。此外，政府在节能补贴发放后会对企业进行审核、监督，一旦发现企业存在造假行为，将对其进行处罚，处罚会使企业在信誉、罚金等方面损失 L （风险成本），企业造假被政府发现的概率为 p （风险概率）。

第八，企业真实的节能参与情况为"高节能参与"和"低节能参与"的概率分别为 p_h 和 p_l ，且 $p_h + p_l = 1$ 。

二、基本假设

第一，理性人。企业和政府都是完全理性，在节能补贴申请和发放过程中都试图使自己的利益最大化，且都知道如何使自己利益最大化。[①]

第二，风险中性。企业和政府都是风险中性，即不考虑双方风险态度

---

① 张维迎. 博弈论与信息经济学 [M]. 上海：上海人民出版社，2004：189-192.

对其行为的影响。[①]

三、企业与政府的信号传递博弈

在企业与政府的信号传递博弈中，双方博弈收益取决于政府的补贴决策。

（一）如果政府决策为"补贴"时

1. 当高节能参与企业申请高补贴时，政府和企业的收益组合为（$V_H - S_H$，S_H）。

2. 当低节能参与企业申请高补贴时，政府和企业的收益组合为（$V_L - S_H$，$S_H - C - pL$）。

3. 当高节能参与企业申请低补贴时，政府和企业的收益组合为（$V_H - S_L$，S_L）。

4. 当低节能参与企业申请低补贴时，政府和企业的收益组合为（$V_L - S_L$，S_L）。

（二）如果政府决策为"拒绝"时

1. 当高节能参与企业申请高补贴时，政府和企业的收益组合为（0，0）。

2. 当低节能参与企业申请高补贴时，政府和企业的收益组合为（0，$-C$）。

3. 当高节能参与企业申请低补贴时，政府和企业的收益组合为（0，0）。

4. 当低节能参与企业申请低补贴时，政府和企业的收益组合为（0，0）。

---

① 事实上风险态度会对行为主体的行为决策产生影响，例如，"风险规避"类型的低惠民参与企业在补贴申请时更倾向于诚实申报从而减少自己的风险；而"风险偏好"类型的低惠民参与企业在补贴申请时更倾向于造假，夸大从而期待收获更大的风险收益。行为主体的这些风险类型对其行为的影响是一个较为复杂和系统的过程，需要另行探讨，本节主要关注信号传递博弈，因此暂不考虑行为主体的风险类型对行为主体决策的影响。

由以上八种情况，可得到政府和企业的博弈树图（见图 8-1）：

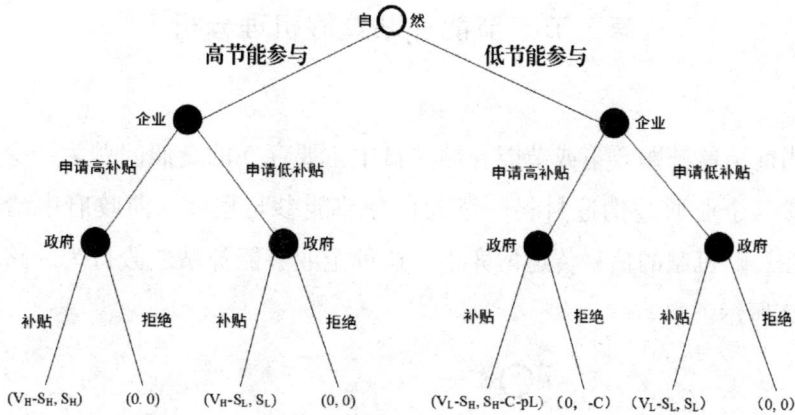

图 8-1 政府与企业间的博弈树

设政府选择"补贴"的期望收益为 E_S ，则：

$$E_S = p(h|H) \cdot (V_H - S_H) + p(l|H) \cdot (V_L - S_L) + p(h|L) \cdot (V_H - S_L) + p(l|L) \cdot (V_L - S_L)$$

设政府选择"拒绝"的期望收益为 E_N ，则：$E_N = 0$ 。

上式中 $p(h|H)$ 和 $p(l|H)$ 分别代表企业申请高补贴时，企业为高惠民参与和低惠民参与的条件概率，且 $p(h|H) + p(l|H) = 1$；$p(h|L)$ 和 $p(l|L)$ 分别代表企业申请低补贴时，企业为高惠民参与和低惠民参与的条件概率且 $p(h|L) + p(l|L) = 1$。这4个条件概率表示政府作为信号接收方，根据补贴申请信号对信号发出方（企业）惠民参与类型的判断，其大小直接关系博弈的均衡及效率。政府补贴博弈均衡主要受到不同惠民参与程度企业的申请补贴额度、造假成本、风险成本、风险概率、企业惠民参与程度高低比例等因素的影响。

第三节 节能补贴造假机理分析

当前节能补贴政策或节能补贴项目中主要存在的造假问题为：少数低节能参与企业通过伪造材料，夸大自身节能参与程度，向政府申请高补贴。在补贴机制的信号传递博弈中，这种企业节能补贴造假行为的路径如图8-2所示。

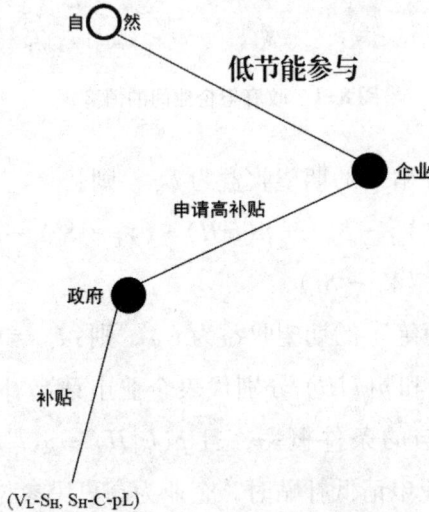

图8-2 节能补贴政策中企业节能补贴造假行为的路径

基于图8-2企业造假的路径，并结合图8-1的博弈树，可以发现现实中之所以出现企业节能补贴造假现象的一个根本前提条件是 $S_H - C - pL > S_L$ 且 $p(h|H)$ 足够大时。即政府确信节能参与企业普遍为高惠民参与，而造假成本 C 和期望风险成本 pL 相对于高额补贴很小。低惠民参与企业通过造假申请高补贴的期望收益大于其诚实地申请低补贴时所获得的期望收益，此时的补贴机制会使整个节能产品市场成为一个部分成功的合并均衡。此时，下列策略组合和判断构成部分成功的完美贝叶斯均衡：（1）企

业选择申请高补贴，无论其真实节能参与程度如何；（2）政府选择按申请发放补贴；（3）政府的判断为 $p(h|H) \to p(h)$，$p(l|H) \to p(l)$，且 $p(h) \to 1$，$p(l) \to 0$。以下采用逆推归纳法对企业造假的机理进行推导、分析。

对政府而言：

（1）当政府选择"补贴"时

政府的期望收益 $E_S = p(h) \cdot (V_H - S_H) + p(l) \cdot (V_L - S_H)$，由 $V_H - S_H > 0$ 可推导得：$p(h) \cdot (V_H - S_H) > 0$。

由 $V_H > S_H > V_L > S_L$ 推导得 $V_L - S_H < 0$，则：$p(l) \cdot (V_L - S_H) < 0$。

由 $p(h) \to 1$，$p(l) \to 0$ 推导得：$E_S = p(h) \cdot (V_H - S_H) + p(l) \cdot (V_L - S_H) > 0$。

（2）当政府选择"拒绝"时，政府的期望收益 $E_N = 0$

综上可得 $E_S > E_N$，根据理性人假设，政府的最优选择为"补贴"。

对企业而言：

（1）当企业参与程度为"高节能参与"时，其向政府申请高补贴的期望收益为 S_H，其向政府申请低补贴的期望收益为 S_L，因为 $S_H > S_L$，所以高节能参与企业的最优选择为"申请高补贴"。

（2）当企业参与程度为"低节能参与"时，其向政府申请高补贴的期望收益为 $S_H - C - pL$，其向政府申请低补贴的期望收益为 S_L，因为 $S_H - C - pL > S_L$，所以低节能参与企业的最优选择也为"申请高补贴"。

以上研究表明：（1）政府对企业产品节能参与"信号"的不完全掌握和对补贴申请"信号"的错误判断是企业补贴造假的重要前提。此时，低节能参与企业造假后所得到的期望收益大于其诚实申请低补贴，该路径仅能实现部分成功的完美贝叶斯均衡，无法完全实现政府节能补贴的最优配置。（2）在该补贴造假路径中，节能参与企业获得的补贴与其真实惠民参与程度无法完全相匹配，存在部分失真情况，政府无法通过企业补贴申请信号，实现对全部企业节能参与程度进行准确判断。（3）该路径存在少数资源浪费，使得一些造假企业存在"搭便车"的行为，但总体上对政府节能补贴资源的配置仍是有效的。该路径是我国曾经推行和现在正在推行的节能产品补贴制度不可回避的一环，也是少数低节能参与企业节能补贴造假现象产生的重要制度漏洞。

第四节　消除企业补贴造假的途径

消除企业在节能补贴申请过程中存在的造假问题，在理论上存在两种途径：（1）无论企业申请高补贴还是低补贴，无论企业的申请信息与其节能参与的真实情况是否一致，政府一律拒绝补贴，节能补贴机制彻底失效；（2）政府对补贴机制进行优化，使不同节能参与企业自觉按照自己真实惠民参与情况诚实申请补贴，政府一律给予补贴，实现政府节能补贴资源的最优配置。

以下对该两种途径进行分析、讨论。

途径一：完全失败的合并均衡，$\forall : S_H - C - pL > S_L$

当 $S_H - C - pL > S_L$ 且 $p(l|H)$ 足够大时，即政府确信所有节能参与企业的参与类型普遍为"低节能参与"，而造假成本 C 和期望风险成本 pL 相对于高额补贴很小。低节能参与企业通过造假申请高补贴的期望收益大于其诚实地申请低补贴时所获得的期望收益，所有企业都将申请高补贴，此时企业的补贴申请行为完全不能反映其真实的惠民参与状况。此时，下列策略组合和判断构成完全失败的完美贝叶斯均衡：（1）企业选择申请高补贴，无论其真实节能参与程度如何；（2）政府一律选择拒绝发放补贴；（3）政府的判断为 $p(h|H) = p(h)$，$p(l|H) = p(l)$，且 $p(h) \rightarrow 0, p(l) \rightarrow 1$。该种均衡状态具体如图8-3所示。

对政府而言：

（1）当政府选择"补贴"时

政府的期望收益 $E_S = p(h) \cdot (V_H - S_H) + p(l) \cdot (V_L - S_H)$，由 $V_H >$

自〇然

高节能参与   低节能参与

企业   企业

申请高补贴   申请低补贴   申请高补贴   申请低补贴

政府   政府   政府   政府

拒绝   拒绝   拒绝   拒绝

(0.0)   (0,0)   (0, -C)   (0,0)

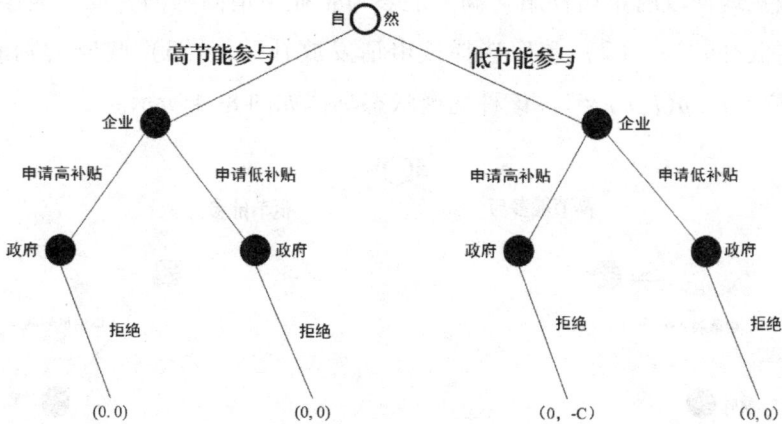

图 8-3　消除企业补贴造假的途径一

$S_H > V_L > S_L$ 可推导得：$V_H - S_H > 0$，$V_L - S_H < 0$，则：$p(h) \cdot (V_H - S_H) > 0$；$p(l) \cdot (V_L - S_H) < 0$。由于 $p(h) \rightarrow 0$，$p(l) \rightarrow 1$，则推导可得：$E_S = p(h) \cdot (V_H - S_H) + p(l) \cdot (V_L - S_H) < 0$

（2）当政府选择"拒绝"时，政府的期望收益 $E_N = 0$

综上可得：$E_S < E_N$，根据理性人假设，政府的最优选择为"拒绝"。此时，补贴机制为完全失败的完美贝叶斯均衡，即无论企业是否为真实的高节能参与，无论企业的补贴申请是否属实，政府一律不再相信企业的补贴申请，且一律拒绝补贴申请，企业得不到任何节能补贴，节能补贴机制彻底失效。以上结果表明在该均衡状态下，虽然政府成功地扼杀了任何可能的节能补贴造假行为，但也从根本上否定了节能补贴政策，很可能会给公众造成"政府为了避免犯错而不作为"的不良形象。因此，途径一不是消除政府节能补贴政策中企业节能补贴造假现象的最优途径。

途径二：完全成功的分离均衡，$\forall$：$S_H - C - pL < S_L$

当 $S_H - C - pL < S_L$ 时，即低节能参与企业申请高补贴的期望收益小于其诚实地申请低补贴时所获得的期望收益时，节能补贴机制会使整个节能产品市场成为一个完全成功的分离均衡，即完美贝叶斯均衡。此时，下列策略组合和判断构成完全成功的完美贝叶斯均衡：（1）所有节能参与企业

都会诚实地向政府申请补贴（高节能参与企业申请高补贴，低节能参与企业申请低补贴）；（2）政府选择按申请发放补贴；（3）政府的判断为：$p(h|H) = 1$，$p(l|L) = 1$。该种均衡状态具体如图8-4所示。

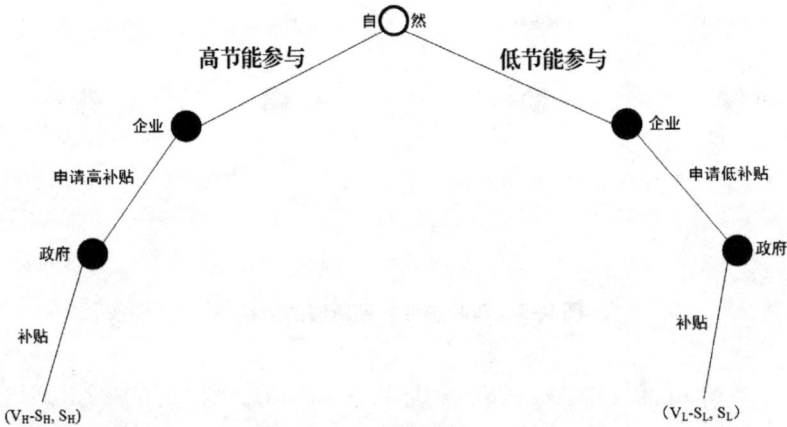

图8-4　消除企业补贴造假的途径二

对政府而言：

（1）若企业申请高补贴：

①当政府选择"补贴"时（此时政府的判断为$p(h|H) = 1$，$p(l|H) = 0$），其期望收益$E_S^H = V_H - S_H > 0$。

②当政府选择"拒绝"时，其期望收益$E_N^H = 0$。则：$E_S^H > E_N^H$，政府的最优选择为"补贴"。

（2）若企业申请低补贴：

①当政府选择"补贴"时（此时政府的判断为$p(h|L) = 0$，$p(l|L) = 1$），其期望收益$E_S^L = V_L - S_L > 0$。

②当政府选择"拒绝"时，其期望收益$E_N^L = 0$。则：$E_S^L > E_N^L$，政府的最优选择为"补贴"。

综上两种情况可知：无论企业申请高补贴，还是低补贴，政府的最优选择都是"补贴"。

对企业而言：

（1）对于高节能参与企业：

①当高节能参与企业申请高补贴时，其期望收益为 S_H；

②当高节能参与企业申请低补贴时，其期望收益为 S_L。

因为 $S_H > S_L$，所以高节能参与企业的最优选择是"申请高补贴"。

（2）对于低节能参与企业：

①当低节能参与企业申请高补贴时，其期望收益为 $S_H - C - pL$；

②当低节能参与企业申请低补贴时，其期望收益为 S_L。

因为 $S_H - C - pL < S_L$，所以低节能参与企业的最优选择是"申请低补贴"。

以上研究表明：（1）当低节能参与企业节能补贴造假后所得到的期望收益小于其诚实申请低补贴时，该补贴机制可以实现完全成功的完美贝叶斯均衡，从而实现政府节能补贴资源的最优配置。（2）在该补贴机制下，所有节能参与企业获得的节能补贴与其真实节能参与程度相匹配，政府通过企业补贴申请信号可以准确判断企业的节能参与程度。（3）该补贴机制有效解决了政府和企业、企业之间的利益冲突，使博弈达到均衡，从而实现政府节能补贴资源的最优配置。该均衡状态是政府节能补贴机制所期望达到的最优状态，也是节能补贴政策在实际实施中所期望达到的最好状态。因此，途径二是消除节能补贴政策中企业节能补贴造假现象的最优途径。

本章小节

关注我国 EPC 项目所涉及的企业节能补贴造假问题，以信号传递博弈模型为手段，对企业节能补贴造假机理进行了剖析。研究发现：

第一，政府与企业之间的信息不对称是企业补贴造假的根本原因。一方面，政府没有完全掌握企业参与节能补贴政策的产品类型、产品类别、节能指数等信息；另一方面，政府因监督、监察等方面的疏漏，从而导致其无法对企业补贴申报信息的真实性、准确性进行准确判断。

第二，政府无法通过企业补贴申请"信号"实现对其节能参与程度的准确判断是造假现象产生的重要制度漏洞来源，这也导致了造假企业的"搭便车"行为。

第三，造假可以得到的更多的期望收益是驱使企业补贴造假的动力，只有当企业造假时的期望收益小于其诚实申报的期望收益时，政府的补贴政策才会使两类惠民参与企业达到完美贝叶斯均衡，从而最终消除企业补贴造假行为。

此外，造假成本低、造假被发现后处罚力度小也使得企业在造假时有恃无恐。因此，政府应通过颁布相关政策强制要求申请节能补贴企业定期报送自己的各项节能参与信息，同时加大对企业各类节能参与产品的检查核实，从而最大限度地减少信息不对称发生的概率，增加造假难度和造假成本。

第九章

我国合同能源管理项目合作高质量发展的对策建议与展望

第一节 我国合同能源管理项目合作高质量发展的困境

"叫好不叫座"是当前合同能源管理领域常见的表达，突显了其推广难题。尽管政府出台了一系列优惠政策，但合同能源管理的发展依然面临诸多障碍。学术界对这些影响因素进行了大量研究，指出这些因素实际上也是当前领域存在的问题。有研究指出北京市合同能源管理模式存在的两大主要问题：一是节能服务公司融资困难，二是用能企业节能意识淡薄。并给出了对策建议：第一，为节能服务公司提供融资保证（设立专业化的节能项目担保基金、北京市各银行应设计多种融资金融品种、项目融资、关系型融资、专利权质押贷款、资产证券化等）；第二，加强宣传、培训和示范力度；第三，政府加强能耗监测和管理等。具体如下：

其一，融资难是制约合同能源管理发展的主要原因，特别是对中小型节能服务公司而言，这一问题尤为突出。无论在实践中还是在学术研究层面，解决融资难都是一个亟待解决的问题。有学者在研究中对美国、加拿大、欧盟三国（法国、西班牙、德国）、日本、澳大利亚等国的 EPC 产业进行了系统介绍和分析，提出了我国现阶段 EPC 项目融资模式，并指出我国 EPC 项目融资偏好的主体框架——以银行借贷为主要融资方式的市场选择行为。此外，该学者还对我国 EPC 的这种融资偏好原因进行了归纳：(1) 融资环境欠佳；(2) EPC 自身特点；(3) EMCo 贷款担保基金的建立；(4) 银行信贷支持。需要区别对待的是，融资难问题主要集中在中小型节能服务公司，对规模较大、资金实力雄厚的企业来说，融资问题相对较小。目前造成节能服务公司融资难主要有以下几方面的原因。(1) 公司自身因素。目前，我国备案的节能服务公司门槛较低，通常具有轻资产、可抵押资产少、缺乏良好担保条件的特点。此外，运营效率低、管理水平差、缺乏自主知识产权、人才匮乏和金融素质偏低等问题也普遍存在。商业银行通常关注贷款的安全性，在缺乏足够抵押资产的情况下，节能服务公司难以获得贷款，导致资金短缺，无法按期开展节能项目。(2) 项目相关因素。合同能源管理项目的投资回报期较长，前期需要节能服务公司垫付大量资金，这决定了节能服务公司未来必然要向金融方向发展。银行、风险投资和保险机构的介入，是解决融资难的重要途径。(3) 金融市场发展不完善。目前，一些商业银行开始试点以合同能源管理项目未来的节能量作为抵押发放贷款，但由于风险控制难度大，实际效果并不理想。此外，国内一些环境产权交易所推出了合同能源管理证券化业务，将节能投资企业或机构的总体投资额拆分为单位份额，由一般投资人认购，从而分散风险。也有学者针对合同能源管理中的融资困难问题，提出商业银行在 EPC 融资中可提供的融资类型：项目融资、关系型融资、自由专利权质押贷款、资产证券化，为有效解决合同能源管理的融资问题提供选择。然而，由于我国碳金融市场发展缓慢，这一模式的实际交易情况并不理想。随着碳金融市场的发展和完善，这将为合同能源管理项目提供新的融资渠道。

其二，政策因素是限制我国合同能源管理的另一因素。政策因素分为宏观政策和微观政策两大类。宏观层面上，政府出台了一系列促进合同能源管理发展的对策，总体而言，这些政策在推动合同能源管理发展方面发挥了重要作用。然而，某些学者认为目前缺乏足够的政策激励和强制性法规。部分学者在对我国低碳经济法制保障体系研究中指出，我国政府推广合同能源管理需要做好以下三方面工作：（1）加大有关合同能源管理的政策法规力度；（2）健全融资环境；（3）在实践层面，对 EMCo 进行税收减免优惠微观政策对合同能源管理的发展形成了制约，主要表现在以下几方面。第一，税收问题。根据我国税收权责发生制的原则，节能服务公司在为用能单位垫资安装节能设备后，视同设备销售完成，因此需要全额交纳企业所得税。尽管政府出台了税收优惠政策，但在细节上仍存在漏洞。例如，一些设备生产商为了享受国家优惠政策和获得财政补贴，往往以合同能源管理的模式销售产品，从而挤压了严格意义上的节能服务公司的利润。因此，税收优惠政策需辩证看待。第二，预算体制问题。根据目前的预算体制，没有支付给节能服务公司相关节能费用的对应支出科目。合同能源管理实质上是一种特殊的融资租赁，一些学者建议将用节能收益支付的节能合同费用资本化，但这方面尚无政策支持。尽管政策层面提出要进一步完善会计制度，但实际操作中依然困难重重。一些学者认为当前的政策支持缺乏系统性，政策落实缺乏时效性，这是政策层面的突出问题。第三，政策一致性问题。在某些地方，中央政府政策与地方政府政策不一致，甚至相互冲突。例如，一些地方将财政奖励对象限定在本地公司和本地项目范围内，要求外地节能服务公司在项目所在地注册成立新公司，或再次申请地方备案后才能享受财政奖励政策。这些做法限制了合同能源管理的发展。

　　其三，行业环境因素。尽管合同能源管理在 20 世纪 90 年代末引入中国，但其显著发展主要是在近几年，受益于国家一系列优惠政策。然而，由于多种因素的制约，其整体发展环境仍然较差。当前主要存在以下几个制约因素：第一，第三方机构发展不完善。除了金融机构外，节能量审核机构在合同能源管理发展中也扮演重要角色。目前，节能量审核机构的发展仍不完善，节能效果评测标准不健全。部分学者对如何确定节能量及定义基准线进行了研究。目前，节能量审核机构已开始实施审核备案，2011年第一批备案的26家公司已通过验收。随着第三方节能量审核机构的发展，市场诚信问题在一定程度上得到缓解。第二，人才短缺。合同能源管理是一项综合性较高的工作，对人才能力要求较高。目前高校没有完全对应的专业，短期内这一问题难以有效解决。此外，一项对东部某城市的调查显示，节能服务行业的薪资不具吸引力。因此，人才短缺是制约合同能源管理发展的重要因素。第三，市场诚信问题。诚信缺乏是节能服务公司遇到的一个重要瓶颈，主要体现在以下两方面：（1）用能单位的不诚信。用能单位对节能项目的了解占据绝对优势，与节能服务公司之间存在严重的信息不对称。（2）节能服务公司的不诚信。一些节能服务公司虚报节能量，骗取国家财政补贴。2011年，国家发展改革委和财政部在初步审查2010年财政奖励合同能源管理项目时发现了十大问题。这些问题严重制约了合同能源管理的发展。

其四，风险因素。风险因素是制约合同能源管理发展的重要障碍，尤其是对中小企业和民营企业而言。巨大的风险限制了合同能源管理项目的广泛推广。王婷指出，合同能源管理项目项目实施中主要存在外部环境风险、技术风险和市场风险。通过对已有研究进行梳理，本书将风险因素归纳为以下几方面：一是资金风险，资金风险对节能服务公司尤为重要。合同能源管理向金融方向发展，一旦出现资金链断裂，整个公司将陷入停滞，无法实施新项目。这也是许多公司不愿意为中小企业实施节能项目的重要原因。二是安全风险，包括项目实施过程中的人员安全和设备安全，以及项目完成后用能单位的运行安全问题。这些安全风险需要在项目管理过程中得到充分重视和管理。三是政策风险，节能潜力较大的项目往往是一些即将被淘汰的高能耗、高污染、高排放的"三高"行业。随着政策的变化，这些项目可能成为被政府淘汰的对象，风险极高。此外，由于缺乏完善的信息平台，供需双方难以达成一致，只能依靠政府和行业组织介入协调。政府通常通过组织节能服务项目推进会或洽谈会来缓解信息不对称问题。

除了上述因素外，巨大的节能服务市场是推动我国合同能源管理发展的重要动力，也是我国向低碳经济转型的内在需求。庞大的能源需求难以支撑经济的快速发展，而以煤为主的能源结构导致我国温室气体排放量不断攀升，已超过美国，成为全球最大的温室气体排放国。因此，提高能源利用效率至关重要。

第二节　我国合同能源管理项目高质量发展相关政策

由于社会认知、融资和推广等因素的限制，合同能源管理项目在其发展初期必然面临诸多挑战。一般而言，任何新事物在其初期发展阶段都会遇到各种难题，因此，政府在财政、税收和金融等方面提供必要的支持和帮助是至关重要的。自 2010 年以来，中国政府频繁出台一系列扶持政策。这些政策不仅包括税收优惠，还包括财政奖励，极大地推动了合同能源管理的发展。这些扶持政策的相继出台，有力地促进了合同能源管理的普及和应用，帮助行业克服了初期发展中的障碍。

政府的大力扶持在推动合同能源管理发展的同时，也带来了一些负面影响，弱化了企业的市场竞争力，并在一定程度上扰乱了市场秩序。虽然政府的支持是必要的，但真正推动产业发展的原动力应该是市场竞争。优越的税收优惠政策和补贴奖励政策确实减轻了企业负担，为合同能源管理公司提供了宝贵的发展机会。然而，这个政策窗口期不会永远存在。企业需要利用这段时间壮大自身实力，增强市场竞争力。学术界在研究合同能源管理推广难题时，通常将政策不完善、不到位作为主要因素之一，但实际上，企业的内在实力才是决定其成败的关键。如果节能服务公司具备强大的综合能力，即使没有财政补贴，也能够生存和发展。从政府的角度来看，财政补贴旨在推动节能减排和促进节能服务业发展。然而，实践中却出现了节能服务公司与用能单位合谋骗取补贴的现象。一些企业为获得更多利润，瞒报项目节能量，擅自修改合同，将其他类型的合同能源管理项目归为节能效益分享型，严重扰乱了市场秩序。目前，合同能源管理相关政策分布在多个部门，奖励政策复杂，导致一些企业只关注如何通过研究政策获利。这反映了当前状况的一种真实写照。

一系列优惠政策确实推动了节能服务业的快速发展，但也带来了一些问题。因此，对于政府的政策应客观看待。虽然出台了许多优惠政策，但目前的政策体系还不完善，未来政府需要继续出台政策以促进节能服务产业的发展。政府需要重新定位其政策方向。新政策应主要集中在加强市场监管和规范市场行为上，而不是提供更多的优惠。

第三节　我国合同能源管理项目高质量发展对策建议

一、合同能源管理的高质量发展

从我国节能减排工作前景来看，合同能源管理模式具有很大发展空间。我国节能减排工作的战略部署将创造更广阔的节能服务市场。这在近几年我国频繁于各类国际会议上的表态以及在国内制定的相关战略和政策中得到了充分体现。在 2009 年哥本哈根联合国气候变化大会上，中国政府承诺，到 2020 年单位国内生产总值二氧化碳排放比 2005 年下降 40%～45%。由于能耗为主导致的空气污染日益加重，雾霾问题已成为关乎民生和社会稳定的重大问题。在内外压力和可持续发展的需求下，国家发展改革委提出了"节能优先、立足国内、绿色低碳、创新驱动"四大战略，从根本上解决影响中国能源科学发展中的长期性、深层次问题。2020 年 9月，习近平总书记在第七十五届联合国大会上宣布，中国二氧化碳排放量力争在 2030 年前达到峰值，争取在 2060 年前实现碳中和。2021 年 3 月，

"双碳"目标被纳入"十四五"规划和 2035 年远景目标纲要。2014 年，中美两国共同发表的《中美气候变化联合声明》中，中国首次向国际社会提出计划在 2030 年左右二氧化碳排放量达到峰值，这意味着我国经济与环境的拐点预计在 2030 年左右出现，而该承诺的兑现将取决于我国节能工作的进展。习近平总书记在 2015 年 3 月 29 日出席博鳌亚洲论坛时再次强调了节能的重要性，提出我国的绿色机遇在扩大，并强调要从国家层面上推进能源生产和消费革命，优化能源结构，落实节能优先方针，推动重点领域的节能。节能已经成为关乎国家发展的重大议题，是我国应对气候变化、解决国内资源环境问题的根本途径。在加强节能工作进一步推进的过程中，节能服务产业必将迎来更多的发展机遇。

我国经济社会发展的整体形势有利于进一步拓展节能市场。党的十八届三中全会提出要让市场从基础性作用向决定性作用转变。在政府职能更加健全、制度更加完善的基础上，市场机制将发挥更大的作用，合同能源管理机制也将得到更有利地推进。从我国节能减排的整体形势来看，预计到 2020 年将基本完成工业化。在此之前，以工业节能为主的节能市场依然具有巨大的潜力。从我国能源消费总体构成来看，工业能耗占 70%，其次是建筑能耗，占 20%。据预测，到 2020 年，工业企业的节能潜力将超过三亿吨标准煤，按标准煤中一次能源 70% 是煤炭、30% 是油气资源计算，工业企业节能潜力总计将达 3600 亿元。随着 2020 年工业化的完成，工业节能的空间虽然不会再大幅增加，但城镇化建设仍将持续。近几年，我国城乡每年新增建筑面积 15 亿至 20 亿平方米，城镇建筑规模将继续快速增长。李克强总理在 2014 年政府工作报告中强调，要在未来一段时期内，着重解决好"三个 1 亿人"问题，即促进约 1 亿农业转移人口落户城镇，改造约 1 亿人居住的城镇棚户区和城中村，引导约 1 亿人在中西部地区就近城镇化。解决"三个 1 亿人"问题不仅需要扩大就业，还需要提高用能效率，城镇化、棚户区改造都与节能密切相关。随着经济的发展，合同能源管理的发展空间将逐渐从工业节能向建筑节能、交通节能和居民消费节能方向迁移。预计未来节能服务市场将创造更广阔的发展空间，推动节能减排目标的实现，提高能源利用效率，促进经济和环境的双重效益。可以看出，我国经济社会发展形势为节能市场的拓展提供了有利条件。在这一过程中，合同能源管理将发挥重要作用，推动工业节能、建筑节能和其他领域的节能工作，实现可持续发展目标。

技术创新和模式创新为具有中国特色的合同能源管理提供了有力支撑。从国际形势来看，技术的不断进步使节能服务工作能够在更广泛的领域开展。随着技术创新周期的不断缩短，各领域的节能工作可以实现阶段性的突破。技术创新使节能服务工作在更广泛的领域得以开展。随着技术创新周期的缩短，节能技术在各个领域可以实现阶段性提升，推动节能工作的不断进步。同时，随着我国各种环境治理市场手段的应用和政府补偿、奖励政策的落实，为合同能源管理机制在我国的进一步推行创造了良好条件。合同能源管理与其他市场机制的融合和发展也迎来了新的机遇。2015年，我国政府工作报告提出要推动大众创业、万众创新，这将对合同能源管理模式的创新与发展产生深远影响。政府的这一战略推动了各类创新，为合同能源管理提供了新的发展动力。技术和模式的不断创新，为合同能源管理在中国的进一步发展提供了坚实基础。通过技术进步和政策支持，合同能源管理将在更广泛的领域得到推广，实现与其他市场机制的融合，推动节能减排目标的实现。因此，从战略理念、现实需求以及技术可行性三方面来看，合同能源管理模式下的节能服务产业在未来将会有不断增长的市场空间。

二、推进合同能源管理发展的对策建议

在以上提出的发展主体思路的确定和指导下，推进我国合同能源管理模式发展的对策可以简要归纳为以下四方面：建立及完善制度、贯通环节、技术创新、培育人才。

（一）建立及完善制度。建立和完善相关法律法规及标准体系，为合同能源管理提供坚实的制度保障。制定明确的政策和监管机制，确保节能服务公司和用能单位的行为规范，促进市场的健康发展。在合同能源管理的发展过程中，政府一直扮演着主导角色。自20世纪90年代我国政府通过世界银行引入合同能源管理这种市场化机制以来，这一模式一直是在政府的扶持、推动和政策引导下开展的。长期以来，政府与市场的关系处于"大政府、小市场"的状态，即政府鼓励和补贴什么，市场就做什么。政府备案政策一出台，大批公司纷纷转型为节能服务公司，迅速涌入备案队伍，市场规模一度快速扩大，节能服务产业增长迅速。然而，真正具备综合节能服务能力的公司并不多，许多中小型节能服务公司因经营不善倒闭或被兼并，市场竞争混乱。此外，还出现了为了骗取政府补贴和奖励，与用能单位合谋作假的现象。

在合同能源管理发展的初期，政府主导确实给予了这种新型商业模式成长空间。然而，随着进一步发展，需要重新审视政府与市场的关系。长期以政府主导的合同能源管理模式，会抑制市场的发展，导致市场模式单一、市场规模分散、节能服务公司缺乏提升能力的动力等问题的出现。为了更好地推动合同能源管理机制的发展，需要在法律层面进一步完善相关制度。健全的法制是保障有效政府和市场运作的基本条件。尽管《中华人民共和国能源法》第五章"激励措施"第六十六条中规定了国家运用财税、价格等政策支持合同能源管理等节能办法，但目前相关法律条文仍显得过于笼统、宽泛。相比之下，美国作为最早采用合同能源管理的国家之一，早在1992年就强调了法律和政策在合同能源管理中的规范作用。美国多个州通过立法要求政府与节能服务公司合作，规定了合同能源管理合同的最长时限等具体内容。因此，我国迫切需要建立合同能源管理专项法律规范，从制度目标、内容、程序性规定以及法律责任等方面明确合同能源管理市场准入规则和发展模式，设立基本的合同能源管理模式，确立行业标准和相应的法律责任，从而实现合同能源管理的规范化和产业化。

在有了法律依据的前提下，政策法规还需要进一步调整和细化。政府以补贴、奖励为主的激励方式在长期使用中可能产生副作用，制度保障对推动市场健康运行的作用更为长远、有效。最近一项新政策表明了这一点，财政部制定并印发了《节能减排补助资金管理暂行办法》，取消了对某些模式和项目的补贴奖励，并将重点放在了支持节能减排体制机制创新、基础能力建设、示范项目等方面。因此，未来政府的角色应调整为提供良好的制度环境和政策引导，促进节能服务市场的健康发展。政府应加强制度和政策的建设和完善，针对节能服务公司和用能单位双管齐下，推动制度的标准化、规范化建设，以确保合同能源管理模式的顺利实施。

（二）贯通环节。加强信息共享和沟通，构建完善的信息平台，实现供需双方的信息贯通。政府和行业组织应积极搭建桥梁，促进节能服务公司与用能单位之间的有效对接，减少信息不对称。合同能源管理、碳交易和节能量交易，无论哪种模式，最终都涉及可量化的能耗量或温室气体排放量，在它们之间存在着标准的转化算法。因此，节能必然会导致温室气体减排。而在我国，节能是实现温室气体减排的根本途径。基于合同能源管理模式与这两种交易模式之间密不可分的关系，未来需要进一步打破边界，有效链接，健全完善节能减排的市场交易体系。特别是在从强度控制向总量控制的发展趋势下，三者的有机结合不仅符合时代要求，还能有效促成节能减排市场的形成和健全。将三种模式有效链接后，节能服务公司通过为用能单位开展合同能源管理项目，为后者提供的节能量不仅可以带来直接节能收益，还可以通过第三方机构核查出的完成节能量配额或经过换算的减排量配额超出的部分在市场上进行交易售出，从而获取市场交易收益。

对用能单位而言，采用合同能源管理模式所获取的节能量不仅可以直接受益，超额完成的部分还可以进入交易市场获取交易收益，这有助于更好地激励用能单位参与节能市场。然而，为了实现多种模式之间的链接与互通，需要注意以下三方面事项：首先，在考虑模式互通之前，需要解决使这些模式能够正常应用于我国的节能减排市场的问题，而这需要设定总量控制。虽然我国已在多个地区实行了碳交易试点，个别省市也出台了节能量交易相关文件，但大多仍在政府主导下进行，市场自身的活力尚不明确，特别是在缺乏总量控制制度的情况下，可能会出现企业不愿购买碳排放量或节能量的问题。然而，从我国政府最近在国内外的表态来看，总量控制将很快取代强度控制，成为我国节能减排工作的制度设计目标。据专家预测，在"十三五"期间将设定总量控制目标及相应管控制度，这意味着企业将主动考虑实施节能减排，外部压力将转化为内部动力，自然会带来更大的节能市场以及市场机制的创新。在总量控制下，节能市场将进行排放量配额分配，促使用能单位通过各种成本收益值最高的方式来实现目标，从而进一步激活节能服务市场，推进合同能源管理模式的应用。

（三）技术创新。鼓励技术创新和模式创新，推动节能服务公司在技术研发和管理模式上不断创新，提高节能项目的效率和效果。面对现实中该模式遇到的各种障碍和困境，只有不断创新才能增强生命力，进而推动节能服务工作发展。而创新需要具体到合同能源管理的各个维度和层面形成系统。

当前我国节能服务公司中，轻资产、中小型企业占据主要份额，但它们面临的最大挑战之一是融资问题。造成这种情况的主要原因之一是项目未来的节能收益不确定，无法作为银行等金融机构接受的抵押品，导致融资渠道不畅。此外，金融工具相对匮乏也限制了合同能源管理推广的步伐。因此，金融创新是解决这一问题的主要途径，尤其是轻资产型的中小节能服务公司。在当前互联网金融迅速发展、我国金融环境不断完善的背景下，金融创新成为了可能。2014年被誉为我国金融改革的元年，国家层面强调推进金融改革，特别是着力发展为中小微企业提供服务的金融机构和业务。对金融机构来说，他们首先意识到了节能服务产业的巨大发展潜力，并愿意通过解决节能服务公司融资困境来提升自身的业务能力和竞争优势。

技术创新是促进其他创新层面发展的基础。以工业节能为例，现有技术条件下的节能潜力有限，单一技术的应用也受到限制。只有通过推动技术创新和整合技术应用，才能拓展节能空间。首先是政策驱动，即政府层面的创新激励政策。我国政府提出了"大众创业、万众创新"的口号，并在政策上给予了支持，这是一个积极的信号。下一步的关键在于完善科技投入激励政策体系，通过税收、金融等方面的激励来推动技术创新。同时，加强与国外发达国家和地区的合作，不仅要引进外资，更要引进优势技术、先进理念和解决方案。其次是企业自身的组织驱动。对于生产制造类节能服务公司，技术创新是保障企业可持续发展的关键。因此，企业应增加技术投入，提高自身的核心竞争力。未来的技术创新不仅仅涉及单一技术，还应注重综合技术的整合与应用，为用能单位提供整体节能方案。企业在技术创新上不仅要关注整体技术应用，还要考虑与其他高新技术的结合或兼容性，如 ICT 技术的发展和互联网+时代的到来。最后是中间第三方的助力与推动。政府、行业协会和研究院所可以建立节能科技服务类组织，为节能服务公司提供技术咨询，并推动多方合作，有效激励技术创新。这些第三方组织可以提供咨询服务、整合信息并促成国内外技术合作，包括联合开发、技术引进和推广等方面的合作。

（四）培育人才。加强人才培养，推动高校设立与合同能源管理相关的专业，培养高素质的节能服务人才。提升能源服务行业的薪资水平，增强对人才的吸引力，确保行业的可持续发展。无论是从何种层面推进合同能源管理的发展，人都是不可或缺的关键因素。建立制度、监督执行、建设平台、创新业务、扩展业务，都需要有人来主导实施。在我们研究课题组所接触到的政府相关部门领导、协会负责人、节能服务公司管理层的访谈中，人才短缺是一个普遍关注的问题。因此，大规模培养适应节能服务发展需求的人才至关重要。这不仅涉及当前从事节能服务工作的人员的培养和选拔，还需要加强人才的系统培养和持续输送。毕竟，节能服务行业的特点要求人才具备专业性和综合性强的特点，这需要通过系统的教育体系来实现，而不能仅仅依赖行业内的职业培训。培养人才的最终目标是要培养具有国际视野、创新思维和系统化思维的节能技术和节能管理人才。具有国际视野，是要配合我国节能服务产业向国外学习先进经验的同时向外扩展的趋势；创新思维则是保障合同能源管理模式持续发展的原动力；系统化思维则有助于实现从单一技改节能到综合能源管理体系化节能的实质转变。在节能技术和节能管理类人才中，这两种类型的人才是培养的重点。

由于节能服务行业属于新兴行业，在目前的高等教育体系中尚未有直接对口的专业和专业人才培养体系，这给行业的迅速发展带来了较大的人才缺口及发展瓶颈。随着我国高校拥有一定的专业设置自主权，建议以在节能服务市场较为发达的省份地区内的高校为主，包括高职院校在内，开设节能服务相关专业。在专业课程设置与安排过程中，要尽可能考虑到节能人才的特殊性。合同能源管理项目一般涉及多个环节，比如，能源效率审计、节能项目设计、节能技术及设备订购、项目施工及检测、对用能单位能源管理人员进行培训、节能项目运行管理等。此外，还涉及多种市场模式之间的融合问题、节能量交易等，具有交叉性、综合性的特点。基于此，专业课程设置需要包括能源管理、能源审计、项目管理、企业运营管理、财务管理、能源经济学等理论知识，并加入前沿理论和行业趋势性学习，如能源互联网技术及模式等，为培养复合型、专业型人才打牢基础。另外，专业设置中应侧重设计至少两个专业方向，即能源管理方向和能源审计方向。高校的系统化教育还可以与职业培训挂钩，保障在校学生理论学习与实践学习的有机结合。高校可以与相关培训机构联合办学，将培训证书考试作为一门课的方式让学生进行学习。通过在高校进行专业设置或调整现有专业课程，加强人才的培养力度，方能在人力资源上保障未来以合同能源管理模式为代表的节能服务产业的进一步发展。

总的来说，合同能源管理模式作为推动节能减排、促进绿色发展的重要途径，在我国的节能战略框架下具有巨大的发展潜力。然而，要充分挖掘其潜力、推动其有序发展，需要国家、行业、企业以及社会等多方配合，形成多层次、全方位的合作格局。节能本身就是一项系统性的工作，因此致力于为节能工作提供服务的合同能源管理也需要系统思维来推进其发展。通过贯彻这种系统理念，最终能够建立起节能服务现代化市场体系。未来，随着技术不断创新、政策持续支持、市场机制不断完善以及国际合作的深入推进，合同能源管理项目合作将实现更高质量的发展，进一步提升能源利用效率，减少能源消耗，为实现"双碳"目标和建设美丽中国做出重要贡献。

参考文献

一、中文文献

（一）专著

［1］张维迎. 博弈论与信息经济学［M］. 上海：上海人民出版社，2012.

（二）期刊

［1］曹国华，杨俊杰，林川. CEO声誉与投资短视行为［J］. 管理工程学报，2017，31（4）：45-51.

［2］曹启龙，周晶，盛昭瀚. 基于声誉效应的PPP项目动态激励契约模型［J］. 软科学，2016，30（12）：20-23.

［3］曹霞，于娟，张路蓬. 不同联盟规模下产学研联盟稳定性影响因素及演化研究［J］. 管理评论，2016，28（2）：3-14.

［4］曹裕，李业梅，万光羽. 基于消费者效用的生鲜农产品供应链生鲜度激励机制研究［J］. 中国管理科学，2018，26（2）：160-174.

［5］常雅楠，王松江. 激励视角下的PPP项目利益分配：以亚投行支撑中国企业投资GMS国家基础设施项目为例［J］. 管理评论，2018，30（11）：257-265.

［6］陈小亮，李三希，陈彦斌. 地方政府激励机制重构与房价调控长效机制建设［J］. 中国工业经济，2018（11）：79-97.

[7] 陈晓春, 唐嘉. 合同能源管理的激励政策研究 [J]. 求索, 2016 (6)：121-125.

[8] 陈欣, 赵国祥, 叶浩生. 公共物品困境中惩罚的形式与作用 [J]. 心理科学进展, 2014, 22 (1)：160-170.

[9] 陈叶烽, 周业安, 宋紫峰. 人们关注的是分配动机还是分配结果？最后通牒实验视角下两种公平观的考察 [J]. 经济研究, 2011, 46 (6)：31-44.

[10] 崔秀敏. 企业节能减排激励机制研究 [J]. 生态经济, 2010 (8)：46-48, 87.

[11] 邓建英, 兰秋军. 博弈视角下政府对建筑节能服务机构的监管效能分析 [J]. 系统工程, 2015, 33 (12)：96-100.

[12] 杜亚灵, 温莎娜, 孙娜. PPP 项目中公平感知对履约绩效影响的实验研究：项目获取途径的调节作用 [J]. 大连理工大学学报 (社会科学版), 2019, 40 (5)：16-25.

[13] 方海燕, 达庆利. 基于差异产品的政府最优 R&D 补贴策略研究 [J]. 中国管理科学, 2009, 17 (3)：166-172.

[14] 付秋芳, 忻莉燕, 马士华. 惩罚机制下供应链企业碳减排投入的演化博弈 [J]. 管理科学学报, 2016, 19 (4)：56-70.

[15] 郭汉丁, 郝海, 张印贤. 工程质量政府监督代理链分析与多层次激励协同机制探究 [J]. 中国管理科学, 2017, 25 (6)：82-90.

[16] 郭汉丁, 张印贤, 陶凯. 工程质量政府监督多层次利益分配与激励协同机制探究 [J]. 中国管理科学, 2019, 27 (2)：170-178.

[17] 韩雪艳, 史景荣, 郭明德. 深化节能管理实行节能经济承包责任制 [J]. 节能, 1988 (8)：21-22.

[18] 何鹰. 我国碳交易法律规制研究 [J]. 南京社会科学, 2012 (1)：99-104.

[19] 贺一堂, 谢富纪, 陈红军. 产学研合作创新利益分配的激励机

制研究 [J]. 系统工程理论与实践, 2017, 37 (9): 2244-2255.

[20] 胡传治. 取消"大锅饭"实行能源定量包干责任制 [J]. 节能, 1985 (1): 10-11.

[21] 黄志烨. 中小节能服务企业与银行长期合作关系研究 [J]. 中央财经大学学报, 2013 (11): 56-61.

[22] 焦建玲, 陈洁, 李兰兰, 等. 碳减排奖惩机制下地方政府和企业行为演化博弈分析 [J]. 中国管理科学, 2017, 25 (10): 140-150.

[23] 金帅, 张洋, 杜建国. 动态惩罚机制下企业环境行为分析与规制策略研究 [J]. 中国管理科学, 2015, 23 (S1): 637-644.

[24] 孔程程, 王晓明. 惩罚对合作的影响: 形式、机制及边界条件 [J]. 心理研究, 2018, 11 (2): 166-172.

[25] 孔峰, 张微. 基于固定工资和声誉的国企经理行为动态分析 [J]. 系统管理学报, 2012, 21 (5): 716-720.

[26] 孔峰, 张微. 基于双重声誉的国企经理长期激励最优组合研究 [J]. 中国管理科学, 2014, 22 (9): 133-140.

[27] 李健, 王雅洁, 吴军, 等. 考虑声誉效应的存货质押融资中银行对物流企业的激励机制研究 [J]. 中国管理科学, 2017, 25 (7): 86-92.

[28] 李新然, 蔡海珠, 牟宗玉. 政府奖惩下不同权力结构闭环供应链的决策研究 [J]. 科研管理, 2014, 35 (8): 134-144.

[29] 李媛, 赵道政, 祝晓光. 基于碳税的政府与企业行为博弈模型研究 [J]. 资源科学, 2013, 35 (1): 125-131.

[30] 李紫薇. 战略性新兴产业自主研发激励机制研究: 以新通信网络业税收政策为例 [J]. 宏观经济研究, 2018 (8): 94-100.

[31] 廖玉玲, 洪开荣, 张亮. 第三方惩罚机制与双边合作秩序的维持: 来自房地产征用补偿的实验证据 [J]. 系统工程理论与实践, 2015, 35 (11): 2798-2808.

[32] 林陵娜，吴宇蒙. 自然状态负效用下项目型组织知识共享激励机制 [J]. 系统工程，2018，36（3）：129-135.

[33] 林一礼. 能源承包的实践与思索 [J]. 节能，1991（6）：5-7.

[34] 刘惠萍，张世英. 基于声誉理论的我国经理人动态激励模型研究 [J]. 中国管理科学，2005（4）：78-86.

[35] 刘伟，夏立秋，王一雷. 动态惩罚机制下互联网金融平台行为及监管策略的演化博弈分析 [J]. 系统工程理论与实践，2017，37（5）：1113-1122.

[36] 刘亚臣，徐佳欣，刘宁. 基于公平熵的节能效益分享型合同能源管理效益分配研究 [J]. 科技进步与对策，2013，30（23）：137-140.

[37] 刘智强，卫利华，王凤娟，等. 上下级 GNS、激励机制选择与创造性产出 [J]. 管理世界，2018，34（9）：95-108.

[38] 柳光强. 税收优惠、财政补贴政策的激励效应分析：基于信息不对称理论视角的实证研究 [J]. 管理世界，2016（10）：62-71.

[39] 卢志坚，孙元欣. 国外合同能源管理研究及其在中国促进建议 [J]. 科技管理研究，2012，32（2）：38-42.

[40] 卢志坚，孙元欣. 完全信息下的合同能源管理节能效益分享模式博弈模型 [J]. 科技管理研究，2015，35（24）：216-219.

[41] 罗敏. 低碳专利商业化激励机制研究 [J]. 科学学研究，2018，36（10）：1795-1800.

[42] 罗廷贤. 实行能源承包推进科学管理提高节能效果 [J]. 节能技术，1986（5）：2-4.

[43] 马连福，刘丽颖. 高管声誉激励对企业绩效的影响机制 [J]. 系统工程，2013，31（5）：22-32.

[44] 马喜芳，钟根元，颜世富. 基于胜任力的薪酬激励机制设计及激励协同 [J]. 系统管理学报，2017，26（6）：1015-1021.

[45] 秦绪伟，刘虹，蒋忠中，等. 面向关键设备系统多层级维修服

务的性能合同设计及激励机制 [J]. 系统管理学报, 2018, 27 (6): 1184-1193, 1204.

[46] 生延超. 创新投入补贴还是创新产品补贴: 技术联盟的政府策略选择 [J]. 中国管理科学, 2008, 16 (6): 184-192.

[47] 盛光华, 张志远. 补贴方式对创新模式选择影响的演化博弈研究 [J]. 管理科学学报, 2015, 18 (9): 34-45.

[48] 石纯来, 聂佳佳. 网络外部性对双渠道供应链信息分享的影响 [J]. 中国管理科学, 2019, 27 (8): 142-150.

[49] 时茜茜, 朱建波, 盛昭瀚. 重大工程供应链协同合作利益分配研究 [J]. 中国管理科学, 2017, 25 (5): 42-51.

[50] 宋紫峰, 周业安. 收入不平等、惩罚和公共品自愿供给的实验经济学研究 [J]. 世界经济, 2011, 34 (10): 35-54.

[51] 孙世敏, 吴倩, 张林玉, 等. 考虑长短期努力的过度自信代理人激励机制 [J]. 运筹与管理, 2017, 26 (8): 174-186.

[52] 孙彤, 薛爽. 管理层自利行为与外部监督: 基于信息披露的信号博弈 [J]. 中国管理科学, 2019, 27 (2): 187-196.

[53] 唐国锋, 邵兵家, 但斌, 等. 服务质量不可观测下的云外包激励机制 [J]. 系统管理学报, 2017, 26 (5): 926-932.

[54] 汪明月, 刘宇, 李梦明, 等. 碳交易政策下区域合作减排收益分配研究 [J]. 管理评论, 2019, 31 (2): 264-277.

[55] 汪明月, 肖灵机, 万玲. 基于演化博弈的战略性新兴产业技术异地协同共享激励机制研究 [J]. 管理工程学报, 2018, 32 (3): 206-213.

[56] 王海军, 谭洁, 姬笑微. 政府奖惩下供应链复原能力提升机制的演化博弈分析 [J]. 运筹与管理, 2017, 26 (12): 9-16.

[57] 王奇, 吴华峰, 李明全. 基于博弈分析的区域环境合作及收益分配研究 [J]. 中国人口·资源与环境, 2014, 24 (10): 11-16.

[58] 王文宾，达庆利．奖惩机制下闭环供应链的决策与协调 [J]．中国管理科学，2011，19（1）：36-41．

[59] 王文宾，达庆利．再制造逆向供应链协调的奖励、惩罚及奖惩机制比较 [J]．管理工程学报，2010，24（4）：48-52，77．

[60] 王文宾，邓雯雯．逆向供应链的政府奖惩机制与税收：补贴机制比较研究 [J]．中国管理科学，2016，24（4）：102-110．

[61] 王文宾，丁军飞，王智慧，等．回收责任分担视角下零售商主导闭环供应链的政府奖惩机制研究 [J]．中国管理科学，2019，27（7）：127-136．

[62] 王小龙，李文立．信息安全遵从行为的激励机制研究：惩罚的确定性与适度性 [J]．运筹与管理，2018，27（3）：133-142．

[63] 王小杨，张雷，杜晓荣．基于惩罚机制的产学研合作演化博弈分析 [J]．科技管理研究，2017，37（9）：118-124．

[64] 王祖述．能源经济承包责任制的实施及效果 [J]．中国建材，1988（5）：5-6．

[65] 魏晓云，韩立岩．企业共生模式下定向降准政策的激励机制 [J]．系统工程，2018，36（3）：1-12．

[66] 谢晶晶，窦祥胜．基于合作博弈的碳配额交易价格形成机制研究 [J]．管理评论，2016，28（2）：15-24．

[67] 徐静，蔡萌，岳希明．政府补贴的收入再分配效应 [J]．中国社会科学，2018（10）：39-57．

[68] 徐鹏，伏红勇，王磊，等．农产品供应链金融中银行对3PL的激励监督机制研究 [J]．管理评论，2018，30（10）：26-39．

[69] 许民利，王俏，欧阳林寒．食品供应链中质量投入的演化博弈分析 [J]．中国管理科学，2012，20（5）：131-141．

[70] 薛俭，谢婉林，李常敏．京津冀大气污染治理省际合作博弈模型 [J]．系统工程理论与实践，2014，34（3）：810-816．

[71] 薛倚明，朱厚强，邱孝一，等. 管理熵理论应用于 HT 信托公司员工激励的实证分析 [J]. 管理评论，2017，29（8）：147-155.

[72] 严玲，刘柳，曾诚. 合同风险分担条款对承包人公平感知的影响：基于多元参照点的实验研究 [J]. 北京理工大学学报（社会科学版），2019，21（2）：67-77.

[73] 严玲，张祝冬，严敏，等. 基于合同参照点效应的建筑项目成本人公平关切点研究 [J]. 管理学报，2017，14（10）：1561-1569.

[74] 杨松，庄晋财，王爱峰. 惩罚机制下农产品质量安全投入演化博弈分析 [J]. 中国管理科学，2019，27（8）：181-190.

[75] 姚冠新，戴盼倩，徐静，等. 双重信息不对称下生鲜农产品物流外包保鲜激励机制研究 [J]. 工业工程与管理，2018，23（4）：156-162.

[76] 姚洪心，吴伊婷. 绿色补贴、技术溢出与生态倾销 [J]. 管理科学学报，2018，21（10）：47-60.

[77] 余明桂，回雅甫，潘洪波. 政治联系、寻租与地方政府财政补贴有效性 [J]. 经济研究，2010（3）：65-77.

[78] 袁卓群，秦海英，杨汇潮. 不完全契约中的决策：公平偏好及多重参照点的影响 [J]. 世界经济，2015（8）：168-192.

[79] 曾婧婧，宋娇娇，李铭禄. 参与风险约束下科技悬赏的激励机制研究 [J]. 科研管理，2018，39（11）：40-48.

[80] 曾芝红. 基于综合评价法分享型合同能源管理项目利益分配 [J]. 武汉理工大学学报，2014，36（8）：144-148.

[81] 张国兴，郭菊娥，席酉民，等. 政府对秸秆替代煤发电的补贴策略研究 [J]. 管理评论，2008（5）：33-36.

[82] 张国兴，张绪涛，程素杰，等. 节能减排补贴政策下的企业与政府信号博弈模型 [J]. 中国管理科学，2013，4（21）：129-136.

[83] 张国兴，张绪涛，汪应洛，等. 节能减排政府补贴的最优边界

问题研究 [J]. 管理科学学报, 2014, 17 (11): 129-138.

[84] 张宏, 乔文珊. PPP 项目再审核与动态绩效激励机制 [J]. 系统工程, 2017, 35 (12): 113-120.

[85] 张文杰, 袁红平. 合同能源管理中超额节能收益分配问题研究 [J]. 运筹与管理, 2019, 28 (1): 187-193.

[86] 张文杰, 袁红平. 基于多目标加权灰靶决策模型的节能服务公司选择研究 [J]. 中国管理科学, 2019, 27 (2): 179-186.

[87] 张文杰, 袁红平. 基于灰色马尔可夫模型的节能设备故障预测研究 [J]. 系统科学与数学, 2019, 39 (1): 65-75.

[88] 赵宸元, 蒲勇健, 潘林伟. 考虑公平偏好的链式多重委托—代理激励机制 [J]. 系统管理学报, 2018, 27 (4): 618-627.

[89] 赵宸元, 蒲勇健, 潘林伟. 链式多重委托—代理关系的激励: 基于完全理性与过程性公平偏好模型的比较 [J]. 中国管理科学, 2017, 25 (6): 121-131.

[90] 赵敬华, 林杰. 不同补贴对象下的闭环供应链定价模型 [J]. 管理工程学报, 2017, 31 (1): 85-92.

[91] 郑彦娜, 赵丽萍. 物料流量成本会计与合同能源管理的融合: 基于财政奖励政策的视角 [J]. 财会通讯, 2015 (14): 60-64, 129.

[92] 郑艳芳, 周文慧, 黄伟祥. 绿色耐用产品的节能补贴合同设计 [J]. 管理科学学报, 2016, 19 (3): 1-14, 33.

[93] 朱东山, 孔英. 合同能源管理模式下能源管理公司和用户的效益分配比例研究 [J]. 生态经济, 2016, 32 (11): 59-64.

[94] 朱桂龙, 蔡朝林, 陈朝月. 声誉积累优势还是绩效积累优势? 政府 R&D 补贴分配中 "粘性" 效应探究 [J]. 科学学与科学技术管理, 2019, 40 (3): 43-55.

[95] 朱庆华, 王一雷, 田一辉. 基于系统动力学的地方政府与制造企业碳减排演化博弈分析 [J]. 运筹与管理, 2014, 23 (3): 71-82.

[96] 邹晓峰，傅强．基于增发新股交易操纵的国内承销商声誉模型 [J]．中国管理科学，2013，21（5）：177-184.

（三）论文

[1] 卞昊．合同能源管理在 N 公司的应用及分析 [D]．银川：宁夏大学，2014.

[2] 卜妮娜．合同能源管理模式在公共建筑中的应用探讨：以西安为例 [D]．西安：西安建筑科技大学，2015.

[3] 陈峰．CGGD 集团合同能源管理方案构建研究 [D]．西安：西北大学，2010.

[4] 陈美江．基于灰色综合评价法的节能服务公司核心竞争力评价体系构建 [D]．杭州：浙江工商大学，2012.

[5] 陈媛．EMC 模式下低碳建筑项目风险评价研究 [D]．兰州：兰州交通大学，2015.

[6] 程龙．节能服务公司合同能源管理融资研究 [D]．济南：山东财经大学，2013.

[7] 崔亮亮．株硬集团合同能源管理应用研究 [D]．长沙：中南大学，2013.

[8] 邓炜．试论合同能源管理法律制度的完善 [D]．上海：上海社会科学院，2011.

[9] 董涛．城市路灯合同能源管理模式研究 [D]．北京：华北电力大学，2015.

[10] 段小萍．我国合同能源管理（EPC）项目融资风险管理研究 [D]．长沙：中南大学，2013.

[11] 樊晓俊．基于合同能源管理的太阳能光伏并网示范项目运营模式研究 [D]．武汉：武汉科技大学，2012.

[12] 傅丽娜．合同能源管理经济激励机制研究 [D]．北京：北京建筑工程学院，2012.

[13] 高俊卿．基于粗糙集理论的合同能源管理项目信用风险识别模型研究 [D]．天津：天津大学，2011．

[14] 高懿琼．基于合同能源管理高效节电项目风险管理研究 [D]．兰州：兰州交通大学，2015．

[15] 葛继红．建筑节能服务型企业竞争优势形成与发展研究 [D]．天津：天津城市建设学院，2010．

[16] 巩峰．基于 EPC 的钢铁企业节能改造运作机制研究 [D]．天津：天津理工大学，2012．

[17] 辜琳然．既有建筑节能改造"EPC+融资租赁"模式风险评价 [D]．西安：西安建筑科技大学，2015．

[18] 郭俊雄．基于 Shapley 值理论的合同能源管理利益相关者收益分配研究 [D]．天津：天津大学，2012．

[19] 韩青苗．我国建筑节能服务市场激励研究 [D]．哈尔滨：哈尔滨工业大学，2010．

[20] 何海燕．融资租赁保理在我国合同能源管理中的应用研究 [D]．南京：南京工业大学，2015．

[21] 何凯．基于合同能源管理运作的节能服务公司财务风险预警研究 [D]．广州：广东外语外贸大学，2014．

[22] 何慕佳．合同能源管理中的合作机制研究 [D]．合肥：中国科学技术大学，2014．

[23] 侯鸿雁．基于双重道德风险的合同能源管理项目风险研究 [D]．武汉：武汉理工大学，2014．

[24] 胡波．Y 节能服务公司合约形式选择与经营绩效关系研究 [D]．长沙：中南大学，2010．

[25] 胡上华．基于信息不对称的中国合同能源管理融资策略研究 [D]．天津：天津大学，2012．

[26] 胡艺璇．合同能源管理融资法律问题研究 [D]．西安：西安建

筑科技大学，2014.

　　［27］黄伟祥．合同能源管理（EPC）模式下两制造商的竞争与合作研究［D］．广州：华南理工大学，2014.

　　［28］黄文蔚．飞利浦照明的 EMC 营销模式研究［D］．上海：上海交通大学，2014.

　　［29］黄晓文．ZG 公司合同能源管理营销策略研究［D］．兰州：兰州大学，2011.

　　［30］黄智星．节能效益分享型的合同能源管理项目投资决策研究［D］．北京：北京交通大学，2016.

　　［31］贾丹．基于合同能源管理的项目融资租赁模式创新研究［D］．沈阳：沈阳建筑大学，2013.

　　［32］江钱．Z 节能环保公司合同能源管理业务模式研究［D］．南京：南京农业大学，2014.

　　［33］居岩岩．合同能源管理提升节能服务公司价值研究［D］．济南：山东财经大学，2013.

　　［34］雷殷．云南省公共机构推广合同能源管理研究［D］．昆明：云南财经大学，2015.

　　［35］李保华．国内合同能源管理中存在的问题与对策研究［D］．合肥：安徽大学，2012.

　　［36］李承．基于合同能源管理的变频节能改造的项目采购管理研究［D］．沈阳：东北大学，2010.

　　［37］李广舟．既有建筑节能改造项目风险管理研究［D］．北京：北京交通大学，2014.

　　［38］李娟．基于国家能源战略的合同能源管理实施路径研究［D］．武汉：武汉理工大学，2014.

　　［39］李强．合同能源管理在集中供热节能改造中的研究与应用［D］．北京：北京建筑工程学院，2012.

[40] 李韶文. 基于节能服务公司的合同能源管理项目风险管理体系研究 [D]. 天津：天津大学，2012.

[41] 李翔鹏. 基于讨价还价理论的节能效益分享型 EPC 模式利益分配研究 [D]. 天津：天津大学，2010.

[42] 李亚朋. 小型节能服务企业融资困境及对策研究：以 A 节能企业为例 [D]. 保定：河北大学，2013.

[43] 李艳梅. EPC 模式下的能效电厂项目风险管理模型及决策支持系统 [D]. 北京：华北电力大学，2015.

[44] 李渊. EPC 模式用于既有公共建筑节能管理的风险分析 [D]. 苏州：苏州科技学院，2015.

[45] 李铮. 基于全生命周期的合同能源管理项目风险应对体系研究 [D]. 北京：华北电力大学，2013.

[46] 梁伟贤. 合同能源管理项目的融资与风险研究 [D]. 北京：清华大学，2012.

[47] 梁晓英. 能耗模拟在中央空调合同能源管理中的应用 [D]. 南昌：南昌大学，2013.

[48] 刘朝红. 中国大唐集团合同能源管理模式研究 [D]. 北京：首都经济贸易大学，2014.

[49] 刘端媚. EPC 模式下火电厂节能改造项目风险研究 [D]. 北京：华北电力大学，2012.

[50] 刘海亮. 基于 EMC 风险系数的效益分享模型研究 [D]. 辽宁：辽宁科技大学，2012.

[51] 刘虹. 论我国合同能源管理的法律保障 [D]. 赣州：江西理工大学，2014.

[52] 刘静乐. 基于合同能源管理的既有公共建筑节能改造的全寿命周期费用研究 [D]. 兰州：兰州交通大学，2015.

[53] 刘俊青. 基于 Partnering 模式的大型公共建筑节能改造服务研究

［D］．西安：西安建筑科技大学，2012.

［54］刘清吟．EPC 行业的融资困境与对策探讨［D］．北京：北京外国语大学，2015.

［55］刘学峰．既有居住建筑节能改造的合同能源管理模式研究［D］．济南：山东建筑大学，2013.

［56］刘妍．电网企业实施合同能源管理的研究［D］．天津：天津大学，2014.

［57］刘永峰．基于合同能源管理的发电企业节能改造项目管理研究［D］．北京：华北电力大学，2014.

［58］龙波．基于智能监控平台的配电网合同能源管理研究［D］．武汉：华中科技大学，2013.

［59］吕惠华．合同能源管理节能服务模式在供电企业的应用［D］．北京：华北电力大学，2014.

［60］罗运涛．基于投融资平台的 EPC 项目资产证券化融资模式研究［D］．天津：天津大学，2012.

［61］马海虎．我国合同能源管理中能源审计的法律问题研究［D］．西安：西安建筑科技大学，2014.

［62］马文波．我国合同能源管理市场扶持与监管制度研究［D］．杭州：浙江财经大学，2015.

［63］马一多．建筑节能应用合同能源管理的融资研究［D］．重庆：重庆大学，2015.

［64］宁国睿．合同能源管理项目的风险管理［D］．大连：大连海事大学，2013.

［65］宁克．我国合同能源管理法律探析与制度创新：从能源管理合同的视角出发［D］．太原：山西财经大学，2014.

［66］欧阳俊．EMC 模式下 A 建筑节能项目风险研究［D］．广州：华南理工大学，2014.

[67] 潘杰. 环保产业领域应用合同能源管理模式研究 [D]. 成都: 西南交通大学, 2014.

[68] 潘阳. 我国现行合同能源管理制度中的合同法律关系分析 [D]. 北京: 中国政法大学, 2010.

[69] 平义. 中国合同能源管理项目融资模式研究 [D]. 西安: 西安建筑科技大学, 2013.

[70] 漆关平. 合同能源管理在 CM 公司的应用 [D]. 成都: 四川师范大学, 2012.

[71] 秦威锋. 新能源领域合同能源管理模式研究 [D]. 郑州: 河南农业大学, 2012.

[72] 任天黎. 高压变频合同能源管理项目管理模式研究 [D]. 济南: 山东大学, 2015.

[73] 阮丹. 高校建筑节能减排应用合同能源管理研究 [D]. 北京: 北京交通大学, 2012.

[74] 申志强. 基于合同能源管理模式的公共建筑节能与经济性研究 [D]. 北京: 华北电力大学, 2013.

[75] 宋华明. 合同能源管理在 HL 公司的应用研究 [D]. 天津: 天津工业大学, 2016.

[76] 宋学敏. 宁夏合同能源管理项目风险防范分析 [D]. 银川: 宁夏大学, 2015.

[77] 苏童. 公共建筑节能改造的合同能源管理机制的研究 [D]. 福州: 福州大学, 2014.

[78] 苏哲. 合同能源管理项目商业模式分析比较与管理关键研究 [D]. 济南: 山东大学, 2013.

[79] 孙励英. 合同能源管理在中国节能服务产业的应用研究 [D]. 北京: 华北电力大学, 2013.

[80] 孙鹏程. 建筑节能服务发展管理研究 [D]. 天津: 天津大学,

2007.

[81] 孙晓梅. 山东省建筑节能领域的合同能源管理研究［D］. 济南：山东财经大学，2012.

[82] 谭妮英. 基于投融资交易平台的 EPC 项目多层次融资模式研究［D］. 重庆：重庆大学，2015.

[83] 汤东环. EMC 模式下 DT 热电厂节能改造项目风险管理研究［D］. 长春：吉林大学，2012.

[84] 田竹. 基于合同能源管理的供热系统节能改造研究［D］. 沈阳：沈阳建筑大学，2013.

[85] 仝丁丁. 校园建筑能耗基准线及合同能源管理模式研究［D］. 天津：天津大学，2014.

[86] 王光银. 企业合同能源管理（EMC）研究：以 SGS 公司道路照明项目为例［D］. 兰州：兰州大学，2013.

[87] 王红红. 企业实施合同能源管理的绩效评价研究［D］. 南昌：江西师范大学，2015.

[88] 王建. 基于 EPC 的政府办公建筑节能改造服务运作机制研究［D］. 天津：天津理工大学，2012.

[89] 王宁. 我国 ESCO 融资法律制度的创新：以民营企业融资为视角［D］. 上海：华东政法大学，2014.

[90] 王思渊. 我国合同能源管理法律制度研究［D］. 重庆：西南政法大学，2011.

[91] 王婷婷. 促进我国合同能源管理发展的财税政策研究［D］. 太原：山西财经大学，2015.

[92] 王晓东. 秦皇岛首秦金属材料有限公司 EPC 项目风险管理研究［D］. 秦皇岛：燕山大学，2013.

[93] 王一. 合同能源管理模式的应用研究［D］. 辽宁：辽宁科技大学，2012.

[94] 王颖. KM 合同能源管理项目风险管理［D］. 北京：北京工业大学，2012.

[95] 王在峰. 基于因子分析法的 EMC 型上市公司投资价值评价研究［D］. 成都：西南财经大学，2013.

[96] 王忠民. 北京市合同能源管理的现状分析及产业对策研究［D］. 北京：北京工业大学，2015.

[97] 王子龙. 基于合同能源管理的变压器节能决策支持系统研究［D］. 杭州：浙江大学，2013.

[98] 魏乐彬. 我国合同能源管理法律规制完善研究［D］. 郑州：郑州大学，2016.

[99] 温红玉. EPC 项目风险评价与控制研究［D］. 济南：济南大学，2012.

[100] 翁慧. 基于因子分析法的我国上市节能服务公司竞争力评价研究［D］. 北京：北京化工大学，2014.

[101] 吴冰. 一种合同能源管理的客户关系系统的设计与实现［D］. 上海：复旦大学，2013.

[102] 吴浩然. 我国在推进合同能源管理过程中存在的问题及对策研究［D］. 北京：中央民族大学，2016.

[103] 吴丽梅. EMC 模式下既有建筑节能改造风险研究［D］. 南昌：华东交通大学，2012.

[104] 吴赵武. 合同能源管理在山区高速公路系统节能中的应用［D］. 重庆：重庆交通大学，2014.

[105] 武元浩. 合同能源管理在我国北方住区节能改造的应用研究［D］. 哈尔滨：哈尔滨工业大学，2012.

[106] 夏一凡. 合同能源管理的会计核算问题探究［D］. 北京：首都经济贸易大学，2014.

[107] 肖婧. ZX 公司合同能源管理项目风险管控体系研究［D］. 北

京：华北电力大学，2015.

[108] 谢庆. 合同能源管理在低碳建筑中的应用研究 [D]. 重庆：重庆大学，2011.

[109] 辛莎莎. 我国发电侧合同能源管理应用研究 [D]. 北京：华北电力大学，2013.

[110] 忻芙蓉. 论我国合同能源管理的法治化路径 [D]. 上海：华东政法大学，2010.

[111] 熊彬. 基于合同能源管理的高校建筑节能改造运作机制研究 [D]. 武汉：武汉理工大学，2014.

[112] 徐剑锋. 合同能源管理发展现状及其政策研究 [D]. 南昌：南昌大学，2012.

[113] 徐健忠. EMC 贷款担保体系研究 [D]. 重庆：重庆大学，2010.

[114] 徐心依. 合同能源管理中的纳税研究：以江苏电力节能服务公司为例 [D]. 南京：南京大学，2014.

[115] 徐艳娟. 黑龙江省既有建筑领域合同能源管理研究 [D]. 哈尔滨：哈尔滨商业大学，2013.

[116] 薛岑. 基于模糊综合评价的空调冷热源节能改造研究 [D]. 天津：天津大学，2014.

[117] 颜新平. 长沙威胜节能服务公司的商业模式研究 [D]. 长沙：中南大学，2010.

[118] 杨彬. 四川某高校后勤集团合同能源管理研究 [D]. 成都：四川师范大学，2012.

[119] 杨春雷. 节能服务行业商业模式及运行机制研究：以中航 ABC 公司为例 [D]. 成都：电子科技大学，2014.

[120] 杨琎. 合同能源管理在体育场馆的实践与研究 [D]. 北京：北京建筑大学，2013.

[121] 杨秋霞. 达实合同能源管理税法与会计差异研究 [D]. 长沙：湖南大学，2014.

[122] 杨欣圆. 基于 EPC 模式的高校建筑节能改造项目管理研究 [D]. 沈阳：沈阳建筑大学，2012.

[123] 杨永华. EPC 模式下焦炉烟气余热回收项目风险管理研究 [D]. 邯郸：河北工程大学，2016.

[124] 杨喆. 基于合同能源管理的火电厂烟气脱硫改造效果评价研究 [D]. 北京：华北电力大学，2012.

[125] 姚林林. 合同能源管理法律规制探析 [D]. 济南：山东师范大学，2012.

[126] 姚馨. 钢铁企业合同能源管理激励机制的衡量模型及实证研究 [D]. 昆明：云南大学，2015.

[127] 叶星. 我国合同能源管理法律制度研究 [D]. 绵阳：西南科技大学，2015.

[128] 尹冰玉. 供热系统节能评价办法及优化方案研究 [D]. 大连：大连海事大学，2014.

[129] 喻蕾. 合同能源管理项目风险评价与收益分配研究 [D]. 武汉：武汉理工大学，2013.

[130] 张保卫. 广州市合同能源管理影响因素研究 [D] 广州：华南理工大学，2010.

[131] 张春梅. 基于合作博弈的 EPC 项目利益相关者收益分配研究 [D]. 天津：天津大学，2012.

[132] 张海文. 德国既有建筑节能改造研究：经济学视角的分析 [D]. 长春：吉林大学，2014.

[133] 张华. 合同能源管理在 A 建筑节能改造项目管理中的应用研究 [D]. 北京：北京工业大学，2015.

[134] 张吉智. 合同能源管理融资项目模式研究：基于兴业银行 XE

节能公司项目的案例分析［D］.广州：暨南大学，2015.

［135］张琳.基于外包理论的企业节能运营模式研究：以中环信能有限公司为例［D］.天津：天津财经大学，2012.

［136］张如玉.基于实物期权理论的节能量保证型合同能源管理研究［D］.北京：华北电力大学，2013.

［137］张卫涛.兴业银行合同能源管理公司融资服务管理研究［D］.大连：大连理工大学，2014.

［138］张小华.基于合同能源管理的福建省公共建筑节能改造融资模式研究［D］.泉州：华侨大学，2012.

［139］张晓转.建筑节能合同能源管理政策研究［D］.北京：北京建筑大学，2014.

［140］张岩.融入碳减排交易的合同能源管理项目融资模式设计［D］.天津：天津大学，2010.

［141］张杨.关于中国合同能源管理融资问题的研究：论私募基金作为一种可行的融资渠道［D］.北京：对外经济贸易大学，2014.

［142］张奕.我国节能服务企业融资问题研究［D］.北京：首都经济贸易大学，2012.

［143］张媛.我国能源管理合同法律属性的判定［D］.武汉：华中科技大学，2013.

［144］张智芊.我国合同能源管理的法律制度研究［D］.北京：北京建筑大学，2016.

［145］赵玲.推进合同能源管理的法律制度创新构想［D］.重庆：西南政法大学，2012.

［146］赵书新.节能减排政府补贴激励政策设计的机理研究［D］.北京：北京交通大学，2011.

［147］赵思香.酒店业推行节能减排的影响因素与对策研究［D］.广州：华南理工大学，2011.

[148] 郑辉. 合同能源管理在电信企业中的应用研究：山西联通合同能源管理案例研究 [D]. 南京：南京邮电大学，2013.

[149] 郑彦娜. 合同能源管理中物料流量成本会计的应用研究：基于财政政策实施的视角 [D]. 太原：太原理工大学，2016.

[150] 周剑. 我国合同能源管理交易意图的影响因素研究 [D]. 广州：暨南大学，2007.

[151] 周亮. 合同能源管理风险评价研究 [D]. 上海：复旦大学，2009.

[152] 周奇琛. 建筑节能服务公司的收益风险分析与评价研究 [D]. 泉州：华侨大学，2011.

[153] 周艺怡. 美日合同能源管理的比较研究 [D]. 南京：南京工业大学，2013.

[154] 朱茹琳. 基于博弈分析的既有建筑节能改造经济激励政策研究 [D]. 徐州，中国矿业大学，2014.

[155] 朱汝泓. 合同能源管理模式的实践研究：以 GL 公司为例 [D]. 南昌：南昌大学，2015.

[156] 朱珊珊. 广东美芝精密制造有限公司（GMPC）节能改造合同能源管理专题研究 [D]. 成都：电子科技大学，2014.

[157] 朱晓凯. 既有住宅建筑节能改造 EPC 模式研究 [D]. 沈阳：沈阳建筑大学，2013.

[158] 庄家铸. 既有住宅节能改造 EPC 模式的优化研究 [D]. 西安：西安建筑科技大学，2015.

二、英文文献

（一）专著

[1] LOBEL R. Pricing and incentive design in applications of green technology subsidies and revenue management [M]. Cambridge：Massachusetts

Institute of Technology, 2012.

（二）期刊

［1］AASEN M, WESTSKOG H, KOMELIUSSEN K. Energy performance contracts in the municipal sector in Norway: overcoming barriers to energy savings? ［J］. Energy Efficiency, 2016, 9 (1): 171-185.

［2］ANDERHUB V, ENGELMANN D, GUTH W. An experimental study of the repeated trust game with incomplete information ［J］. Journal of Economic Behavior & Organization, 2002, 48 (2): 197-216.

［3］BALLIET D, MULDER L B, VAN L P A. Reward, punishment, and cooperation: A meta-analysis ［J］. Psychological Bulletin, 2011, 137 (4): 594-615.

［4］BERTOLDI P, REZESSY S, VINE E. Energy service companies in European countries: Current status and a strategy to foster their development ［J］. Energy Policy, 2006, 34 (14): 1818-1832.

［5］BIGLAN A. The role of advocacy organizations in reducing negative externalities ［J］. Journal of Organization Behavior management, 2009, 29 (3): 215-230.

［6］BOCHET O, PAGE T, PUTTERMAN L. Communication and punishment in voluntary contribution experiments ［J］. Journal of Economic Behavior & Organization, 2006, 60 (1): 11-26.

［7］BOEING P. The allocation and effectiveness of China's R&D subsidies: Evidence from listed firms ［J］. Research Policy, 2016, 45 (9): 1774-1789.

［8］BOND M H, LEUNG K, AU A, et al. Culture-level dimensions of social axioms and their correlates across 41 cultures ［J］. Journal of Cross-cultural Psychology, 2004, 35 (5): 548-570.

［9］CARBONARI A, ROBERTO F, MASSIMO L, et al. Managing

energy retrofit of acute hospitals and community clinics through EPC contracting: the MARTE project [J]. Energy Procedia, 2015, 78: 1033-1038.

[10] CARPENTERJ P, BOWLES S, GINTIS H, et al. Strong reciprocity and team production: Theory and evidence [J]. Journal of Economic Behavior & Organization, 2009, 71 (2): 221-232.

[11] CARPENTER J P. Punishment free-riders: how group size affects mutual monitoring and the provision of public goods [J]. Games and Economic Behavior, 2007, 60 (1): 31-51.

[12] CARPENTER J P. The demand for punishment [J]. Journal of Economic Behavior and Organization, 2007, 62 (4): 522-542.

[13] CHEN S H. Driving factors of external funding effects on academic innovation performance in university - industry - government linkages [J]. Scientometrics, 2013, 94 (3): 1077-1098.

[14] CHEN X, BENJAAFAR S, ELOMRI A. The carbon-constrained EOQ [J]. Operations Research Letters, 2013, 41 (2): 172-179.

[15] DELTON A W, KRASNOW M M. The psychology of deterrence explains why group membership matters for third - party punishment [J]. Evolution and Human Behavior, 2017, 38 (6): 734-743.

[16] DENG Q L, JIANG X L, CUI Q B, et al. Strategic design of cost savings guarantee in energy performance contracting under uncertainty [J]. Applied Energy, 2015, 139: 68-80.

[17] DENG Q L, JIANG X L, ZHANG L M, et al. Making optimal investment decisions for energy service companies under uncertainty: A case study [J]. Energy, 2015, 88: 234-243.

[18] DENG Q L, ZHANG L M, CUI Q B, et al. A simulation-based decision model for designing contract period in building energy performance contracting [J]. Building Environment, 2014, 71: 71-80.

[19] DU S F, ZHU J A, JIAO H F, et al. Game-theoretical analysis for supply chain with consumer preference to low carbon [J]. International Journal of Production Research, 2015, 53: 3753-3768.

[20] FANG W S, MILLER S M, YEH C C. The effect of ESCOs on energy use [J]. Energy Policy, 2012, 51: 558-568.

[21] FEHR E, GACHTER S. Altruistic punishment in humans [J]. Nature, 2002, 415 (6868): 137-140.

[22] FEHR E, GACHTER S. Cooperation and punishment in public goods experiments [J]. American Economic Review, 2000, 90 (4): 980-994.

[23] FOWLER J H. Altruistic punishment and the origin of cooperation [J]. Proceedings of the National Academy of Sciences of United States of America, 2005, 102 (9): 7047-7049.

[24] FRIEDEMANN P, PASCHEN V F, COLIN N. What encourage local authorities to engage with energy performance contracting for retrofitting? Evidence from German municipalities [J]. Energy Policy, 2016, 94: 317-330.

[25] GOLDMAN C A, HOPPER N C, OSBORN J G. Review of US ESCO industry market trends: an empirical analysis of project data [J]. Energy Policy, 2005, 33: 387-405.

[26] GROSSMAN S, HART O. An analysis of the principal-agent problem [J]. Econometrica, 1983, 51: 7-45.

[27] GUO K, ZHANG L M, WANG T. Optimal scheme in energy performance contracting under uncertainty: a real option perspective [J]. Journal of Cleaner Production, 2019, 231: 140-253.

[28] HAMMOND D, BEULLENS P. Closed-loop supply chain network equilibrium under legislation [J]. European Journal of Operational Research, 2007, 183 (2): 895-908.

[29] HANNON M J, FOXON T J, GALE W F. The co-evolutionary relationship between energy service companies and the UK energy system: implications for a low-carbon transition [J]. Energy Policy, 2013, 61 (10): 1031-1045.

[30] HANNON M J, RONAN B. UK Local Authority engagement with the Energy Service Company (ESCO) model: Key characteristics, benefits, limitations and considerations [J]. Energy Policy, 2015, 78: 198-212.

[31] HENRICH J, ENSMINGER J, MCELREATH R, et al. Market, religion, community size, and the evolution of fairness and punishment [J]. Science, 2010, 327 (5972): 1480-1484.

[32] HENRICH J, MCELREATH R, BARR A, et al. Costly punishment across human societies [J]. Science, 2006, 312 (5781): 1767-1720.

[33] HUFEN H, BRUIJN H D. Getting the incentives right. Energy performance contracts as a tool for property management by local government [J]. Journal of Cleaner Production, 2016, 112: 2717-2729.

[34] HU J R, ZHOU E Y. Engineering Risk Management Planning in Energy Performance Contracting in China [J]. Systems Engineering Procedia, 2011, 1: 195-205.

[35] JORDAN J, HOFFMAN M, BLOOM P, et al. Third-party punishment as a costly signal of trustworthiness [J]. Nature, 2016, 530 (7591): 473-473.

[36] KOSTKA G, SHIN K. Energy conservation through energy service companies: empirical analysis from China [J]. Energy Policy. 2013, 52: 748-759.

[37] KRASNOW M M, DELTON A W, COSMIDES L, et al. Looking under the hood of third-party punishment reveals design for personal benefit [J]. Psychological Science, 2016, 27 (3): 405-418.

[38] KRASS D, NEDOREZOV T, OVCHINNIKOV A. Environmental taxes and the choice of green technology [J]. Production and Operation Management, 2013, 22 (4): 1035-1055.

[39] KREPS D, MILGROM P, ROBERTS J, et al. Rational cooperation in the finitely repeated prisoners' dilemma [J]. Journal of Economic Theory, 1982, 27: 245-252.

[40] KREPS D, WILSON R. Sequential Equilibrium [J]. Econometrica, 1982, 50: 863-894.

[41] LARSEN P H, GOLDMAN C A, SATCHWELL A. Evolution of the U. S. energy service company industry: Market size and project performance from 1990-2008 [J]. Energy Policy, 2012, 50: 802-820.

[42] LEE P, DZENG R J. Current market development of energy performance contracting: a comparative study between Hong Kong and Taiwan [J]. Journal of Property Investment & Finance, 2014, 32: 371-395.

[43] LEE P, LAM P T I, LEE W I. Risks in Energy Performance Contracting (EPC) projects [J]. Energy Building, 2015, 92: 116-127.

[44] LEE P, LAM P T I, LEE W L, et al. Analysis of an air-cooled chiller replacement project using a probabilistic approach for energy performance contracts [J]. Applied Energy, 2016, 171: 415-428.

[45] LEE P, LAM P T I, LEE W L. Performance risks of lighting retrofit in Energy Performance Contracting Projects [J]. Energy for Sustainable Development, 2018, 45: 219-229.

[46] LEE P, LAM P T I, YIK F W H, et al. Probabilistic risk assessment of the energy saving shortfall in energy performance contracting projects: a case study [J]. Energy Building, 2013, 66: 353-363.

[47] LERGETPORER P, ANGERER S, GLATZLE - RUTZLER D, et al. Third-party punishment increase cooperation in children through (misaligned)

expectations and conditional cooperation [J]. Proceedings of the National Academy of Sciences, 2014, 111 (19): 6916-6921.

[48] LIU H M, HU M Y, ZHANG X Y. Energy Costs Hosting Model: The most suitable business model in the developing stage of Energy Performance Contracting [J]. Journal of Cleaner Production, 2018, 172: 2553-2566.

[49] LIU H M, ZHANG X Y, HU M Y. Game-theory-based analysis of energy performance contracting for building retrofits [J]. Journal of Cleaner Production, 2019, 231: 1089-1099.

[50] LIU P, ZHOU Y, ZHOU D K, et al. Energy Performance Contract models for the diffusion of green - manufacturing technologies in China: A stakeholder analysis from SMEs' perspective [J]. Energy Policy, 2017, 106: 59-67.

[51] LI Y. AHP - Fuzzy Evaluation on Financing Bottleneck in Energy Performance Contracting in China [J]. Energy Procedia. 2012, 14: 121-126.

[52] LI Y, QIU Y, WANG Y D. Explaining the contract terms of energy performance contracting in China: the importance of effective financing [J]. Energy Economic, 2014, 45: 401-411.

[53] LOHMANN C, ROTZEL P G. Opportunistic behavior in renegotiations between public - private partnerships and government institutions: data on public - private partnerships of the German armed forces [J]. International Public Management Journal, 2014, 17 (3): 387-410.

[54] LU Y J, ZHANG N, CHEN J Y. A behavior - based decision - making model for energy performance contracting in building retrofit [J]. Energy Building, 2017, 156: 315-326.

[55] LU Z J, SHAO S. Impacts of government subsidies on pricing and performance level choice in Energy Performance Contracting: A two - step optimal decision model [J]. Applied Energy, 2016, 184: 1176-1183.

[56] MARINO A, BERTOLDI P, REZESSY S, et al. A snapshot of the European energy service market in 2010 and policy recommendations to foster a further market development [J]. Energy Policy, 2011, 39: 6190-6198.

[57] MASCLET D, NOUSSAIR C, TUCKER S, et al. Monetary and nonmonetary punishment in the voluntary contributions mechanism [J]. American Economic Review, 2003, 93 (1): 366-380.

[58] MA Y, ZHANG Y Y. Research on protection of the agricultural products quality safety based on evolution game from the perspective of the supply chain [J]. Advance Journal of Food Science & Technology, 2013, 5 (2): 153-159.

[59] MENG X, GALLAGHER B. The impact of incentive mechanisms on project performance [J]. International Journal of Project Management, 2012, 30 (3): 352-362.

[60] NIKIFORAKIS N. Punishment and counter - punishment in public good games: can we really govern ourselves [J]. Journal of Public Economics, 2008, 92 (1): 91-112.

[61] NOWAK M A. Five rules for the evolution of cooperation [J]. Science, 2006, 314 (5805): 1560-1563.

[62] NUNZIA C, ROBERTA P. Public - private partnerships for energy efficiency projects: a win - win model to choose the energy performance contracting structure [J]. Journal of Cleaner Production, 2018, 170: 1064-1075.

[63] OKAY N, AKMAN U. Analysis of ESCO activities using country indicators [J]. Renew Sustain Energy Review, 2010, 14 (9): 2760-2771.

[64] OYEDELE L O. Analysis of architects' demotivating factors in design firms [J]. International Journal of Project Management, 2013, 31 (3): 342-354.

［65］OZDOGAN A. Disappearance of reputations in two-sided incomplete-information game ［J］. Games and Economic Behavior, 2014, 88: 211-220.

［66］PAGE T, PUTTERMAN L, UNEL B. Voluntary association in public goods experiments: Reciprocity, mimicry and efficiency ［J］. Economic Journal, 2005, 115（506）: 1032-1053.

［67］PAN X F, CHEN M Y, HAO Z C, et al. The effects of organizational justice on positive organizational behavior: evidence from a large-sample survey and a situational experiment ［J］. Frontiers in Psychology, 2018, 8: 1-16.

［68］PAOLO P, ROBERTO F, ALESSANDRO C, et al. Evaluation of energy conservation opportunities through Energy Performance Contracting: a case study in Italy ［J］. Energy and Buildings, 2016, 128: 886-899.

［69］PELIN G B, ANUMBA C J, LEICHT R M. Advanced energy retrofit projects: cross-case analysis of integrated system design ［J］. International Journal of Construction Management, 2018, 18（6）: 453-466.

［70］POLZIN F, FLOTOW P V, NOLDEN C. What encourages local authorities to engage with energy performance contracting for retrofitting? Evidence from German municipalities ［J］. Energy Policy, 2016, 94: 317-330.

［71］QIAN D, GUO J E. Research on the energy-saving and revenue sharing strategy of ESCOs under the uncertainty of the value of Energy Performance Contracting Projects ［J］. Energy Policy, 2014, 73: 710-721.

［72］QIAN D, ZHU G Q, GUO J E. Research on value and factors of the guarantee payment in the energy performance contracting in China ［J］. Energy Efficiency, 2019, 12: 1547-1575.

［73］QIN Q D, LIANG F D, LI L, et al. Selection of energy performance contracting business models: A behavioral decision-making approach ［J］.

Renewable and Sustainable Energy Reviews, 2017, 72: 422-433.

[74] RAIHANI N J, BSHARY R. The reputation of punishers [J]. Trends in Ecology & Evolution, 2015, 30 (2): 98-103.

[75] Ren H B, Zhou W S, Gao W J, et al. Promotion of energy conservation indeveloping countries through the combination of ESCO and CDM: A case study of introducing distributed energy resources into Chinese urban areas [J]. Energy Policy, 2011, 39: 8125-8136.

[76] ROGERSON W. The first – order approach to principal – agent problems [J]. Econometrica Econometric Society, 1985, 53: 1357-1368.

[77] ROSE T, MANLEY K. Motivation toward financial incentive goals on construction projects [J]. Journal of Business Research, 2011, 64 (7): 765-773.

[78] ROSS S. The economic theory of agency: the principal's problem [J]. Ameriacn Economic Review, 1973, 63: 134-139.

[79] RUAN H Q, GAO X, MAO C X. Empirical study on annual energy-saving performance of energy performance contracting in China [J]. Sustainability, 2018, 10: 1-25.

[80] SANJAY P, RAVI S, SREEJIT R. Impact of bargaining power on supply chain profit allocation: a game-theoretic study [J]. Journal of Advances in Management Research, 2019, 16 (3): 398-416.

[81] SARKAR A, SINGH J. Financing energy efficiency in developing countries: Lessons learned and remaining challenges [J]. Energy Policy, 2010, 38: 5560-5571.

[82] SATU P, KIRSI S. Energy Service Companies and Energy Performance Contracting: is there a need to renew the business model? Insights from a Delphi study [J]. Journal of Cleaner Production, 2014, 66: 264-271.

[83] SELL A, TOOBY J, COSMIDES L. Formidability and the logic of human anger [J]. Proceedings of the National Academy of Sciences, 2009, 106 (35): 1573-1578.

[84] SHANG T C, ZHANG K, LIU P H, et al. A review of energy performance contracting business model: Status and recommendation [J]. Sustainable Cities and Society, 2017, 34: 203-210.

[85] SHANG T C, ZHANG K, LIU P H, et al. What to allocate and how to allocate? Benefit allocation in Shared Savings Energy Performance Contracting Projects [J]. Energy, 2015, 91: 60-71.

[86] SHI Q, ZUO J, HUANG R, et al. Identifying the critical factors for green construction: An empirical study in China [J]. Habitat International, 2013, 40: 1-8.

[87] SWARD A R S, LUNNAN R. Trust and control in fixed duration alliances [J]. International Journal of Strategic Business Alliances, 2011, 2 (1): 41-68.

[88] TANG W Z, QIANG M S, DUFFIELD C F, et al. Incentives in the Chinese construction industry [J]. Journal of Construction Engineering and Management, 2008, 134 (7): 457-467.

[89] TAPIERO C S. Consumers risk and quality control in a collaborative supply chain [J]. European Journal of Operational Research, 2007, 182 (2): 683-694.

[90] TERJE K J. Project owner involvement for information and knowledge sharing in uncertainty management [J]. International Journal of Managing Projects in Business, 2010, 3 (4): 642-660.

[91] VIEGAS J M. Questioning the need for full amortization in PPP contracts for transport infrastructure [J]. Research in Transportation Economic, 2010, 30 (1): 139-144.

［92］ VINE E. An international survey of the energy service company (ESCO) industry ［J］. Energy Policy, 2005, 33: 691-704.

［93］ WANG D, ZHANG X M, LIU L. Benefit allocation analysis for shared saving EPC project based on Game Theory ［J］. Construct Economy, 2013, 372 (10): 101-114.

［94］ WANG W B, ZHANG Y, LI Y Y, et al. Closed-loop supply chains under reward – penalty mechanism: Retailer collection and asymmetric information ［J］. Journal of Cleaner Production, 2017, 142: 3938-3955.

［95］ WANG W B, ZHANG Y, ZHANG K, et al. Reward – penalty mechanism for closed – loop supply chains under responsibility – sharing and different power structures ［J］. International Journal of Production Economics, 2015, 170: 178-190.

［96］ WANG Y L, LIU J C. Evaluation of the excess revenue sharing ratio in PPP projects using principal – agent models ［J］. International Journal of Project Management, 2015, 33: 1317-1324.

［97］ WINTHER T, GURIGARD K. Energy performance contracting (EPC): a suitable mechanism for achieving energy savings in housing cooperatives? Results from a Norwegian pilot project ［J］. Energy Efficiency, 2017, 10: 577-596.

［98］ WOLITZKY A. Indeterminacy of reputation effects in repeated games with contracts ［J］. Games and Economic Behavior, 2011, 73 (2): 595-607.

［99］ XIANG P, HUO X, SHEN L. Research on the phenomenon of asymmetric information in construction projects: a case of China ［J］. International Journal of Project Management, 2015, 33 (3): 589-598.

［100］ XING G Y, QIAN D, GUO J E. Research on the Participant Behavior Selections of the Energy Performance Contracting Project Based on the

Robustness of the Shared Savings Contract [J]. Sustainability, 2016, 8: 730-742.

[101] XU P P, CHAN E H W. ANP model for sustainable Building Energy Efficiency Retrofit (BEER) using Energy Performance Contracting (EPC) for hotel building in China [J]. Habitat International, 2013, 37: 104-112.

[102] XU P P, CHAN E H W, HENK J V, et al. Sustainable building energy efficiency retrofit for hotel buildings using EPC mechanism in China: analytic Network Process (ANP) approach [J]. Journal of Cleaner Production, 2015, 107: 378-388.

[103] XU P P, CHAN E H W, LAM P T I. A conceptual framework for delivering sustainable building energy efficiency retrofit using the energy performance contracting (EPC) in China [J]. Journal of Green Building, 2013, 8: 177-190.

[104] XU P P, CHAN E H W, QIAN Q K. Success factors of energy performance contracting (EPC) for sustainable building energy efficiency retrofit (BEER) of hotel buildings in China [J]. Energy Policy, 2011, 39: 7389-7398.

[105] YUAN X L, MA R J, ZUO J, et al. Towards a sustainable society: the status and future of energy performance contracting in China [J]. Journal of Cleaner Production, 2016, 112: 1608-1618.

[106] ZENG R C, CHINI A, SRINIVASAN R S, et al. Energy efficiency of smart windows made of photonic crystal [J]. International Journal of Construction Management, 2017, 17: 100-112.

[107] ZHANG M S, WANG M J, JIN W, et al. Managing energy efficiency of building in China: A survey of energy performance contracting (EPC) in building sector [J]. Energy Policy, 2018, 114: 13-21.

[108] ZHANG W J, YUAN H P. A biliometric analysis of energy performance contractingresearch from 2008 to 2018 [J]. Sustainability, 2019, 11 (13): 3548.

[109] ZHANG W J, YUAN H P. Promoting energy performance contracting for achieving urban sustainability: what is the research trend? [J]. Energies, 2019, 12 (8): 1443.

[110] ZHANG X H, LI X, CHEN S L. Problem and countermeasure of energy performance contracting in China [J]. Energy Procedia, 2011, 5: 1377-1381.

[111] ZHANG X L, WU Z Z, FENG Y, et al. "Turning green into gold": a framework for energy performance contracting (EPC) in China's real estate industry [J]. Journal of Cleaner Production, 2015, 109: 166-173.

[112] ZHANG X P, CHENG X M, YUAN J H. Total-factor energy efficiency in developing countries [J]. Energy Policy, 2011, 39 (2): 644-650.

[113] ZHOU W H, HUANG W X. Contract designs for energy-saving product development in a monopoly [J]. European Journal of Operational Research, 2016, 250 (3): 902-913.

[114] ZHOU W H, HUANG W X, ZHOU S X. Energy Performance Contracting in a Competitive Environment [J]. Decision Sciences, 2017, 48 (4): 723-765.